Die Vergabe der Fernsehrechte an der Fußball-Bundesliga

Schriften zur Wirtschaftstheorie und Wirtschaftspolitik

Herausgegeben von
Rolf Hasse, Jörn Kruse, Wolf Schäfer, Thomas Straubhaar
und Klaus W. Zimmermann

Band 26

PETER LANG
Frankfurt am Main · Berlin · Bern · Bruxelles · New York · Oxford · Wien

Jörn Quitzau

Die Vergabe der Fernsehrechte an der Fußball-Bundesliga

Wohlfahrtsökonomische, wettbewerbspolitische und sportökonomische Aspekte der Zentralvermarktung

PETER LANG
Europäischer Verlag der Wissenschaften

Bibliografische Information Der Deutschen Bibliothek
Die Deutsche Bibliothek verzeichnet diese Publikation in der Deutschen Nationalbibliografie; detaillierte bibliografische Daten sind im Internet über <http://dnb.ddb.de> abrufbar.

Zugl.: Hamburg, Univ. der Bundeswehr, Diss., 2002

Gedruckt auf alterungsbeständigem,
säurefreiem Papier.

D 705
ISSN 1433-1519
ISBN 3-631-39934-0

Printed in Germany 1 2 3 4 5 7

www.peterlang.de

„Die Wissenschaft kann
dem Fußball helfen,
in vielerlei Hinsicht.
Aber aus dem Fußball
eine Wissenschaft zu machen,
wird keinem gelingen.“[1]

[1] HEIMANN (1998), S.43.

Vorwort

Der professionelle Sport rückt zunehmend in den Blick wirtschaftswissenschaftlicher Forschung. Dies liegt einerseits daran, dass die Umsätze im Profisport zum Teil erheblich gestiegen sind und damit die (Führungs-) Strukturen der Vereine unter Anpassungsdruck geraten. Entsprechend hat der Beratungsbedarf der Vereine – auch aus dem wissenschaftlichen Bereich – zugenommen. Andererseits eignet sich der Sport aufgrund des vergleichsweise günstigen Datenzugangs zur empirischen Überprüfung ökonomischer Theorien. Insbesondere die Informations- und Personalökonomie machen davon inzwischen regen Gebrauch.

Im Gegensatz dazu hat die vorliegende Arbeit einen volkswirtschaftlichen Hintergrund. Es geht um die Frage, wie die Fernsehrechte an der Fußball-Bundesliga aus gesamtwirtschaftlicher Perspektive idealerweise vermarktet werden sollten. Es wird geprüft, ob das Vermarktungsmonopol des Deutschen Fußball Bundes (DFB) und damit die Ausschaltung des Wettbewerbs auf der Angebotsseite gerechtfertigt werden kann. Es zeigt sich, dass viel dafür spricht, die Fernsehrechte nicht zentral sondern jeweils durch die einzelnen Vereine vermarkten zu lassen, und der Ausnahmebereich Sport insofern aus dem Gesetz gegen Wettbewerbsbeschränkungen gestrichen werden sollte.

Die Arbeit wurde abgeschlossen, bevor Anfang 2002 die große Krise der Kirch-Gruppe ihren Lauf nahm, in deren Folge die Fernsehverträge zu – für die Liga – deutlich schlechteren Konditionen neu verhandelt werden mussten. Wenngleich die Entwicklung nicht absehbar und auch nicht Gegenstand dieser Arbeit war, so zeigt sich hieran, dass die Zentralvermarktung zur Abhängigkeit der Vereine von einem einzigen Medienkonzern geführt hat. Die wirtschaftlichen Konsequenzen für die Liga waren damit wesentlich größer, als sie es bei Einzelvermarktung gewesen wären, wenn die Vereine ihre Fernsehübertragungsrechte an unterschiedliche Medienunternehmen verkauft hätten.

Ohne die Unterstützung zahlreicher Personen wäre es mir nicht möglich gewesen, die Arbeit erfolgreich abzuschließen. Ich möchte daher an dieser Stelle allen danken, die mir bei der Anfertigung der Dissertation zur Seite standen.

Mein besonderer Dank gilt Herrn Prof. Dr. Jörn Kruse, der es mir ermöglichte, mein Hobby zum Gegenstand wissenschaftlicher Arbeit zu machen. Ich schulde ihm auch Dank für seine ständige Diskussionsbereitschaft und die zahlreichen wertvollen Anregungen und Hinweise sowie die stets sehr konstruktive Kritik.

Herrn Prof. Dr. Wolf Schäfer danke ich für die Übernahme des Zweitgutachtens, Herrn Prof. Dr. Jürgen Hartmann und Prof. Dr. Johannes Hackmann für ihre Bereitschaft, mich im Rahmen des Rigorosums mündlich zu prüfen. Prof. Dr. Hackmann danke ich zudem für die zahlreichen Diskussionen in meiner Zeit an seinem Lehrstuhl. Noch heute profitiere ich sehr von unserem damaligen Gedankenaustausch.

Weiterhin stehe ich bei Malgorzata Stankiewicz, die mir bei der technischen Umsetzung der Graphiken eine nicht wegzudenkende Hilfe war, in der Schuld.

Ganz besonders bedanke ich mich bei meinen Eltern, die mich zu jeder Zeit und in jeglicher Hinsicht unterstützt haben. Ohne ihre Hilfe wäre diese Arbeit nicht möglich gewesen.

Frankfurt am Main, im Dezember 2002 Jörn Quitzau

Inhaltsverzeichnis

Einleitung

Der professionelle Fußballsport befindet sich seit einigen Jahren weltweit im Umbruch. Traditionelle Sportwerte werden von kommerziellen Einflüssen sukzessive verdrängt. Das Amateurideal hat sich bereits weitestgehend aus dem im Verein praktizierten Ligafußball verabschiedet, denn bis in die unteren Amateurligen werden Gehälter gezahlt, von denen ein Fußballspieler seine Familie ernähren kann. Wie viele andere Sportarten entwickelt sich der Fußball mehr und mehr zu einem wichtigen Wirtschaftsfaktor. Nicht nur, dass in der ersten und zweiten Bundesliga viel Geld verdient wird, vielmehr entdeckt insbesondere die werbetreibende Wirtschaft den Fußball zunehmend als strategisch wertvolles Vehikel. Stand traditionell der sportliche Wettbewerb im Vordergrund, so hat inzwischen der ökonomische Wettbewerb ebenfalls starke Wirkung entfaltet. Es ist daher wenig verwunderlich, dass auch die Rechtsprechung Interesse am Profisport gefunden und in den vergangenen Jahren einschneidende Urteile gesprochen hat, die den Sport deutlich verändern können, zumindest aber das Bewusstsein im und für den Sport beeinflussen.

Während das sogenannte Bosman-Urteil seine Reichweite hinlänglich unter Beweis gestellt hat, war es im Jahre 1994 das Bundeskartellamt, welches mit einem Urteil zur zentralen Vermarktung der Fernsehübertragungsrechte durch den Deutschen Fußball Bund (DFB) die Sportfachwelt aufrüttelte. Das Kartellamt untersagte die bis dahin praktizierte Form der Fernsehvermarktung von Europapokalheimspielen und forderte Wettbewerb bei der Vergabe der Fernsehrechte ein. Konkret bedeutete das Urteil einen bevorstehenden Systemwechsel von der zentralen, hin zur dezentralen Einzelvermarktung durch die Vereine. Von verschiedenen Seiten wurden zahlreiche Argumente vorgetragen, warum mehr Wettbewerb bei der Rechtevergabe den sportlichen Wettbewerb erlahmen lassen würde. Das meist genannte und offenbar auch wichtigste Argument der Befürworter einer zentralen Vermarktung ist die – durch die vom DFB praktizierte (egalitäre) Verteilung der Fernseherlöse gewährleistete – Sicherstellung der finanziellen und damit auch sportlichen Ausgeglichenheit zwischen den Vereinen.

Bis heute hat die Zentralvermarktung für die nationalen Wettbewerbe weiter Bestand, es gelang dem DFB sogar, einen Ausnahmebereich „Sport“ im Gesetz gegen Wettbewerbsbeschränkungen zu verankern und damit den Erhalt der in Eigenregie durchgeführten Zentralvermarktung sicherzustellen. Die weitere rechtliche Entwicklung bleibt abzuwarten.

Gegenstand der vorliegenden Arbeit ist die ökonomische Analyse der beiden unterschiedlichen Vermarktungsformen. Ziel der Arbeit ist es, wirtschaftspolitische Empfehlungen abzugeben. Ihre Berechtigung findet eine volkswirtschaftliche Analyse des genannten und vermeintlich unökonomischen Untersuchungsgegenstandes in mindestens zwei Gründen: Zunächst sei erwähnt, dass neben den individuellen Rechten der Vereine durch die Form der Fernsehvermarktung die Interessen zahlreicher Wirtschaftssubjekte auf der Angebots- und Nachfrageseite berührt werden. Weiterhin – und das ist das Hauptargument des Bundeskartellamtes – ist zu berücksichtigen, dass ein medienstrategisch so wichtiger Markt wie der Fußballmarkt Einfluss auf die Wettbewerbskonstellationen anderer Märkte hat. Namentlich ist es der Markt für Fernsehübertragungsrechte, der nach Auffassung des Kartellamtes wettbewerbsmäßig beschränkt wird. Die Untersuchung muss folglich einen systematischen Vergleich der beiden Vermarktungsformen vornehmen, indem die unterschiedlichen Effizienzwirkungen dargestellt werden. Es wird sich zeigen, dass die praktizierte Zentralvermarktung suboptimal ist und durch einen Übergang zur Einzelvermarktung Wohlfahrtspotentiale erschlossen werden können.

Die Vorbemerkungen machen deutlich, dass die Form der Vermarktung drei ökonomische Teilbereiche berührt: Dies sind die Wohlfahrtsökonomie, die Wettbewerbspolitik und die Sportökonomie. Nach einem umfangreichen Grundlagenteil trägt der Aufbau der Arbeit dieser Dreiteilung Rechnung: Zunächst werden die Preis-, Mengen- und Wohlfahrtswirkungen von Einzel- und Zentralvermarktung untersucht, bevor ein grundlegender Einblick in die wettbewerbspolitischen Problemlagen gegeben wird. An diese „originär-ökonomische“ Analyse schließt sich eine detaillierte sportökonomische Untersuchung an.

Die Arbeit ist im Einzelnen wie folgt aufgebaut: In Kapitel 2 wird zunächst die historische Entwicklung der Rechtsprechung in aller Kürze nachgezeichnet und ein Überblick über den Stand der rechtswissenschaftlichen Diskussion gegeben.

Kapitel 3 enthält eine umfangreiche Darstellung der ökonomischen Grundlagen des professionellen Fußballs. Gleichwohl wird keine umfassende Ökonomie des Fußballs bzw. des Sports entwickelt, der Grundlagenteil orientiert sich vielmehr an den mit der übergeordneten Fragestellung verbundenen Problemlagen. Zu Beginn werden die für die Untersuchung relevanten Fußballspiele und Märkte abgegrenzt um anschließend die zentrale Besonderheit des professionellen Mannschaftssports, das Louis-Schmeling-Paradoxon, darzustellen. Es folgt eine intensive Auseinandersetzung mit der Bedeutung von Sportligen. Im Rahmen dessen werden Motive der Sportvereine[1] aufgezeigt, Teile der eigenen Handlungsautonomie aufzugeben, um von der Ligaorganisation zu profitieren. Im Zusammenhang mit der stärker werdenden Ungleichverteilung von finanziellen Mitteln unter den Vereinen hat die „Ökonomie des Rattenrennens" in jüngerer Vergangenheit an Bedeutung gewonnen. Da von einer Umstellung der Fernsehvermarktung von zentral auf dezentral eine weitere, deutlich spürbare Zunahme der Ungleichverteilung finanzieller Ressourcen erwartet wird, wurde dem sogenannten „Rattenrennen" im Grundlagenteil besondere Aufmerksamkeit geschenkt. Im Anschluss daran folgt eine Darstellung der Nachfrage nach den angebotenen Gütern inklusive einer detaillierten Darstellung der Konsumentenpräferenzen.

Aufgrund der hohen Aktualität und wegen der zu erwartenden Wechselwirkungen mit einer möglichen Vermarktungsänderung wird die Rolle der Rechtsformwahl bzw. die Diskussion der Umwandlung von Vereinen in Kapitalgesellschaften ausführlich dargestellt.

In Kapitel 4 werden die Wirkungen der unterschiedlichen Formen der Fernsehvermarktung untersucht. Hierbei geht es zunächst um die Preis-, Mengen- und Wohlfahrtswirkungen, weitergehend erfolgt eine kurze Analyse der Auswirkungen der Zentralvermarktung auf die einzelnen sportlichen Wettbewerbe. Schließlich wird der Einfluss der Vermarktungsregime auf die Wettbewerbsintensität des Medienmarktes dargestellt.

Kapitel 5 gibt einen Überblick über die verschiedenen Szenarien, die mit einem Systemwechsel von der Zentral- auf die Einzelvermarktung in Verbindung gebracht werden. Dabei werden zunächst die sogenannte Rehhagel- und die sogenannte Herberger-Hypothese allgemein dargestellt, bevor sie mit wirtschaftstheoretischem Instrumentarium und ökonomischer Terminologie unterfüttert werden.

Kapitel 6 bietet einen Überblick über die Ergebnisse empirischer Arbeiten zu den Bestimmungsfaktoren des sportlichen Erfolges. Im nachfolgenden Kapitel 7 werden dann vier Determinanten detailliert untersucht: Zunächst ist dies die vereinsindividuelle Finanzkraft. Im Anschluss wird die Qualität des Vereinsmanagements dahingehend analysiert, ob durch dessen Arbeit „natürliche" Wettbewerbsnachteile kompensiert werden können. Es folgt die Klärung der Fragen,

---

[1] In dieser Arbeit wird im Regelfall der Begriff „Verein" verwandt, obwohl es im bezahlten Fußball inzwischen auch Kapitalgesellschaften gibt. Um die sprachliche Einfachheit zu gewährleisten, werden die Begriffe nicht trennscharf benutzt.

welche Spielstärkeallokation von den Gesetzmäßigkeiten des Arbeitsmarktes für Fußballspieler zu erwarten sind und inwieweit motivationale Faktoren eine Bedeutung für den sportlichen Erfolg einer Fußballmannschaft haben. Auch die reibungslose Übertragbarkeit des fußballspezifischen Humankapitals zwischen den Vereinen wird thematisiert.

Da der Spannungsgehalt eines Fußballspiels und damit die erzielbaren Erlöse stark von der Prognostizierbarkeit des Spielausganges abhängen, wird als dritte Einflussgröße der Faktor Zufall untersucht. Wenn Zufallseinflüsse systematisch für Ergebnisoffenheit sorgen, ist die Bedeutung der Finanzkraft eines Vereines weitaus geringer als oftmals angenommen. Eine Umstellung der Vermarktungsform von zentral auf dezentral hätte dann auch deutlich geringere Auswirkungen auf die Ausgeglichenheit der Liga.

Am Ende des Kapitels 7 wird sich gezeigt haben, dass die Vielzahl unterschiedlicher Erfolgsdeterminanten eine ausgeglichene und spannungsgeladene Liga erwarten lassen. Für den Fall, dass in Zukunft die Finanzkraft doch die dominierende Bestimmungsgröße des sportlichen Erfolges werden sollte, weil etwa eine immer stärkere Öffnung der Finanzkraftschere die Bedeutung der übrigen Erfolgsdeterminanten zurückdrängt, wäre ein Finanzausgleich zwischen den Vereinen nötig. In Kapitel 8 wird ein Finanzausgleichssystem entwickelt, welches auch unter dem Regime der Einzelvermarktung die finanzielle Ausgeglichenheit der Liga gewährleisten könnte.

Die Arbeit endet mit einer Zusammenfassung und einigen abschließenden Bemerkungen.

Teil A: Grundlagen

2. Rechtsprechung und Stand der juristischen Diskussion

Zunächst werden die Urteile des Bundeskartellamtes und des Bundesgerichtshofes zur Zentralvermarktung der Europapokalheimspiele durch den DFB dargestellt. Anschließend folgt ein kurzer Überblick über den derzeitigen Stand der juristischen Diskussion.[2]

2.1 Der Beschluss des Bundeskartellamtes vom 2.9.1994

Mit Beschluss vom 2.9.1994 untersagte das Bundeskartellamt dem DFB die in §3 des Lizenzspielerstatutes geregelte zentrale Vermarktung von Europapokalheimspielen.[3] Als zentrales wettbewerbsrechtliches Argument nennt das Bundeskartellamt den Sachverhalt, dass die Regelungen des §3 Lizenzspielerstatut geeignet sind, „... die Verhältnisse auf dem deutschen Markt für Fernsehübertragungsrechte an Sportveranstaltungen durch Beschränkungen des Wettbewerbs zu beeinflussen."[4] Eine Wettbewerbsbeschränkung liegt vor, wenn tatsächliche oder potentielle Wettbewerber ihre Handlungsfreiheit hinsichtlich mindestens eines Wettbewerbsparameters beschränken. Diese Voraussetzung ist bei der Zentralvermarktung durch den DFB erfüllt, weil hinsichtlich der Fernsehübertragungsrechte an den Europapokalheimspielen der Preis- und Konditionenwettbewerb zwischen den deutschen Europapokalteilnehmern ausgeschlossen wird.

Das Bundeskartellamt sieht im Gegensatz zum DFB in dem das jeweilige Heimspiel ausrichtenden Verein den alleinigen Veranstalter des Fußballspiels, mithin ist der Heimverein ökonomisch der Anbieter des Produktes „Fußballspiel" und hat dementsprechend über die Angebotskonditionen zu entscheiden. Dagegen argumentiert der DFB, auch er als Verband sei Veranstalter, „... weil ohne seine organisatorischen Leistungen kein Verein in individueller Zusammenarbeit mit anderen Vereinen Spiele als Teil eines Wettbewerbs veranstalten könnte."[5] Zu diesen organisatorischen Leistungen gehören die Erstellung des Spielplanes, die

---

[2] Einen Überblick über die nationale sowie die internationale Rechtsprechung gibt SPRINGER (1998), S.477f.

[3] Hierzu und zum Folgenden vgl. BUNDESKARTELLAMT (1994a), S.160ff.

[4] ebenda, S.167.

[5] ebenda, S.164.

Verlegung und Neuansetzung von Spielen, die Prüfung und Erteilung von Spielberechtigungen, die Abwicklung von Spielertransfers und vieles mehr. Nach Auffassung des DFB ermöglicht erst die Integration der einzelnen Spiele in den Ligawettbewerb den Vereinen, medienwirksame Spiele auszurichten. Das Gut bzw. das Produkt sei demzufolge nicht das einzelne Spiel, sondern der Ligafußball, welcher den Nachfragern auf dem Markt angeboten werde.[6]

Das Bundeskartellamt bezieht sich bei seiner Position auf den vom Bundesgerichtshof verwendeten Veranstalterbegriff, nach dem derjenige Veranstalter ist, „... wer in organisatorischer und finanzieller Hinsicht für die Veranstaltung verantwortlich ist, wer deren Vorbereitung und Durchführung übernimmt und dabei das unternehmerische Risiko trägt."[7]

Nach Ansicht des Bundeskartellamtes werden die Kriterien nur von den einzelnen Vereinen, nicht aber vom DFB erfüllt.[8] Dem DFB steht es somit schon wegen der fehlenden Veranstaltereigenschaft nicht zu, die Europapokalheimspiele zentral zu vermarkten.

Auch der Antrag des DFB, die Zentralvermarktung gemäß §5 Absatz 2 und 3 in Verbindung mit §11 Absatz 1 GWB *als Rationalisierungskartell* zu genehmigen, wurde vom Bundeskartellamt abgelehnt, weil die für eine Genehmigung notwendigen Voraussetzungen nicht gegeben sind.[9] Die Leistungsfähigkeit oder Wirtschaftlichkeit der beteiligten Unternehmen (Vereine) werden nach Meinung des Kartellamtes in technischer, betriebswirtschaftlicher und auch organisatorischer Hinsicht durch die Zentralvermarktung nicht wesentlich gehoben und weiterhin wird die Befriedigung des Bedarfs nicht verbessert. Das Bundeskartellamt sieht auch keine hinreichende Verhältnismäßigkeit zwischen dem Rationalisierungserfolg und der damit verbundenen Wettbewerbsbeschränkung. Zusammengefasst erteilt das Bundeskartellamt keine Erlaubnis für ein Rationalisierungskartell zur Zentralvermarktung der Fernsehrechte durch den DFB.

---

[6] Vgl. dazu ausführlich den Abschnitt 3.4.

[7] BUNDESKARTELLAMT (1994a), S.168.

[8] Die ausführliche Begründung findet sich in BUNDESKARTELLAMT (1994a), S.168ff.

[9] Hierzu und zum Folgenden vgl. BUNDESKARTELLAMT (1994b), S.175ff.

2.2 Der Beschluss des Bundesgerichtshofes vom 11.12.1997

Mit Beschluss vom 11.12.1997 bestätigte der Bundesgerichtshof das vom Bundeskartellamt verhängte Verbot der zentralen Vermarktung von Europapokalheimspielen durch den DFB.[10] Weiterhin wurde auch die Entscheidung des Bundeskartellamtes bestätigt, keine Erlaubnis für ein Rationalisierungskartell zu gewähren. Auch nach Auffassung des Bundesgerichtshofes hat der Beschluss des DFB, die Europapokalheimspiele zentral zu vermarkten, wettbewerbsbeschränkenden Charakter:

„Indem die einzelnen Vereine als Anbieter derartiger 'Übertragungsrechte' ausgeschaltet werden, wird der Markt für die Gestattung von Fernsehübertragungen von Europapokalspielen in Deutschland spürbar beschränkt."[11]

Der Bundesgerichtshof stellt weiterhin fest, dass die am Uefa-Pokal und am Pokalsiegerwettbewerb beteiligten Mannschaften wenigstens Mitveranstalter der von ihnen ausgetragenen Spiele sind, weil ganz wesentliche wirtschaftliche Leistungen von ihnen erbracht werden. Zwar wird die organisatorische Leistung des DFB durchaus anerkannt, doch ist nach Auffassung des BGH der Beitrag des DFB ein koordinatorischer, welcher der besseren und gleichmäßigeren Vermarktung der Europapokalspiele dient, nicht jedoch deren Vermarktung überhaupt erst ermöglicht.

Schließlich verteidigt der Bundesgerichtshof das Kartellverbot gegen die Auffassung, der als gemeinnütziger Verein firmierende DFB würde durch die Freistellung vom Kartellverbot finanzielle Mittel für die Erfüllung sozial- und sportpolitisch wünschenswerter Maßnahmen erzielen. Eine derartige Freistellung würde zur Verfehlung der Zielsetzung des Gesetzes gegen Wettbewerbsbeschränkungen führen, welche darin besteht, die Beeinflussung der Marktverhältnisse durch Wettbewerbsbeschränkungen zu verhindern.

„Wenn es also in erster Linie um den Schutz des Wettbewerbs als Institution geht und mittelbar darum, die Handlungsfreiheit anderer Marktteilnehmer zu sichern, kann die Verletzung dieser Ziele nicht dadurch gerechtfertigt werden, dass mit den auf diese Weise auf Kosten von Marktteilnehmern erzielten höheren Gewinnen sozial erwünschte Verhaltensweisen finanziert werden."[12]

---

[10] Hierzu und zum Folgenden vgl. BUNDESGERICHTSHOF (1998), S.163ff.

[11] ebenda, S.165.

[12] BUNDESGERICHTSHOF (1998), S.168f.

2.3 Ausnahmebereich Sport im Gesetz gegen Wettbewerbsbeschränkungen

Vor dem Hintergrund der Urteile von Bundeskartellamt und Bundesgerichtshof und mit Blick auf zu erwartende Urteile für die Fernsehvermarktung nationaler Wettbewerbe versuchte der DFB mit Erfolg, die Zentralvermarktung auf wirtschaftspolitischem Wege sicherzustellen. Gegen Ende der Beratungen über die 6. Novelle des Gesetzes gegen Wettbewerbsbeschränkungen ist ein Ausnahmebereich Sport in das Gesetz aufgenommen worden.[13]

Die Freistellung der Zentralvermarktung vom Kartellverbot verursachte in der Folgezeit eine Welle kritischer Kommentare: EISENKOPF spricht von einem „ordnungspolitischen Sündenfall" und bringt diesen direkt mit dem Zeitpunkt des damaligen Vorwahlkampfes in Verbindung.[14] Die wohl schärfste Kritik kommt vom ehemaligen Präsidenten des Bundeskartellamtes WOLF: Für ihn steht mit Blick auf den Ausnahmebereich Sport fest, „...dass das deutsche Kartellrecht im Rahmen der letzten GWB-Novelle ... eine schmerzhafte Amputation hinnehmen musste."[15] Obwohl die Urteile von Bundeskartellamt und Bundesgerichtshof lediglich die Vermarktung der Europapokalheimspiele betreffen und die Übertragbarkeit auf die Vermarktung von Fußballspielen in nationalen Wettbewerben nicht zwangsläufig ist[16], spricht einiges dafür, dass die neue Gesetzesvorschrift mit europäischem Recht kollidiert und der Ausnahmebereich Sport nur ein temporäres Phänomen ist.[17]

---

[13] Vgl. etwa BARON (1998), S.653. § 31 GWB lautet nun: „§1 findet keine Anwendung auf die zentrale Vermarktung von Rechten an der Fernsehübertragung satzungsgemäß durchgeführter sportlicher Wettbewerbe durch Sportverbände, die in Erfüllung ihrer gesellschaftspolitischen Verantwortung auch der Förderung des Jugend- und Amateursports verpflichtet sind und dieser Verpflichtung durch eine angemessene Teilhabe an den Einnahmen aus der zentralen Vermarktung dieser Fernsehrechte Rechnung tragen." Vgl. auch DEUTSCHER BUNDESTAG (1999), S.42f.

[14] Vgl. EISENKOPF, S.631. Die Verbindung zum Vorwahlkampf stellt auch HEERMANN (1999), S.14, her. Vgl. auch MONOPOLKOMMISSION (1998a) sowie WIRTSCHAFTSAUSSCHUSS (1998).

[15] WOLF (2000), S.2.

[16] Vgl. HEERMANN (1999), S.13.

[17] Vgl. dazu BARON (1998), S.653, EISENKOPF (1998), S.631, HAUSMANN (1994), S.1094f. und auch HEERMANN (1999), S.14.

2.4 Stand der rechtswissenschaftlichen Diskussion

Die oben erwähnten Urteile zur Zentralvermarktung von Fußballspielen lösten eine weitreichende Resonanz in der rechtswissenschaftlichen Literatur aus. Dabei erhalten der BGH sowie das BKartA deutliche Bestätigung von zahlreichen Autoren. HOEREN bemerkt:

> „Das Urteil selbst schreibt Geschichte, setzt es doch das bestehende System der Vermarktung von Sportübertragungsrechten außer Kraft. Die Überlegungen des BGH sind insofern absolut überzeugend; ihnen ist nichts mehr zuzufügen.“[18]

HEERMANN stellt fest, dass die heftige öffentliche und sportpolitisch motivierte Kritik an den genannten Urteilen rechtlich unbegründet ist,[19] lediglich einige argumentative Defizite können seiner Meinung nach dem Bundesgerichtshof vorgeworfen werden.[20] Dabei richtet sich die Hauptkritik gegen die etwas unpräzise Definition bzw. Verwendung des Veranstalterbegriffs, denn es bleibt nach den Ausführungen des BGH offen, „,... ob die vom Bundeskartellamt im Ausgangsbeschluss verwendete Definition ... weiterhin maßgeblich sein soll oder wie die einzelnen aufgeführten Kriterien zu gewichten sind.“[21] Auch die Verwendung des Begriffes „Mitveranstaltereigenschaft“ wird als interpretationsbedürftig angesehen. Insgesamt fasst HEERMANN zusammen, dass diese argumentativen Defizite keineswegs geeignet sind, das Urteil des Bundesgerichtshofes als solches in Frage zu stellen.

LIEGL und SCHMITZ betonen in Abgrenzung zur Zentralvermarktung im Bereich des Automobilsports die juristische Angemessenheit der Urteile von BKartA und BGH.[22] Der Rolle des ausrichtenden Verbandes (DFB und UEFA beim Fußball sowie FIA beim Automobilsport) hinsichtlich der Veranstaltereigenschaft wird hier die entscheidende Bedeutung für die Legitimation einer

---

[18] HOEREN (1998), S.332.

[19] Vgl. HEERMANN (1999), S.11. Siehe dort auch insbesondere die Literaturhinweise in Fußnote 2. Vgl. aber auch die etwas zurückhaltenere Beurteilung von LADEUR (1998), S.54f. LADEUR misst dem Konflikt Zentral- vs. Einzelvermarktung nur untergeordnete Bedeutung bei und meint, durch die einschlägigen Urteile würde das Hauptproblem der Entwicklung des Marktes für Sportrechte lediglich auf eine andere Ebene verschoben.

[20] Vgl. HEERMANN (1999), S.12ff. Weitere Unterstützung findet die Argumentation von BKartA und BGH durch HEERMANN (1997), S.665ff.

[21] ebenda, S.12.

[22] Vgl. LIEGL/SCHMITZ (1998), S.246ff.

zentralen Vermarktung beigemessen. Dabei stellen LIEGL und SCHMITZ heraus, dass im Unterschied zum Motorsport die Verbände im Profifußball keine tragenden Funktionen wahrnehmen und die Fußballvereine gegebenenfalls auch in eigener Regie in der Lage wären, vermarktbare Wettbewerbe auszutragen.

SPRINGER prüft detailliert die Vereinbarkeit der Zentralvermarktung von Ligasportarten mit dem deutschen und dem europäischen Kartellrecht, er bezieht in seine Analyse auch explizit die einschlägige Rechtsprechung der amerikanischen Antitrust-Behörden ein.[23] Während in den USA im Jahre 1961 für den Bereich des Profisports durch den „Sports Broadcasting Act" die Zentralvermarktung von Fernsehübertragungsrechten vom Kartellverbot freigestellt wurde, kommt SPRINGER für die deutschen Profisportligen zu folgendem Urteil: „Insgesamt ist ... festzustellen, dass die zentrale Vermarktung von Sportübertragungsrechten durch Ligaverbände sowohl gegen deutsches, als auch europäisches Kartellrecht verstößt..."[24]

HAUSMANN setzt sich detailliert mit dem Veranstalterbegriff auseinander und nimmt eine grundsätzliche Bestimmung der Zuständigkeit für die Vergabe von Fernsehrechten vor.[25] Er kommt zu dem Ergebnis, dass die Vereine das Recht auf die Vergabe der Fernsehrechte haben und schließt mit den Worten: „Im Ergebnis bleibt festzuhalten, dass die zentrale Vergabe von Fernsehrechten durch den DFB gem. § 3 Nr.2 LSpSt wegen Verstoßes gegen das Kartellverbot des § 1 Abs.1 GWB unwirksam ist."[26]

WERTENBRUCH verfolgt dagegen eine vom juristischen „mainstream" abweichende Argumentationslinie.[27] Seiner Meinung nach kann eine Freistellung der Vermarktung von Fernsehrechten vom Kartellverbot durchaus gerechtfertigt werden, weil die Freistellungsvoraussetzungen erfüllt sein können. Nach ihnen müssen die Absprachen „... zu spürbaren objektiven Vorteilen führen, die geeignet sind, die mit der Wettbewerbsbeschränkung verbundenen Nachteile auszugleichen."[28] Als spürbare Vorteile werden in diesem Kontext vornehmlich die

---

[23] Vgl. SPRINGER (1998), S.477ff.

[24] ebenda, S.486.

[25] HAUSMANN (1994), S.1090, beginnt dabei auf der Ebene der einzelnen Spieler und prüft, ob diese einen juristischen Einfluss auf die Rechtevergabe haben (sollten).

[26] HAUSMANN (1994), S.1095.

[27] Vgl. WERTENBRUCH (1996), S.1423ff.

[28] WERTENBRUCH (1996), S.1423.

Erlösumverteilung und die damit verbundene steigende sportliche Wettbewerbsintensität zwischen den Vereinen und letztlich die erhöhte Spannung für den Zuschauer eingeordnet. Weiterhin wird die Vorteilhaftigkeit für die Fernsehsender herausgestellt, welche sich in einer höheren Planungssicherheit durch den Kauf von Übertragungsrechten „im Paket" niederschlägt. Da nach Meinung von WERTENBRUCH die zentrale Vermarktung von Fußballspielen auch nicht zur wesentlichen Ausschaltung des Wettbewerbes auf dem relevanten Markt führt, käme eine Freistellung vom Kartellverbot nach Art. 85 Abs.3 EGV in Betracht.[29]

3. (Ökonomische) Grundlagen

Nach der juristischen Einordnung werden nun die für die übergeordnete Fragestellung der Arbeit relevanten theoretischen Grundlagen und Basisdaten dargestellt. Allerdings wird auf eine allumfassende Theorie bzw. Ökonomie des Sports oder des Fußballs verzichtet, weil damit der Rahmen der Arbeit gesprengt würde.[30]

3.1 Relevante Fußballereignisse

KRUSE teilt die verschiedenen Erscheinungsformen des Sports in vier Kategorien ein:[31] Sportereignisse, Sportveranstaltungen, Ligen und Serien. Für die vorliegende Arbeit sind lediglich das Sportereignis und die Liga relevant.

Als Sportereignis wird „...eine sportliche Einheit, die nach den Regeln der jeweiligen Sportart abgegrenzt und zeitlich unmittelbar zusammenhängend ist"[32], eingestuft. Bezogen auf den Fußball heißt dann das Sportereignis „(Fußball-) Spiel". Da für die vorliegende Arbeit nicht jedes Fußballspiel in Deutschland oder gar weltweit von Bedeutung ist, soll die Gesamtheit der Fußballspiele weiter eingegrenzt werden. Hinsichtlich des Verkaufes der Fernsehrechte sind quantitativ drei Gruppen von Fußballspielen von Bedeutung: Die Punktspiele auf nationaler Ebene[33], die nationalen Pokalspiele (DFB-Pokal) und die Spiele

---

[29] Vgl. ebenda, S.1425.

[30] Eine Einführung in die Ökonomie des Sports gibt HEINEMANN (1995).

[31] Vgl. KRUSE (1991), S.26ff.

[32] ebenda, S.27.

[33] Da sich die Gesamtarbeit mit den Verhältnissen in Deutschland beschäftigt, handelt es sich hier um die Spiele der Fußball-Bundesliga (wird nachfolgend von der Bundesliga ge-

der Europapokalwettbewerbe.[34] Basis der weiteren Untersuchung sind generell die geltenden Regelungen der Spielzeit 2000/2001.[35] Die Fußball-Bundesliga besteht aus 18 Vereinen. Der Wettkampfmodus schreibt vor, dass „jeder gegen jeden" spielt und dabei ein Hin- sowie ein Rückspiel ausgetragen werden. Daraus ergeben sich 34 Spieltage mit jeweils 9 Spielen, so dass pro Saison 306 Punktspiele stattfinden. Jede Mannschaft bestreitet entsprechend 34 Punktspiele pro Saison.

Der DFB-Pokal wird im K.O.-System ausgetragen, der Verlierer einer jeden Begegnung scheidet mithin aus dem laufenden Wettbewerb, welcher aus insgesamt sechs Hauptrunden besteht, aus. Für den DFB-Pokal sind die Profimannschaften der ersten und zweiten Bundesliga automatisch qualifiziert, zusätzlich können sich 28 Amateurmannschaften für den Wettbewerb qualifizieren. Jede teilnehmende Mannschaft bestreitet somit zwischen einem und maximal sechs Spielen bestreiten, insgesamt finden 63 Spiele statt. Die Höhe der Einnahmen hängt somit einerseits davon ab, wie viele Runden erfolgreich absolviert werden, andererseits spielt das sogenannte „Losglück" eine gewichtige Rolle. Bei attraktiven Paarungen werden sowohl die Einnahmen aus dem Kartenverkauf als auch die Einnahmen aus der Fernsehvermarktung vergleichsweise hoch sein. Als zusätzliches Zufallsmoment existiert das zugeloste Heimrecht.[36] Zwar wer-

---

sprochen, handelt es sich ausschließlich um die Spiele der ersten Liga). Die Spiele der zweiten Bundesliga und die Spiele der verschiedenen Amateurklassen finden keine explizite Berücksichtigung, da sie quantitativ weniger bedeutsam sind und die Mechanismen der ersten Liga tendenziell auf die unterklassigen Ligen übertragbar sind. Dort, wo sich Unterschiede bei den Mechanismen ergeben, wird ausdrücklich darauf hingewiesen.

[34] Freundschaftsspiele, Spiele der Hallenturniere und des Liga-Pokals sowie die UI-Cup-Begegnungen sollen unberücksichtigt bleiben, da sie vom Publikum (noch) nicht in bedeutendem Umfang angenommen werden. Vgl. dazu UFA SPORTS GmbH (1998), S.80f. und S.146f. So interessieren sich beispielsweise lediglich 6% der gesamten deutschen Bevölkerung über 14 Jahre für den UI-Cup (Qualifikationswettbewerb für den UEFA-Cup), während sich aus der gleichen Personengruppe 70% für die Bundesliga interessieren.

[35] In der Zukunft auftretende Veränderungen wie etwa die Qualifikationsmodalitäten für die europäischen Wettbewerbe oder Ligagrößenänderungen können zum jetzigen Zeitpunkt nicht berücksichtigt werden. Beispielsweise wurde zeitweilig eine Verkleinerung der Bundesliga auf 16 Vereine diskutiert, um den erhöhten Termindruck abzubauen, vgl. dazu den Kicker Nr.85 vom 15.10.1998, S.5. Es ist zu erwarten, dass sich insbesondere beim DFB-Pokal und bei der Champions-League recht bald Änderungen der Modi ergeben werden, so dass nachfolgend die konkreten Modalitäten dieser Wettbewerbe nicht in allen Einzelheiten wiedergegeben werden sollen.

[36] Lediglich der Ort des Finalspiels wird nicht ausgelost, es findet alljährlich im Berliner Olympiastadion statt.

den die Einnahmen aus dem Kartenverkauf nach Abzug der Durchführungskosten hälftig zwischen den beteiligten Mannschaften aufgeteilt, doch erhöht der sogenannte „Heimvorteil“ die Wahrscheinlichkeit, die nächste Runde des Wettbewerbs zu erreichen.

Für die europäischen Wettbewerbe der Folgesaison qualifizieren sich die sechs Erstplazierten der laufenden Bundesligasaison sowie der Sieger des DFB-Pokals. Der deutsche Meister und der Vize-Meister spielen dabei in der Champions-League, der Dritt- und Viertplazierte können sich jeweils durch ein Weiterkommen in einer Qualifikationsrunde ebenfalls die Teilnahme an der Champions-League sichern.[37] Andernfalls nehmen die Mannschaften automatisch am UEFA-Pokal teil. Die Vereine der Plätze fünf und sechs sowie der DFB-Pokalsieger spielen im UEFA-Cup. Weitere zwei Mannschaften haben die Möglichkeit, sich über den UI-Cup für die Teilnahme am UEFA-Pokal zu qualifizieren. Die Möglichkeit wird zunächst den Mannschaften auf den beiden Plätzen hinter den UEFA-Pokal-Teilnehmern eingeräumt, verzichten diese freiwillig, rücken die Nächstplatzierten nach. Im UEFA-Pokal gilt das K.O.-System, wobei ein Hin- und ein Rückspiel mit wechselndem Heimrecht der beteiligten Mannschaften ausgetragen werden. Jeder Verein bestreitet somit mindestens ein Heim- und ein Auswärtsspiel. Der UEFA-Pokal wird in sieben Runden ausgetragen.

Die Champions-League wird in einer Vorrunde in acht Gruppen mit jeweils vier Mannschaften gespielt. Es spielt „jeder gegen jeden“, wobei Hin- und Rückspiel mit wechselndem Heimrecht ausgetragen werden. Jeder Teilnehmer der Champions-League bestreitet folglich mindestens sechs Spiele. Die Gruppenersten und die Gruppenzweiten qualifizieren sich für die Zwischenrunde, in der vier Gruppen mit je vier Mannschaften gebildet werden. Der Spielmodus entspricht dem der Vorrunde. Die jeweils beiden Gruppenbesten erreichen das Viertelfinale, welches im K.O.-System, bestehend aus Hin- und Rückspiel, durchgeführt wird. Auch die Halbfinalspiele werden nach diesem System gespielt. Das Finale findet auf neutralem Platz ohne Rückspiel statt.[38]

Die in diesem Abschnitt aufgeführten Spiele stellen die Grundlage der weiteren Analyse dar.

---

[37] Inzwischen tritt nur noch der Drittplazierte in der Qualifikation an.

[38] Zu den Änderungen in der Champions-League vgl. den Kicker Nr.92 vom 9.11.1998, S.37.

3.2 Relevante Märkte

Nachfolgend werden die Märkte benannt, deren Nachfrage und Erlöse durch eine Änderung der Vermarktungsform bei den Fernsehrechten beeinflusst wird.

KRUSE macht für das Produkt Sportereignis im wesentlichen drei relevante Märkte aus:[39] Den Markt für „direkten Sportkonsum", den Markt für „den Verkauf von Lizenzen für die mediale Vermarktung" und den Markt für „die Vergabe von Rechten für Sponsorwerbung". Alle weiteren Erlösformen werden von KRUSE zwar teilweise benannt, jedoch (vermutlich wegen der damals noch quantitativen Bedeutungslosigkeit) nicht weiter betrachtet. Unter Berücksichtigung der zwischenzeitlichen Entwicklungen sind jedoch zwei weitere Märkte in die Untersuchung aufzunehmen: Der Markt für „Fanartikelverkäufe" (Merchandising) und der „Markt für Kapitalbeschaffung" bzw. der Kapitalmarkt.

Analog zu den unterschiedlichen relevanten Märkten gibt es unterschiedliche relevante Güter. Besonders wichtig ist dabei die Unterscheidung zweier unterschiedlicher Güter auf dem Markt für „direkten Sportkonsum": Dies ist einerseits das einzelne Spiel, andererseits das Gesamtprodukt „Sport" bzw. „Fußball". Welches der beiden Güter gerade untersucht wird, ergibt sich aus dem jeweiligen Zusammenhang oder es wird ausdrücklich darauf hingewiesen.

Direkter Fußballkonsum: Zunächst ist der unmittelbare Besuch von Fußballspielen im Stadion zu nennen, bei dem der Konsument Eintrittskarten für das jeweilige Spiel vom ausrichtenden Verein erwirbt. In Anlehnung an KRUSE wird dieser Markt als Markt für „direkten Fußballkonsum" bezeichnet.[40] In der Saison 1997/98 besuchten insgesamt über 9,5 Millionen Zuschauer die Spiele der Fußball-Bundesliga. Der Schnitt pro Spiel lag damit bei über 31 000 Besuchern, die daraus resultierenden Einnahmen bei insgesamt über 246 Millionen DM.[41]

Die Entwicklung der Gesamteinnahmen aus Eintrittsgeldern weist im Zeitablauf die Besonderheit auf, dass sie von 1977 bis 1989 bei rund 90 Millionen DM jährlich stagnierten. 1990 setzte dann ein rasanter Anstieg der Zuschauererlöse,

---

[39] Vgl. KRUSE (1991), S.34f.

[40] Vgl. ebenda, S.34.

[41] Vgl. Kicker Nr.68 vom 17.08.1998, S.10 oder auch Institut der deutschen Wirtschaft (1997), S.7.

getragen von steigenden Zuschauerzahlen und steigenden Preisen, bis auf die erwähnten 246 Millionen in der Saison 1997/98 ein.[42]

Der Anteil der Erlöse aus dem Eintrittskartenverkauf an den Gesamterlösen liegt bei 31% und ist damit neben den Fernsehgeldern für die Bundesligisten die wichtigste Einnahmequelle.[43] Die durchschnittliche Gesamtauslastung der Stadien lag in der Saison 1998/99 bei 70,1%[44], so dass weitere Erlössteigerungen bei gegebener Stadionkapazität möglich sind. Es ist allerdings zu berücksichtigen, dass der Auslastungsgrad bei den verschiedenen Vereinen sehr unterschiedlich ist. Beim 1.FC Kaiserslautern liegt der Auslastungsgrad bei 95,1%, womit kaum noch Erlöspotential wegen stärkeren Zuschauerzuspruchs vorhanden ist. Gleichwohl besteht die Möglichkeit, die Erlöse durch preispolitische Maßnahmen zu erhöhen. Weiterhin können die Einnahmen durch Modernisierungen der Stadien gesteigert werden, wie etwa das Beispiel des Logenverkaufs seit Beginn der Neunziger Jahre zeigt.

Langfristig ist die Stadionkapazität keine Fixgröße, zahlreiche Vereine planen Stadionum- bzw. -neubauten, andere Vereine (z.B. HSV, Dortmund) haben den Schritt bereits hinter sich. Der Bau von multifunktionalen Arenen oder die Einbettung in einen Freizeitpark, wie etwa in Wolfsburg geplant, können die Erlössituation für die einzelnen Vereine deutlich verbessern.[45]

Verkauf von Lizenzen für die mediale Vermarktung: Für die Übertragung der Erst- und Zweitligaspiele zahlen die Fernsehsender bzw. die Sportrechteagenturen pro Saison 750 Millionen DM an den DFB.[46] Hinzu kommen etwa 100 Millionen DM aus der Vermarktung der Europapokalspiele sowie ca. 50 Millionen DM für DFB-Pokal, Liga-Pokal und Hallenturniere. Die Werbeeinnahmen von SAT 1 aus den Sendungen ran und ranissimo und insgesamt fünf Live-Übertragungen belaufen sich auf 480 Millionen DM.[47] In Zukunft dürften die Erlöse aus der Fernsehvermarktung noch weiter steigen, wenn die Einzelvermarktung mit mehr Live-Übertragungen und vor allem „pay-per-view"

---

[42] Vgl. BRÜNING et al. (1999), S.37

[43] Vgl. BRÜNING et al. (1999), S.36.

[44] Vgl. hierzu und zu den folgenden Zahlen ebenda, S.74.

[45] Vgl. ebenda, S.36.

[46] Vgl. Clark (2000), S.3. Nach der Neuverhandlung der Fernsehgelder aufgrund der Kirch-Krise reduzierte sich der Betrag auf 290 Mio. Euro ab der Saison 2002/2003.

[47] Vgl. zu diesen Zahlen den Kicker Nr.68 vom 17.08.1998, S.10.

kommt.[48] Während in Deutschland die Erlöse aus dem Pay-TV für Erst- und Zweitligaspiele noch bei 175 Millionen DM liegen, erreichen die italienischen Vereine in diesem Bereich bereits Erlöse in Höhe von 618 Mio. DM.[49]

Sponsorwerbung: In die Rubrik Sponsoring fallen die Rechte von Unternehmen, Werbung auf Trikots, anderer Sportbekleidung, Banden, Anzeigetafeln und vielem mehr unterzubringen. Allein durch Trikotwerbung erwirtschafteten die 18 Erstligisten in der Saison 1998/99 Einnahmen von rund 120 Mio. DM, was etwa 10% der Gesamterlöse entspricht.[50] Die Einnahmen aus dem Sponsoring hängen erheblich vom sportlichen Erfolg und der damit verbundenen medialen Präsenz ab. In der Saison 1998/99 erhielt beispielsweise der Marktführer Bayern München leistungsabhängig bis zu 20 Millionen DM vom Hauptsponsor Opel, dagegen bezog Hansa Rostock als Schlusslicht der Sponsoring-Geld-Rangliste von seinem Hauptsponsor Roy Robson lediglich 2,8 Millionen DM.[51]

Mit 90 Mio. DM machen die Erlöse aus Banden-, Ausrüster- und Videotafelwerbung ca. 7% der gesamten Ligaeinnahmen aus. Weiteres Wachstumspotential dürfte dabei insbesondere die (virtuelle) Bandenwerbung haben.[52]

Die Gesamtausgaben für Sport-Sponsoring werden für 1999 auf 2,6 Mrd. DM und für 2000 auf 2,9 Mrd. DM geschätzt. Dem Sponsoring-Markt wird eine leichte Wachstumsverlangsamung auf 10% p.a. prognostiziert, wobei der Großteil der Gelder dem Sportsponsoring und hier insbesondere der Formel 1 und dem Fußball zufließen.

Merchandising: Die Erlöse aus dem Verkauf von Fan-Artikeln – zu berücksichtigen sind hier die Abgrenzungsprobleme zum Trikotsponsoring – sind in den vergangenen Jahren deutlich angestiegen und liegen inzwischen (Saison 1997/98) bei 180 Millionen DM, wenngleich derzeit eine leichte Stagnation zu

---

[48] Für die mediale Vermarktung kann schon hier ohne genauere Untersuchung folgender Zusammenhang unterstellt werden: Je größer das Zuschauerinteresse, desto höher die Preise der Fernsehrechte und um so höher die Einnahmen der Vereine. Zur Bestimmung der Preisbildung für Fernsehrechte vgl. Parlasca (1993), S.24ff.

[49] Vgl. BRÜNING et al. (1999), S.32.

[50] Für die folgenden Zahlen vgl. BRÜNING et al. (1999), S.39f.

[51] Kicker, Sonderheft Bundesliga 98/99, S.175. Leicht abweichende Zahlen finden sich bei BRÜNING et al. (1999), S.40.

[52] Vgl. dazu auch UFA Sports GmbH (1999).

verzeichnen ist.[53] Darüber hinaus wird ein Umsatz mit Fan-Artikeln über Lizenznehmer und auf schwarzen Märkten von 400 Millionen DM geschätzt.[54] Die Erlöse aus dem Merchandising dürften positiv korreliert sein mit der Anzahl der Fans. Die Anzahl der Fans ist wiederum hauptsächlich abhängig von den sportlichen Erfolgen der Vergangenheit und der medialen Präsenz[55], so dass der sportliche Erfolg die Erlöse aus dem Merchandising weitgehend mitbestimmt. Zu berücksichtigen ist allerdings, dass beim Fanartikelverkauf – im Gegensatz zu den vorher genannten Erlöskategorien – dem Umsatz bedeutende (Grenz-) Kosten gegenüberstehen, so dass die Umsatzrendite im Durchschnitt bei „lediglich" 10 bis 15% liegt.[56]

Finanzierung auf dem Kapitalmarkt: Auf dem DFB-Bundestag 1998 wurde die Möglichkeit beschlossen, Lizenzvereine in Kapitalgesellschaften umzuwandeln. Unabhängig von der Frage, welche Vereine die rechtlichen und wirtschaftlichen Voraussetzungen für eine Umwandlung erfüllen, sind die Einnahmepotentiale der Vereine durch einen Börsengang sehr unterschiedlich. LEHMANN und WEIGAND sehen als wesentlichen Grund für den Erwerb einer Fußballaktie „intrinsische" Motive, die sich mit der Identifikation der Fans mit einem Verein begründen lassen.[57] So könnte es in Zukunft en vogue sein, sich statt eines Trikots des Lieblingsvereins lieber einige Aktien zu kaufen. Demnach ist eine große Fangemeinde eine wichtige Voraussetzung für die Kapitalbeschaffungsmöglichkeiten am Kapitalmarkt. Mit der Ungleichverteilung der Anhängerzahlen nehmen ggf. auch die Finanzkraftunterschiede zwischen den Vereinen zu.[58]

Die Nachfrage auf den erwähnten Märkten wird entweder direkt (Verkauf von Lizenzen für die mediale Vermarktung) oder lediglich indirekt (z.B. Merchandi-

---

[53] Vgl. Institut der deutschen Wirtschaft (1997), S.7 und Kicker Nr.68 vom 17.08.1998, S.10.

[54] Vgl. ebenda, S.10. Zum Merchandising und dem Konsumentenverhalten im Bereich des Fanartikel-Kaufes vgl. die UFA Fußballstudie 98, S.158-171.

[55] Die erfolgreichsten deutschen Vereine der letzten fünf Jahre liegen mit 8 Millionen Fans (Bayern München) bzw. 3,7 Millionen Fans (Borussia Dortmund) deutlich an der Spitze der Anhängerzahlen. Vgl. UFA Fußballstudie 98, S.158. Vgl. ausführlich dazu den Abschnitt 3.5.2.

[56] Vgl. BRÜNING et al. (1999), S.38.

[57] Vgl. LEHMANN/WEIGAND (1998), S.9. Zum Thema Umwandlung von Vereinen in Kapitalgesellschaften vgl. auch SEGNA (1997) und den Abschnitt 3.6.

[58] Vgl. dazu ausführlich Abschnitt 3.6.

sing) von der Änderung der Fernsehvermarktung berührt. Bei der Analyse der Richtung und des quantitativen Ausmaßes der Nachfrageänderung müssen zwei Situationen analytisch unterschieden werden: Einerseits eine ceteris paribus-Situation in dem Sinne, dass die Qualität von Mannschaften und Spielen unverändert bleibt[59], andererseits eine Situation unter den Bedingungen der sogenannten Rehhagel-Hypothese mit einer stark positiven Korrelation von wirtschaftlichem und sportlichem Erfolg. Vorläufig soll es hier bei der Bemerkung bleiben, dass die Einzelvermarktung zu mehr Live-Spielen im Free-TV führen würde und damit die Fernsehpräsenz insbesondere der sogenannten kleineren Vereine verstärkt würde. Wie oben erwähnt, hängen viele Erlösgrößen (z.B. aus der Trikotwerbung) von der medialen Präsenz (TV-Coverage) der Vereine ab. Würden im Rahmen der Einzelvermarktung die kleineren Vereine ihre Fernsehpräsenz relativ zu den großen Vereinen verbessern, käme es zu einer Finanzkraftangleichung zwischen den Vereinen.

3.3. Das „Louis-Schmeling-Paradoxon"

Der Fußballsport weist eine Besonderheit auf, die von NEALE in die Literatur eingebracht wurde. Mit Blick auf die Situation im Boxen bezeichnet NEALE die Wettbewerbssituation im Profisport als „Louis-Schmeling-Paradoxon".[60] Ein Profisportler ist im Sinne einer sportorientierten Gewinnmaximierungsstrategie daran interessiert, jeden Wettkampf zu gewinnen. Will er jedoch nicht nur seine sportlichen, sondern auch seine monetären Gewinne maximieren, so muss er möglichst starke und gleichwertige Gegner finden, die dem Wettkampf ein Höchstmaß an Spannung garantieren. Eine Monopolsituation in dem Sinne, dass wegen fehlender ernstzunehmender Gegner ein einzelner Boxer bzw. eine einzelne Mannschaft die gesamte Sportart dominiert, führt auf Grund ausbleibender Spannung zu sinkenden Einnahmen. NEALE unterstellt für alle Profisportarten, dass sich die Hoffnung aller Beteiligten in folgender Aussage manifestiert: „Oh Lord, make us good, but not that good."[61]

Die Wettbewerbssituation im Profisport und damit auch im Profifußball ist mithin völlig verschieden von Wettbewerbssituationen in der „gewöhnlichen"

---

[59] Im Ergebnis entspricht die ceteris paribus-Situation der sogenannten Herberger-Hypothese, da die Änderung der Finanzkraft der beteiligten Vereine nur einen unwesentlichen Einfluss auf den sportlichen Erfolg hat. Zu den Begriffen „Rehhagel-Hypothese" und „Herberger-Hypothese" siehe Abschnitt 5.1.

[60] Vgl. NEALE (1964), S.1f. .

[61] ebenda, S.2.

Wirtschaft. „Gewöhnliche" Unternehmen stellen sich mit Blick auf das Ziel der Gewinnmaximierung am besten, wenn sie ihr Angebot monopolisieren. Sportakteure können hingegen finanziell nicht überleben, wenn ihnen starke Konkurrenz fehlt, weil das Publikumsinteresse am sportlichen Wettstreit verloren ginge.

Wenngleich die ökonomische Logik des „Louis-Schmeling-Paradoxons" intuitiv überzeugt und auch der empirische Befund das Paradoxon in gewisser Weise stützt[62], gibt es dennoch Gegenbeispiele, die zumindest eine Ausnahme von der Regel sind. So war jahrelang ein Boxkampf von Mike Tyson nicht deshalb interessant und publikumswirksam, weil der sportliche Sieger des Kampfes nur schwer vorhersagbar war, sondern weil das Publikum wissen wollte, wie lange (oder wie kurz) es dauern würde, bis der Gegner K.O. geht.[63] Ebenso gab es auch immer wieder Situationen im internationalen Fußball, in denen eine Mannschaft über ein oder mehrere Jahre hinweg die Konkurrenz eindeutig dominierte, ohne dass die Ligen davon dauerhaft finanziellen Schaden genommen hätten.[64]

Es bleibt aber festzuhalten, dass für die Fußball-Bundesliga Vorsicht geboten ist, Leistungsunterschiede gegebenenfalls nicht dauerhaft zu groß werden zu lassen.

3.4. Die Bedeutung der Ligen

Ähnlich wie sich „normale" Unternehmen in Wirtschaftsverbänden zu Interessengruppen zusammenschließen, sind Fußballvereine Mitglieder in Landes- bzw. Regionalverbänden, welche wiederum Mitglieder im Deutschen Fußball Bund sind.[65] Der DFB führt zum Zweck des Spielbetriebes zwei Lizenzligen, in denen bis zu 18 (1. Bundesliga) bzw. bis zu 20 (2. Bundesliga) Vereine zusam-

---

[62] Vgl. dazu Abschnitt 3.5.2.

[63] Ähnliches galt zeitweilig für die Kämpfe der Klitschko-Brüder. In einer solchen Situation ist der Gegner nicht mehr als sportlicher Konkurrent, sondern vielmehr als Produktionsfaktor für das „Spektakel Boxkampf" einzuordnen. Ebenso zog der japanische Schwergewichtler, mehrfache Weltmeister und Olympiasieger von 1988 im Judo, Yamashita, das Publikumsinteresse auf sich, weil er 12 Jahre lang unbesiegt war und letztlich ungeschlagen von der Judo-Bühne abtrat. Auch hier resultierte die Spannung nicht aus der Ungewissheit des Kampfausganges, sondern aus der deutlichen Überlegenheit eines Sportlers.

[64] Zu denken ist dabei an den AC Mailand Anfang der Neunziger Jahre oder auch an Ajax Amsterdam Mitte der Neunziger.

[65] Vgl. Deutscher Fußball Bund (1998a), S.1.

mengeschlossen sind.[66] Waren bis vor kurzem die erste und zweite Bundesliga noch Vereinseinrichtungen innerhalb des DFB, hat sich die Liga inzwischen unter dem Dach des DFB als GmbH verselbständigt (Deutsche Fußball Liga, DFL). Die Grundlage dafür wurde auf der Liga-Tagung vom 20.05.1999 geschaffen. Der Status der Liga-GmbH ähnelt der Stellung der Regionalverbände innerhalb des DFB.[67] Der ökonomische Preis der Mitgliedschaft im DFB besteht in der Abtretung unternehmerischer Freiheiten, insbesondere der Anerkennung und Befolgung von Ordnungen, Entscheidungen und Beschlüssen des DFB.[68] Nachfolgend wird untersucht, welche Gründe dafür sprechen könnten, diese ökonomischen Kosten bzw. unternehmerischen Handlungseinschränkungen hinzunehmen.

3.4.1. Sinkende Durchschnittskosten

Die Auslagerung verschiedener organisatorischer Aufgaben aus den Vereinen heraus in die Regie eines Verbandes führt zu Kostenersparnissen bei den beteiligten Vereinen.[69] Beispielsweise wird vom DFB die Festlegung der Spielregeln, der Spieltage und der Spielpaarungen übernommen. Der Zusammenschluss von Vereinen zu einer Liga führt dazu, dass bestimmte Leistungen kostengünstiger als bei individueller Produktion erbracht werden können. So wäre es für den einzelnen Verein aufwendiger und damit kostenintensiver, sich für jedes Spiel selbst einen Gegner zu suchen, Schiedsrichter zu stellen oder für die sportliche Bedeutung des einzelnen Spiels zu werben. Als Konsequenz der sinkenden Durchschnittskosten kann eine Sportliga theoretisch zum natürlichen Monopol werden. Gleichwohl wäre ein solches natürliches Monopol bestreitbar, so dass Monopolmacht nur in Grenzen ausgeübt werden könnte und dementsprechend die potentiell negativen Wohlfahrtswirkungen überschaubar wären.

„Für die Sportart als natürliches Monopol treten damit für gewisse zum Wettkampf gehörende Faktoren keine oder geringere Kosten auf, als es bei einem völlig selbständigen Träger sportlicher Leistungen der Fall wäre. Es ist daher sinnvoll, dass sich die einzelnen Vereine im Gegensatz zu gewöhnlichen wirtschaftlichen Unternehmen zusammenschließen, um den Wettbewerb zu fördern und gleichzeitig bei rechtlicher und wirtschaftlicher Selbständigkeit

---

[66] Vgl. Deutscher Fußball Bund (1998b), S.1.

[67] Vgl. FRANZKE (1999b), S.51.

[68] Vgl. Deutscher Fußball Bund (1998a), S.12

[69] Vgl. dazu z.B. MELZER/STÄGLIN (1965), S.118f. Vgl. zu den Aufgaben der Ligaorganisation auch DOBERENZ (1980), S.62ff.

aus Kostengründen einen Teil ihrer Unabhängigkeit aufgeben; denn so können sie ökonomisch erfolgreicher sein.“[70]

Vorerst bleibt festzuhalten, dass ein Ligazusammenschluss aus Kostengründen rational ist.

3.4.2 Bildung eines Kartells (Kollusion)

Ein Kartell ist „...ein vertraglich geregelter Zusammenschluss (Verband) rechtlich selbständig bleibender Wirtschaftssubjekte mit dem Ziel oder/und der Wirkung der Wettbewerbsbeschränkung, die durch die Bindung eines oder mehrerer Aktionsparameter im Interesse der Verbesserung des Wirtschaftserfolgs der Kartellmitglieder bewirkt wird.“[71] Diverse Regelungen der Satzung und Ordnungen des DFB fallen unter diese Kartelldefinition. Ohne im einzelnen darauf einzugehen[72], ist die Unterscheidung von produktiven Kooperationen zwischen den Vereinen auf der einen und wohlfahrtsschädlichen Kartellvereinbarungen auf der anderen Seite von Bedeutung.

Die unter 3.4.1 erwähnten Kostenersparnisse resultieren aus kartellähnlichen Vereinbarungen, kommen jedoch allen Beteiligten zugute. Auch die produktionstheoretische Besonderheit des „Louis-Schmeling-Paradoxons“, dass ein einzelner Verein kein marktfähiges bzw. kommerziell verwertbares Produkt anbieten kann, führt zur partiellen Ausschaltung des Wettbewerbs, denn die beteiligten Mannschaften müssen kooperieren und sich auf Mindeststandards hinsichtlich der Spielregeln bzw. der sportlichen Ausgeglichenheit einigen. Derartige Absprachen sind jedoch Voraussetzung der Leistungserstellung und kämen unter reinen Wettbewerbsbedingungen möglicherweise nicht zustande, daher sind sie ökonomisch unbedenklich oder sogar wünschenswert.[73] Auch die Etablierung des im nächsten Abschnitt detailliert dargestellten Positionswett-

---

[70] DOBERENZ (1980), S.119.

[71] COX (1981), S.231.

[72] Für eine ausführliche Untersuchung der kartellartigen Regelungen vgl. PARLASCA (1993), S.69ff. Vgl. auch CAIRNS et al. (1986), S.56ff.

[73] Vgl. dazu auch PARLASCA (1993), S.71f. Beurteilungskriterium ist dabei die allokative Effizienz. Ist diese nur durch spezielle Absprachen zu erreichen, sind die Absprachen positiv zu bewerten.

bewerbs – gegebenenfalls mit Hilfe eines Ligakartells – ist vor diesem Hintergrund positiv zu beurteilen.[74]

Als Gegenstück zu den genannten produktivitäts- und wohlfahrtssteigernden Kartellvereinbarungen existiert eine Reihe von negativ zu bewertenden Regelungen. Exemplarisch sei die zentrale Fernsehvermarktung durch den DFB zwecks Monopolpreiserzielung angeführt, aber auch Regeln des Verbandes, welche die freie Preisbildung auf Spieler- und Arbeitsmärkten einschränken, sind zu den negativen, weil wohlfahrtsschädlichen Ligavereinbarungen zu rechnen.

3.4.3. Die Produktion auf der Ligaebene: Ranggutcharakter des Ligabetriebes und Positionswettbewerb

Durch den Zusammenschluss von Vereinsmannschaften zu einer Liga entsteht ein Gut, welches für Teamsportarten charakteristisch ist. Das Gut wird als Ranggut oder als vermarktbarer Positionswettbewerb bezeichnet.

Typisch für Teamsportarten ist eine zweistufige Produktionsstruktur.[75] Zunächst werden auf der Clubebene diverse Akteure zu einer Mannschaft zusammengestellt, anschließend produzieren die Mannschaften auf der Ligaebene eine Meisterschaft. Durch das komplexe Produktionssystem der Meisterschaft entsteht das Meisterschaftsrennen zwischen den beteiligten Mannschaften. Die Produktion auf der Ligaebene, also das besagte Meisterschaftsrennen bzw. der sogenannte Positionswettbewerb, wird nun genauer dargestellt.[76]

Bereits das einzelne Fußballspiel ruft Zuschauerinteresse hervor. Freundschaftsspiele zwischen Bundesligisten, aber auch zwischen Mannschaften unterer bzw. unterschiedlicher Ligen haben regelmäßig einen positiven Zuschauerzuspruch. Die Motive für den Besuch eines sportlich vermeintlich

---

[74] Es soll hier nicht weiter untersucht werden, welche Regelungen zur Sicherstellung des sportlichen Wettbewerbs kartellrechtlich unbedenklich sind. Mindestens eine Möglichkeit besteht jedoch, die nach weit verbreiteter Expertenmeinung nicht gegen das Kartellrecht verstößt: Dies ist die Implementierung eines Finanzausgleichs zwischen den Vereinen, der gegebenfalls unter der Regie des DFB abgewickelt werden könnte. Vgl. dazu die Stellungnahmen in WIRTSCHAFTSAUSSCHUß (1998) sowie WOLF (2000), S.7.

[75] Vgl. dazu und zum Folgenden FRANCK (1995), S.124ff. und FRANCK (1998), S.3.

[76] NEALE (1964), S.3, spricht in diesem Zusammenhang vom „League Standing Effect". MELZER/STÄGLIN (1965), S.119ff., weisen auf den inneren Wettbewerb einer Liga hin und bezeichnen ihn als Positionswettstreit.

„wertlosen" Spieles können vielfältig sein. Freundschafts- und Vorbereitungsspiele der Profimannschaften gegen Amateurmannschaften „auf dem Lande" können dazu dienen, prominente Fußballer hautnah zu erleben. Auch mag es attraktiv erscheinen, die Spielweise eines Bundesligisten ohne Wettkampfdruck anzusehen. Verglichen mit Meisterschaftsspielen ist das Zuschauerinteresse jedoch sehr gering. Ausschlaggebend dafür ist weniger die möglicherweise fehlende Einsatzbereitschaft der beteiligten Mannschaft als vielmehr die Tatsache, dass es sich um ein sportlich „wertloses" Spiel handelt.

Erst das Zusammenwirken verschiedener Mannschaften innerhalb einer organisierten Meisterschaftsrunde verleiht den einzelnen Spielen die nötige Spannungsgeladenheit.[77] Es ist die Summe aller von den Ligateilnehmern bestrittenen Spiele, die einen wesentlichen Teil des Unterhaltungswertes ausmachen. In der Bundesliga sind es die jeweils neun Partien der insgesamt 34 Spieltage. Durch den Positionswettbewerb erhalten auch Spiele von Drittmannschaften eine wichtige Bedeutung.[78] Ein begeisterter Anhänger des FC Schalke 04 interessiert sich auf Grund des Positionswettbewerbes etwa für die Begegnung VFL Wolfsburg - Hansa Rostock, obwohl er sonst kaum Interesse an diesen Mannschaften hat. Da der Ausgang des erwähnten Spieles jedoch kurz-, mittel- oder langfristig Bedeutung für den Tabellenplatz von Schalke 04 – und auch alle anderen Vereine – haben kann, erzielt es eine wesentlich größere Publikumswirksamkeit als bei isolierter Austragung.[79] Die Ursache ist darin zu finden, dass alle Ligateilnehmer um die besten Ränge konkurrieren und die eigene Platzierung sowohl von dem eigenen Resultat als auch von den Ergebnissen der anderen Ligateilnehmer abhängt. Es handelt sich um ein Ranggut.

"Insofern ist jede Rangverbesserung eines Clubs mit dem Abladen eines negativen externen Effektes auf andere verknüpft. Wegen der zu Grunde liegenden Positionsänderung im Rennen kann man von 'positionalen externen Effekten' sprechen."[80]

---

[77] Einen Sonderfall stellen Pokalspiele dar, sie sollen hier jedoch nicht weiter betrachtet werden.

[78] Vgl. FRANCK (1995), S.125.

[79] Besonders augenscheinlich wird dieses Phänomen immer wieder in den Fußballstadien, in denen sich die Zuschauer nicht nur für das Geschehen auf dem Platz, sondern auch für die mit Spannung erwarteten Zwischenergebnisse der anderen Plätze interessieren, welche laufend via Anzeigetafel mitgeteilt werden. Nicht selten ist zu beobachten, dass Tore in anderen Stadien zu ähnlichen Emotionen führen wie Tore in dem eigenen Stadion.

[80] FRANCK/MÜLLER (1998), S.126. Die hier angesprochenen externen Effekte entsprechen in wohlfahrtsökonomischer Terminologie eher den pekuniären als den technologi-

Die spannungsfördernde Wirkung des Positionswettbewerbes ist an diverse Voraussetzungen geknüpft.[81] Zunächst muss die Vergleichbarkeit der Spiele hergestellt werden, einheitliche Spielregeln und ein paritätisches Spielpensum sind dafür angemessene Maßnahmen. Weiterhin ist die sportliche Integrität sicherzustellen, damit keine Zweifel an der Ernsthaftigkeit des Siegeswillens der beteiligten Mannschaften, etwa durch Manipulationen oder Absprachen, aufkommen. Wichtig ist auch die Aussagefähigkeit des vergebenen Meistertitels, denn das primäre Ziel einer Meisterschaft ist es, die beste bzw. erfolgreichste Mannschaft einer bestimmten Region herauszufinden. Bezogen auf die Fußball-Bundesliga ist es das oberste Ziel, den deutschen Meister im sportlichen Wettbewerb zu bestimmen. Die Koexistenz mehrerer Ligen würde die spannungsfördernden Momente des Positionswettbewerbes konterkarieren, zumindest aber abschwächen. FRANCK bemerkt hierzu:

> "Würden vier oder fünf Profiligen nebeneinander ihre 'Meisterschaftchen' ausspielen, dann kämen auch vier oder fünf völlig unvergleichbare 'Meisterchen' heraus. Die Frage, wer nun wirklich **der** Meister ist, bliebe völlig offen. Welchen Zuschauer würde das Ganze überhaupt noch interessieren? Faktisch wäre das Teamprodukt Meisterschaft verschwunden."[82]

Wenngleich die sportliche Transparenz unter der Koexistenz mehrerer Ligen vermutlich leiden würde, besteht die Möglichkeit, den „wahren" Meister in einer „Endrunde der Meister" zu ermitteln. Zudem ist keineswegs sicher, dass das Erlöspotential geringer ist, als bei einer einzigen Liga. Zwar sind die Erlöse jeder einzelnen Konkurrenzliga vermutlich niedriger als bei einer einzigen, doch in der Summe kann die Existenz mehrerer Ligen ein größerer finanzieller Erfolg sein als die „Monopolliga".[83]

Bei optimalen institutionellen Rahmenbedingungen steigert der Ranggutcharakter eines Ligabetriebes die Spannung und damit auch die erzielbaren Erlöse.

---

schen Externalitäten, weil sie vom Punktsystem (in Analogie zum Preismechanismus) erfasst werden und – aus der Ligaperspektive – erwünscht sind.

[81] Vgl. FRANCK (1995), S.125ff.

[82] FRANCK (1995), S.126.

[83] Die Situation des Profiboxsports zeigt, dass mehrere Verbände sowohl sportlich als auch ökonomisch koexistieren können. Zwar ist die Transparenz für den Zuschauer geringer, dafür bergen sogenannte „Vereinigungskämpfe" großes Spannungspotential.

„Thus the free provision of the race utility has a favorable feed-back effect upon gate receipts, and we may treat this effect as a kind of advertising.“[84]

Vergrößert wird die Spannung zudem durch die Möglichkeiten der Vereine, sich für einen der europäischen Wettbewerbe zu qualifizieren und durch die Gefahr abzusteigen.

3.4.4 Marktversagen im Ligasport und die Ligaorganisation als Rationalisierungssurrogat

Neben den bisher genannten Kategorien wird in Wissenschaft und Praxis die begrenzte Rationalität der am Ligabetrieb Beteiligten als Rechtfertigung der Ligaorganisation angeführt. FRANCK bezeichnet die Liga bzw. deren Regeln daher auch als Rationalisierungssurrogat.[85] Die Ligaregeln sind in diesem Sinne wirksame Ersatzinstrumente für den Umgang mit begrenzter Rationalität, „...um nicht wertvolle Ressourcen für Informations-, Abstimmungs-, Absicherungs-, Kontroll- und Anpassungstätigkeiten zu vergeuden.“[86]

Die nach Auffassung von FRANCK aus der begrenzten Rationalität resultierenden Probleme liegen in der möglichen Unterversorgung mit sogenannten Teameffekten, in der Entstehung von „Hyperaktivität“ bzw. des sogenannten „Rattenrennens“[87] und in der Schutzbedürftigkeit „spezifischer Investitionen“.[88] Insbesondere die ersten beiden Kategorien sind hier von Bedeutung. Der „Teameffekt“ resultiert aus einer Teamproduktion, bei der „...sich der Output eines gemeinschaftlichen Produktionsprozesses nicht einfach additiv aus der Summe aller Einzelbeiträge der Teammitglieder zusammensetzt. Es entsteht ein Teameffekt im Sinne eines Mehrwertes der Gemeinschaftsproduktion gegenüber isolierten Einzelproduktionen der beteiligten Akteure, der jedoch nicht oder jedenfalls nur schwer auf den Einsatz der beteiligten Inputlieferanten aufteilbar ist... Weil die Leistungsbeiträge der einzelnen Teammitglieder nicht ohne weiteres mess- bzw. bewertbar sind, entstehen individuelle Anreize zur Drückebergerei: Die Vorteile einer Verminderung des Arbeitseinsatzes kommen dem Drückeberger in voller Höhe zugute, wohingegen die Nachteile in Gestalt

---

[84] NEALE (1964), S.3.

[85] Vgl. FRANCK (1998), S.3ff.

[86] FRANCK (1998), S.5.

[87] Vgl. dazu ausführlich Abschnitt 3.4.5.

[88] Vgl. FRANCK (1998), S.5ff.

der Outputbeeinträchtigung auf alle Teammitglieder sozialisiert werden. Ohne den Einsatz weiterer Rationalitätssurrogate im oben skizzierten Sinne kommt es daher zur Erosion der Teameffekte."[89]

In mikroökonomischer Terminologie handelt es sich bei Teameffekten um ein öffentliches Gut. Und auch die von FRANCK problematisierte „Hyperaktivität" bzw. das „Rattenrennen" würde eine Form des allokativen Marktversagens sein, wenn man das Modell unreflektiert akzeptiert. Es handelte sich dann nämlich um einen Anwendungsfall der ruinösen Konkurrenz.[90] Folgt man der Vorstellung weiter, bei Ligaorganistionen handele es sich um ein Rationalitätssurrogat und berücksichtigt man die in der Praxis – und insbesondere vom DFB – vorgetragenen Argumente, die für weitreichende Eingriffsrechte von Verbänden in Vereinsbelange sprechen, ergibt sich eine erstaunliche Analogie zur Marktversagenstheorie. So wird hinsichtlich der Fernsehvermarktung vom DFB einerseits befürchtet, dass die Einzelvermarktung zu einer (willkürlich definierten) „Überversorgung" der Konsumenten mit Fußballübertragungen führt[91], andererseits besteht die Angst vor einer zu starken Ungleichverteilung der vereinsindividuellen Finanzkräfte, wodurch die sportliche Ausgeglichenheit abnehmen würde und wegen fehlender Spannungsmomente das Zuschauerinteresse schwinden könnte.

Das vom DFB befürchtete „zu große" Angebot an Fußball-Übertragungen wäre allokationstheoretisch nur mit Rückgriff auf das Konstrukt der öffentlichen Güter erklärbar, indem den einzelnen Vereinen free-rider-Verhalten unterstellt wird: Im Regelfall hat jeder Verein ein Interesse daran, sein Angebot an Fernsehübertragungen so stark auszuweiten, bis Grenzerträge und Grenzkosten übereinstimmen. Da eine Übersättigung der Konsumenten aber nicht nur vom Angebot des einzelnen Vereins, sondern auch vom Angebot der übrigen Vereine abhängt[92] und insofern private und soziale Kosten und Erträge unterschieden werden müssen, hat jeder Verein einen individuellen Anreiz, sich lediglich an

---

[89] ebenda, S.5.

[90] In Abschnitt 3.4.5 wird gezeigt, dass das sogenannte Rattenrennen tatsächlich **kein** allokatives Problem darstellt!

[91] Vgl. dazu etwa die Aussagen des DFB-Ligadirektors Wilfried Straub, zitiert in BUNDESKARTELLAMT (1998), Anlage 2.

[92] An dieser Stelle soll aus Gründen der Einfachheit angenommen werden, dass das Produktangebot homogen ist. Da die Annahme nur bedingt mit der Realität übereinstimmt, ist das geschilderte Problem allein schon deshalb quantitativ weniger bedeutend als gelegentlich propagiert.

den privaten Größen zu orientieren und die sozialen zu vernachlässigen. Die privaten Grenzerträge der zusätzlichen Fernsehpräsenz fallen nämlich dem einzelnen Verein allein zu, während die (sozialen) Grenzkosten auf alle Vereine verteilt werden.

Die Wirkungen der abnehmenden sportlichen Ausgeglichenheit sind vergleichbar mit denen eines natürlichen Monopols, denn bei steigenden Erlösen eines Vereines sinken wegen sehr niedriger Grenzkosten seine Durchschnittskosten.[93]

Die Frage, ob ein Verband die Unzulänglichkeiten der Vereine wirksam korrigieren kann, ist vergleichbar mit der Diskussion um Marktversagen vs. Staatsversagen. Jedes Marktversagen ist auf fehlende bzw. falsche Informationen und oder das Eigennutzstreben der Marktteilnehmer zurückzuführen.[94] Um das Marktversagen zu heilen oder dessen Wirkung zumindest abzuschwächen, müssen Politiker über bessere Informationen als die Privaten verfügen und zudem weniger eigennützig handeln. Es reicht folglich nicht zu zeigen, dass bei gegebener Rationalitätsausstattung der beteiligten Wirtschaftssubjekte – gemessen an einem willkürlich definierten abstrakten Idealzustand – bessere Ergebnisse durch einen mit umfangreichen Zuständigkeiten ausgestatteten Verband erzielt werden können. Es fehlt nämlich noch der Nachweis, dass Verbandsfunktionäre gegenüber den übrigen Beteiligten die bessere Rationalitätsausstattung haben. Um bessere Ergebnisse zu erzielen, müssten sie weniger eigennützig sein und über die besseren Informationen verfügen.

Abgesehen von den ligainternen Problemen, die gegebenenfalls besser von einer zentralen Ligaorganisation gelöst werden können, ist es aus einer gesamtwirtschaftlichen Perspektive notwendig, dass die von der Ligaorganisation getroffenen Maßnahmen allokativ effizient sind. Weiter unten wird gezeigt, dass das Gegenteil zutrifft.[95]

Zusammengefasst bestehen gewichtige Zweifel an der (systematischen) Überlegenheit von zentral organisierten Ligalösungen. Die Ligaorganisation als Rationalisierungssurrogat mit umfassendem Gültigkeitsanspruch zu betrachten, ist

---

[93] An dieser Stelle soll die Analogie zur Theorie des natürlichen Monopols nicht weiter erläutert werden. Eine detaillierte Darstellung folgt im Abschnitt 5.2.

[94] Diese Aussage lässt sich für sämtliche Kategorien (konjunkturell, distributiv und allokativ) des Marktversagens nachweisen, es würde hier aber den Rahmen der Arbeit sprengen. Vgl. dazu auch WALTER (1993), S.237.

[95] Vgl. dazu Kapitel 4.

insofern als sehr zweifelhaft einzuordnen. Dabei ist die Kritik nicht an Einzelfälle gebunden, sondern bezieht sich auf die konzeptionelle Basis, denn es ist nicht zu erkennen, dass Verbandsfunktionäre über eine bessere Rationalitätsausstattung verfügen als die an Vereine gebundenen Wirtschaftssubjekte.

3.4.5 Positionswettbewerb und das sogenannte Rattenrennen

Der Positionswettbewerb hat auf Grund der in Abschnitt 3.4.3 geschilderten Zusammenhänge grundsätzlich produktive Eigenschaften. Gleichwohl mehren sich Stimmen, die dem Positionswettbewerb auch destruktive Elemente zuweisen.[96] Da zur Eindämmung eines "ruinösen Rüstungswettlaufs"[97] innerhalb der Fußball-Bundesliga tiefgreifende Maßnahmen bis hin zum Fortbestand der zentralen Fernsehvermarktung gefordert werden[98], werden nachfolgend die theoretischen Grundlagen und die Implikationen für die Bundesliga ausführlich dargestellt und einer konzeptionellen Kritik unterzogen.

3.4.5.1 Die Grundkonzeption des Rattenrennens

3.4.5.1.1 Konstitutive Merkmale

Das Bild des Rattenrennens wurde von AKERLOF in die Literatur eingeführt: In einem Rennen bemühen sich mehrere Ratten, als erste ein Stück Käse zu erreichen. Die Siegwahrscheinlichkeit hängt von der Laufgeschwindigkeit ab. Der Sieger des Rennens erhält den gesamten Käse, gleichzeitig wird kein weiterer Käse produziert. Der Preis bzw. die Prämie ist also eine Fixgröße.

> "In the rat race the chances of getting the cheese increase with the speed of the rat, although no additional cheese is produced." [99]

Für ein arbeitsökonomisches Modell spezifiziert AKERLOF das Rattenrennen, indem er die Annahme der fixen Käsegröße ersetzt durch die Annahme, dass der private Grenzertrag des schnelleren Laufens den Zusatzoutput übersteigt:

---

[96] Vgl. etwa FRANCK/MÜLLER (1999).

[97] Dieser Begriff findet sich bei FRANCK/MÜLLER (1998), S.132.

[98] Vgl. z.B. FRANCK (1998), S.14.

[99] Vgl. AKERLOF (1976), S.603ff.

"In our model, unlike the rat race, workers produce more output at faster speeds; but, like the rat race, the private return for additional speed exceeds the additional output produced..."[100]

Das Rattenrennen bezeichnet Situationen, in denen trotz größerer Anstrengung der Output nicht oder aber nur unterproportional zur Anstrengung bzw. zum Faktoreinsatz steigt (abnehmende Grenzerträge).[101] Der Wettbewerb um den Gesamtoutput wird auch als eskalierender Wettbewerb, ruinöser Rüstungswettlauf oder als Hyperaktivität bezeichnet.[102]

Die erste wichtige Frage bezieht sich auf die Definition des Output, oder: Was ist eigentlich der Käse? Man könnte lediglich den privaten Ertrag der beteiligten Konkurrenten als Käse/Output einordnen. Die angemessene wohlfahrtsökonomische Sicht ist hingegen eine gesamtwirtschaftliche Erfassung des Output, welche mögliche externe Effekte berücksichtigt. Erst durch die Berücksichtigung der Nutzenänderungen bei (vermeintlich) unbeteiligten Wirtschaftssubjekten lässt sich eine korrekte Aussage bezüglich der Effizienz des Wettbewerbes formulieren.

Das konstitutive Merkmal des Rattenrennens – sinkende Grenzerträge respektive Grenzerträge in Höhe von null – ist jedoch nur notwendige, nicht aber hinreichende Bedingung für das Entstehen eines Rattenrennens. Im „Normalfall" wird die Produktion / der Arbeitseinsatz / das Investitionsniveau nämlich exakt soweit ausgedehnt, bis der jeweilige Grenzertrag den Grenzkosten entspricht. Übersteigen die Grenzkosten hingegen den Grenzertrag, wird die entsprechende Aktivität nicht durchgeführt. Unter „normalen" Bedingungen kommt es folglich zu keiner „Rüstungsspirale" bzw. zu keiner Eskalation.

Erst das Konkurrieren mehrerer Wirtschaftssubjekte um eine hohe und unteilbare Gewinnprämie führt unter bestimmten Bedingungen zum Rattenrennen. Nämlich dann, wenn einer der Kontrahenten seine Anstrengung über das normale Maß hinaus erhöht, um die gesamte Prämie zu gewinnen und für die Kontrahenten der Gewinnerwartungswert abzüglich der Zusatzkosten größer ist als der Auszahlungsbetrag bei jeder anderen gewählten Anstrengung.[103] FRANCK und MÜLLER bringen Eskalationseffekte direkt in Verbindung mit der

---

[100] ebenda, S.603.

[101] Vgl. dazu etwa O'KEEFFE et al. (1984), S.29.

[102] Vgl. FRANCK/MÜLLER (1998), S.125ff. und FRANCK/MÜLLER (1999), S.13ff.

[103] Dieser Sachverhalt wird in Abschnitt 3.4.5.2 verdeutlicht.

"winner-take-all-Verteilungslogik".[104] Demnach werden Rattenrennen durch die Konzentration der gesamten Erlöse auf einige wenige oder gar einen einzigen Gewinner besonders stark angeheizt. Der Verweis auf den "Lockruf des Jackpots" rundet das skizzierte Bild ab.[105]

3.4.5.1.2 Eskalationsvoraussetzungen

Als wesentliche Voraussetzungen für die Entstehung von Rattenrennen – es wird in diesem Zusammenhang auch von Eskalationsvoraussetzungen gesprochen – werden in der Literatur die Technologie der Rennteilnehmer und deren Rationalitätsausstattung genannt.[106] Bei identischer Technologie bzw. bei identischen Fähigkeiten wird sich ein Rattenrennen zwischen vollkommen informierten Rennteilnehmern entwickeln, weil ihnen bewusst ist, dass sie die Konkurrenz nur durch einen höheren Arbeitseinsatz abhängen können.

Gleichwohl messen FRANCK und MÜLLER der Bedingung der Technologiegleichheit geringere Bedeutung zu, weil in der Realität Unterschiede hinsichtlich der Technologie der Regelfall sein dürfte.[107] Entsprechend weisen sie der Rationalitätsausstattung der Rennteilnehmer den deutlich größeren Erklärungsgehalt zu. FRANCK und MÜLLER begründen die von ihnen vorgenommene Auflösung der Rationalitätsannahme mit unvollständigen Informationen der Rennteilnehmer bezüglich ihrer relativen Technologie bzw. Qualifikation und mit verfälschten Entscheidungskalkülen.[108] Demnach unterlaufen den Rennteilnehmern bei der Verarbeitung der verfügbaren Informationen systematische Fehler, ihre Handlungen sind nicht mehr rational. Der einzelne Rennteilnehmer überschätzt seine Möglichkeiten, das Rennen als Gewinner zu beenden.

Zusammengefasst folgt aus den bisherigen Ausführungen, dass Teilnehmer an Rattenrennen entweder über identische Fähigkeiten verfügen und versuchen, über einen erhöhten Arbeitseinsatz das Rennen zu gewinnen, oder – und das ist nach FRANCK und MÜLLER der Regelfall – die Teilnehmer handeln nicht rational.

---

[104] Vgl. FRANCK/MÜLLER (1998), S.129 und FRANCK/MÜLLER (1999), S.17ff.

[105] Vgl. FRANK/COOK (1995).

[106] Vgl. FRANCK/MÜLLER (1999), S.13ff.

[107] Vgl. ebenda, S.14.

[108] Vgl. ebenda, S.16ff.

3.4.5.1.3 Zum Effizienzbegriff

MÜLLER und FRANCK benutzen zur Beschreibung der negativen Wirkung von Rattenrennen die Formulierungen Ressourcenverschwendung, Inputverschwendung oder Verringerung des verteilbaren Wohlstandes.[109] Besonders konkret formulieren KRÄKEL und SCHAUENBERG, indem sie auf das Konstrukt der Pareto-Optimalität zurückgreifen und das Ergebnis von Rattenrennen als pareto-ineffizient bezeichnen.[110]

Unter Pareto-Effizienz bzw. allokativer Effizienz ist eine Situation zu verstehen, in der es nicht mehr möglich ist, jemanden besser zu stellen, ohne durch die Besserstellung jemand anderen schlechter stellen zu müssen.[111] Andersherum ist eine Situation allokativ ineffizient oder pareto-suboptimal, wenn es möglich ist, mindestens ein Individuum besser zu stellen, ohne dadurch andere Individuen schlechter stellen zu müssen. Wohlfahrtsökonomische Aussagen über die verschiedenen Situationen lassen sich im Sinne des Pareto-Kriteriums nur dann machen, wenn sich die individuellen Nutzengrößen nicht oder aber nur gleichgerichtet ändern. Ändern sich die Nutzengrößen jedoch in verschiedene Richtungen, dann sind die Situationen im Sinne von Pareto nicht vergleichbar.

Da sowohl in der Theorie als auch in der Realität meistens Situationen auftreten, in denen sich die individuellen Nutzengrößen in unterschiedliche Richtungen ändern und diese Situationen mithin wohlfahrtsökonomisch im Sinne von Pareto nicht vergleichbar sind, wird unter allokativer Effizienz/Pareto-Effizienz – zumindest implizit – eine wie oben definierte Situation verstanden, in der aber Kompensationszahlungen möglich sind. Entsprechend ist allokative Effizienz auch dann noch gegeben, wenn Individuen, welche im Vergleich zur früheren Situation Nutzeneinbußen hinnehmen mussten, ihren Nutzenverlust durch die Gewinner der neuen Situation prinzipiell kompensiert bekommen könnten.[112]

---

[109] Vgl. FRANCK/MÜLLER (1999), S.12 und S.16, sowie FRANCK/MÜLLER (1998), S.127.

[110] Vgl. KRÄKEL/SCHAUENBERG (1994), S.227.

[111] Vgl. dazu etwa LUCKENBACH (1986), S.30ff.

[112] Zu den verschiedenen Kompensationskriterien vgl. LUCKENBACH (1986), S.33ff. Im Sinne des Kaldor-Hicks-Kriteriums geht es lediglich darum, dass die Gewinner in der Lage sind, die Verlierer zu kompensieren. Ob es tatsächlich zu einer Kompensation kommt, ist wohlfahrtsökonomisch redundant. Eine Steigerung der gesellschaftlichen Wohlfahrt ist folglich immer dann gegeben, wenn die Gewinne der Gewinner größer sind als die Verluste der Verlierer, wobei die interpersonelle Verteilung von Gewinnen und Verlusten keine Berücksichtigung findet. Ein zusätzliches Problem ergibt sich aus der interpersonellen Unver-

Hinsichtlich der Problematik von Rattenrennen ist genau zu prüfen, wie sich die gesamtwirtschaftlichen Nutzengrößen auf Grund des erhöhten Ressourceneinsatzes ändern. Der reduzierte Blick auf die Zusatzerlöse der beteiligten Rennteilnehmer führt – wie später exemplarisch gezeigt wird – im Regelfall zu falschen wohlfahrtsökonomischen Aussagen. Berücksichtigt werden müssen nämlich auch die Nutzenänderungen vermeintlich unbeteiligter Dritter.

3.4.5.2 Anwendung des Grundkonzeptes: Beförderungswettbewerb als Rattenrennen

Es ist schwierig, Konkurrenzsituationen auszumachen, welche die oben genannten Kriterien eines Rattenrennens erfüllen. KRÄKEL und SCHAUENBERG ist es gelungen, mit Hilfe eines restriktiven spieltheoretischen Modells die Pareto-Ineffizienz von Rattenrennen bei Karrieresystemen nachzuweisen. Es soll daher zur Illustration genauer dargestellt werden:

Zwei Arbeitnehmer einer Hierarchiestufe streben die Beförderung auf die nächsthöhere Hierarchiestufe an, wobei nur einer der beiden tatsächlich befördert werden kann.[113] Beide Arbeitnehmer sind risikoneutral, ungefähr gleich fähig und über die Rahmenbedingungen des Spieles vollständig informiert.[114] Der dritte Akteur in diesem Spiel ist ein gewinnmaximierender Organisationsgestalter, welcher die Beförderungsentscheidung zu treffen hat. Die beiden Kandidaten können zwischen drei unterschiedlichen Arbeitsanstrengungen a_1, a_2 und a_3 wählen, wobei $a_1 < a_2 < a_3$ gilt. Moral hazard-Probleme werden dadurch ausgeschlossen, dass der Organisationsgestalter die Arbeitsanstrengung perfekt beobachten kann und somit derjenige Arbeitnehmer befördert wird, welcher die höchste Arbeitsanstrengung auf sich genommen hat. Wählen beide Kandidaten die gleiche Arbeitsanstrengung, ist auf Grund der unterstellten identischen Fähigkeiten das Arbeitsergebnis identisch und der Organisationsgestalter trifft die Beförderungsentscheidung mit einem fairen Münzwurf, die Wahrscheinlichkeit, befördert zu werden, beträgt dann für beide Arbeitnehmer jeweils ½.

---

gleichbarkeit von individuellen Nutzengrößen. Soweit es sich jedoch um monetäre Größen handelt, gilt diese Problematik nicht. Zu einer alternativen, von der herrschenden Lehrmeinung abweichenden Interpretation des Pareto-Kriteriums vgl. HACKMANN (1978) und HACKMANN (1987).

[113] Vgl. KRÄKEL/SCHAUENBERG (1994), S.225ff.

[114] Die vollständige Information wird von den Verfassern nicht explizit herausgestellt, sie ergibt sich jedoch aus dem Kontext.

Der Gesamtnutzen der Kandidaten ergibt sich einerseits aus den mit der Beförderung einhergehenden monetären und nicht-monetären Vorteilen P (Nutzenerhöhung), andererseits aus dem Arbeitsleid K (Nutzenminderung). Unterstellt wird zunehmendes Grenzleid der Arbeit und eine stets positive aber von Beginn an abnehmende Grenzproduktivität des Faktors Arbeit. π_r bezeichnet den mit der jeweiligen Arbeitsanstrengung korrespondierenden Nettogewinn, welcher als Differenz aus Bruttogewinn (Summe aus monetären Vorteilen und monetären Äquivalenten der nicht-monetären Vorteile der Beförderung) und monetärem Arbeitsleid definiert ist. Für die Nettogewinne π_1, π_2 und π_3 soll $\pi_3 < \pi_1 < \pi_2$ gelten. Entsprechend ist der Nettogewinn für den Arbeitnehmer bei der Wahl von Anstrengung 2 am größten.

Ohne auf die weiteren Einzelheiten des Modells einzugehen, kann nun nach KRÄKEL/SCHAUENBERG festgestellt werden, dass die Strategie- bzw. Anstrengungskombination (a_3, a_3) ein Nash-Gleichgewicht darstellt, sofern $\frac{1}{2} P \geq K_3 - K_1$ ist.[115] Unter bestimmten Voraussetzungen wählen somit beide Akteure die höchste Anstrengung.

„In diesem Fall bildet die Lösung des Beförderungsspiels jedoch ein Rattenrennen. Zum einen ist die Ergebniskombination ... aus Sicht der beiden Arbeitnehmer nicht pareto-effizient und damit auch nicht kollektiv rational..."[116]

Pareto-Effizienz ist nur bei beiderseitiger Wahl der Anstrengung a_2 gegeben, denn alle anderen Anstrengungskombinationen führen zu einem geringeren Gesamtnutzen bzw. Nettogewinn. Erhöhen die Akteure von a_2 aus ihre Anstrengung, steigt zwar der Output und dementsprechend der Nutzen des Organisationsgestalters, noch stärker steigt jedoch auf Grund der unterstellten abnehmenden Grenzproduktivität und dem steigenden Grenzleid der Arbeit das Arbeitsleid. Mithin könnten die Arbeitnehmer bei der Wahl von a_2 den Organisationsgestalter für seine entgangene Mehrproduktion kompensieren und würden sich nutzenmäßig immer noch besser stellen als bei der Wahl von Anstrengung a_3.

---

[115] KRÄKEL/SCHAUENBURG (1994), S.226: „Bei gegebener Strategie a_3 des j kann i mit a_1 den Nutzenwert $-K_1$, mit der Wahl von a_2 den Wert $-K_2$ und mit a_3 den Wert $\frac{1}{2} P - K_3$ erzielen. Da laut Annahme $K_2 > K_1$ gilt, ist a_3 für i die beste Antwort auf a_3 des j, wenn $\frac{1}{2} P - K_3 \geq -K_1 \Leftrightarrow \frac{1}{2} P \geq K_3 - K_1$ erfüllt ist..."

[116] ebenda, S.227.

In dem vorgegebenen Modellrahmen handelt es sich bei dem Beförderungsspiel kurzfristig tatsächlich um ein Rattenrennen. Entgegen der These von KRÄKEL und SCHAUENBERG, die beiderseitige Wahl der Anstrengung a_3 führe aus Sicht des Organisationsgestalters zu einem irrationalen Ergebnis[117], ist das Rattenrennen für das Unternehmen allerdings effizient, denn die Erträge der erhöhten Anstrengung kann es appropriieren, sie sind für ihn intern, während die Kosten extern sind und von den Arbeitnehmern getragen werden. Der Organisationsgestalter kann bei rigoros gewinnmaximierender Orientierung kein Interesse daran haben, das Rattenrennen zu unterbinden.[118]

Werden die Modellannahmen gelockert, ist keineswegs mehr sicher, dass sich der Beförderungswettbewerb – wie von KRÄKEL und SCHAUENBURG skizziert – zu einem Rattenrennen entwickelt. Zunächst können die Arbeitnehmer das Spiel kooperativ spielen, denn sie wissen, dass bei der Wahl der gleichen Anstrengung die Entscheidung per Münzwurf getroffen wird.[119] Im Extremfall würden beide sogar nur die Anstrengung a_1 wählen, denn einer der Akteure wird annahmegemäß mit Sicherheit befördert.

Ebenso führt die Aufgabe der Annahme nur einer einzigen Beförderung zu einem anderen Ergebnis. Es ist wahrscheinlich, dass sich auf Grund des hohen Engagements und den dadurch evtl. erworbenen Fähigkeiten für den unterlegenen Arbeitnehmer anderweitig Chancen auf dem Arbeitsmarkt ergeben und dadurch der Gesamterlös nicht wie angenommen fix ist.

Weiterhin ändern sich die Ergebnisse, wenn die Annahmen bezüglich Grenzproduktivität und Grenzleid der Arbeit aufgegeben werden. Insbesondere bei nicht-körperlicher Tätigkeit kann die Grenzproduktivität im relevanten Bereich durchaus konstant oder sogar positiv sein.[120] Auch muss das Grenzleid der Arbeit nicht zwangsläufig zunehmend sein. Bei einer Änderung dieser Modellannahmen kommt es jedenfalls nicht mehr zu einem Rattenrennen.

---

[117] Vgl. daselbst.

[118] Seltsamerweise mühen sich KRÄKEL und SCHAUENBERG, organisatorische Gestaltungsmaßnahmen zu finden, welche die Arbeitnehmer Anstrengung a_2 wählen lässt. Vgl. dazu KRÄKEL/SCHAUENBERG (1994), S.228ff.

[119] Voraussetzung für das kooperative Spiel wäre jedoch die gegenseitige Beobachtbarkeit der Arbeitnehmer.

[120] Eine gewisse Analogie ergibt sich hier zur Kontroverse zwischen neoklassischen und „neuen" Wachstumstheoretikern, welche ebenfalls über die angemessene Annahme hinsichtlich der Grenzproduktivität streiten. Vgl. dazu ROMER (1986).

Zusammenfassend kann festgehalten werden, dass das dargestellte spieltheoretische Modell eine gute Illustration eines Rattenrennens ist, gleichwohl ist der analytische Rahmen sehr eng gefasst, wodurch das Modell mit Blick auf die Realität und mit Blick auf andere Teilbereiche von Wirtschaft und Gesellschaft einen eher geringen Erklärungswert hat.

3.4.5.3 Anwendung des Grundkonzeptes: Fußball-Bundesliga

Die These, dass die Vereine der Bundesliga Teilnehmer eines Rattenrennens sind, geht auf FRANCK und MÜLLER zurück:

> „Unter bestimmten Bedingungen kommt es zu überhöhten, d.h. durch den Anstieg der Ligaerlöse nicht mehr gerechtfertigten Investitionen der Clubs in Spielstärke. Bildlich ausgedrückt: Alle Ligaclubs 'rennen' immer schneller, ohne den Rennausgang und die Höhe der 'Preisgelder' dadurch wesentlich zu beeinflussen."[121]

Die Ursache für das „überhöhte" Investitionsniveau ist nach FRANCK und MÜLLER die Ranginterdependenz zwischen den Vereinen im Wettbewerb um platzierungsabhängige Erlöse.[122] Da Erlöse und Platzierung positiv miteinander korreliert sind und eine bessere Platzierung auf Grund des positionalen externen Effektes notwendigerweise mit der Verdrängung mindestens eines anderen Vereines verbunden ist, sehen sich die attackierten Vereine gezwungen, sich durch eigene Investitionen gegen den Überholversuch zu wehren. Im Ergebnis würde sich – so die These von FRANCK und MÜLLER – die gleiche Rangfolge einstellen, die sich auch ohne die Investitionen, ohne den Überholversuch eingestellt hätte.

Eine weitere notwendige Modellannahme für die Existenz eines Rattenrennens ist die "natürliche" Rangfolge der Vereine.[123] Es müsste eine feststehende Rangfolge der 18 Bundesligavereine geben, die sich in irgendeiner Weise aus den Strukturen der Vereine zu ergeben hätte. Zu diesen Strukturen wären vermutlich Tradition, Fanpotential, regionale Lage einschließlich regionaler Konkurrenz, die derzeitige Finanzkraft und vieles mehr zu zählen. Dass eine solche

---

[121] FRANCK/MÜLLER (1998), S.125.

[122] Vgl. ebenda, S.125ff.

[123] Vgl. ebenda, S.126.

Sicht der „natürlichen" Rangfolge weit an der Realität vorbeigeht, zeigt sich immer wieder.[124]

Auch die Volatilität der Platzierungen der Bundesligavereine zeigt deutlich, dass eine „natürliche“ Rangfolge der Clubs nicht gegeben ist. Existiert die „natürliche" Rangfolge unter den Bundesligavereinen jedoch nicht, wird der Argumentation für die Existenz eines Rattenrennens die Grundlage entzogen, denn für den einzelnen Verein ist der erzielbare Erlös nun keine Fixgröße mehr, vielmehr kann es sich lohnen, mittels zusätzlicher Investitionen Überholmanöver zu starten. Es spricht alles dafür, dass der sportliche Erfolg nicht ausschließlich – aber auch – von der Finanzkraft und den damit einhergehenden Investitionsmöglichkeiten abhängt.[125] Wenn es jedoch mehrere Determinanten des sportlichen Erfolges gibt, deren Bedeutung im Zeitablauf auch noch schwankt, muss es nicht mehr zwangsläufig zu der von FRANCK und MÜLLER skizzierten „ressourcenverschwendenden“ Dominoreaktion in einer Liga kommen.[126] Es ist keineswegs zwingend, dass sich jeder Verein mittels eigener Zusatzinvestitionen gegen einen Überholversuch verteidigt. Eine Mannschaft, welche ihren sportlichen Erfolg auf mannschaftlicher Geschlossenheit aufbaut, wäre schlecht beraten, teure Spieler zu kaufen, die ggf. das Gehaltsgefüge und den Mannschaftsgeist zerstören.

Empirisch ist – wie oben bereits erwähnt – zu beobachten, dass Überholmanöver immer wieder gelingen. Das gilt sowohl für investitionsbasierte Überholversuche als auch für Überholvorgänge mit nicht-finanziellen Mitteln.[127]

---

[124] Vgl. dazu die Tabelle A1 im Anhang! Ein Beispiel aus dem Profifußball sind die Bundesliga-Aufsteiger der Saison 1999/2000, nämlich die Spvgg Unterhaching und der SSV Ulm. Letzterer schaffte nach nur einjähriger Zugehörigkeit zur zweiten Bundesliga mit dem kleinsten Etat aller Zweitligisten den Durchmarsch von der Regionalliga in die erste Liga (siehe dazu auch TRUST (1999), S.39) und Unterhaching erreichte ebenfalls mit einem der kleinsten Etats einen Aufstiegsplatz, konnte in der Folgesaison sogar die Klasse halten. BIECHELE (1999) dazu: "Der Münchner Vorstadtklub mischt in einem Konzert mit, in dem er, würden nur die Struktur zählen, nichts verloren hat. Viel zu klein, kaum Fans, wenig Geld, gar nicht zu reden von Tradition oder Titeln..."

[125] Vgl. dazu die Korrelationsanalysen bei GÖMMEL/CAVAR (1999), sowie die empirischen Arbeiten von LEHMANN/WEIGAND (1997) sowie PALOMINO et al. (1999).

[126] Vgl. zu dieser Begrifflichkeit FRANCK/MÜLLER (1998), S.127.

[127] FRICK et al. (1999) untersuchen die Hypothese des Rattenrennens in der Fußball-Bundesliga empirisch und kommen zu dem Ergebnis, dass kein Rattenrennen vorliegt! Vgl. FRICK et al. (1999), S.498ff.

Bei der Anwendung des Rattenrennen-Modells auf die Fußball-Bundesliga ist die Frage zu klären, was der Käse ist. Man könnte argumentieren, es käme nicht auf den Erlösanteil des einzelnen Vereines sondern auf den Gesamterlös der Liga an. Denn im Sinne des Rattenrennen-Beispieles sei der Käse der Gesamterlös und der Wettbewerb um den Käse sei kurzfristig entsprechend ein Nullsummenspiel.[128] Dem muss zunächst entgegnet werden, dass damit der Modellrahmen des Rattenrennens verlassen wird, denn es wurde unterstellt, der Gewinn sei unteilbar oder: "The winner takes it all." Innerhalb der Bundesliga werden die Gesamterlöse sogar auf alle 18 Vereine verteilt, nicht nur der Sieger profitiert.

Weiterhin ist die These des Nullsummenspieles kaum haltbar. Die Entwicklung der Ligaerlöse zeigt einen deutlichen Anstieg im Zeitablauf. Allein die Erlöse aus Eintrittsgeldern stiegen von der Saison 1963/64 bis zur Saison 1997/98 von 22 Millionen DM auf 240 Millionen DM. Nur in den letzten zehn Jahren dieses Zeitraumes haben sich die Erlöse mehr als verdoppelt.[129] Um die These des Nullsummenspiel aufrecht zu erhalten, müsste entsprechend nachgewiesen werden, dass die Erlössteigerungen nicht auf das Investitionsverhalten der Bundesligisten zurückzuführen sind.

Zudem ist die Aussage, die „wirkungslos verpuffenden Rüstungsinvestitionen“ würden den verteilbaren Wohlstand verringern,[130] wohlfahrtsökonomisch falsch. Die Rüstungsinvestitionen, welche sich aus den Ablösesummen und den Spielergehältern einschließlich möglicher Handgelder zusammensetzen, sind reine Kaufkraftübertragungen. Zwar mag es sich aus der Sicht des Vereines um einen bedauerlichen Verlust an Finanzkraft handeln, wenn sich langfristig herausstellt, dass sich die Investition nicht rentiert, doch gleichermaßen können sich der abgebende Verein und der Spieler über die erhaltenen Summen freuen. Die vermeintlichen Rattenrennen innerhalb der Bundesliga sind allenfalls ein Verteilungs-, nicht aber ein Effizienzproblem.

3.4.5.4 Maßnahmen gegen die Entstehung von Rattenrennen

Zur Begrenzung der „ruinösen Rüstungswettläufe“ werden mehrere Eingriffe in das freie Spiel der Kräfte vorgeschlagen.[131] Zu den eher „weichen“ Maßnahmen kann die Aufklärung der Rennteilnehmer gezählt werden. Durch zusätzliche

---

[128] In diesem Sinne äußern sich DIETL/FRANCK (1999), S.4.

[129] Vgl. Institut der deutschen Wirtschaft, (1997), S.7.

[130] Vgl. FRANCK/MÜLLER (1999), S.16.

[131] Vgl. zum Folgenden ebenda, S.24f.

Informationen soll deren Entscheidungskalkül näher an ökonomische Rationalität geführt werden, die Rennteilnehmer sollen dafür sensibilisiert werden, dass ihre Handlungen wirkungslos „verpuffen". Darüber hinaus werden aber auch „harte", einschneidende Maßnahmen empfohlen: Dies sind zum einen die Inputrationierung, zum anderen die Erlösumverteilung.

„Höchstgrenzen für Wahlkampfausgaben, für die Anzahl bei einem Autorennen verwendbarer Reifensätze, für die Zahl und Gehälter der Lizenzspieler bei einem Club usw. lassen sich in diesem Sinne als 'Rüstungskontrolle durch Inputrationierung' interpretieren."[132]

Mit Blick auf die Fußball-Bundesliga und hinsichtlich der übergeordneten Fragestellung dieser Arbeit (Zentral- vs. Einzelvermarktung) ist die Erlösumverteilung von größerer Bedeutung.

„Durch eine glättende Umverteilung der rangbezogenen Rennerlöse ändert sich das Rationalkalkül: Die Attraktivität des 'Gasgebens' sinkt ceteris paribus. Die Verkleinerung von Jackpots und die Abflachung von Erlöstreppen wirkt aber auch auf die angesprochenen Verfälschungsursachen der Entscheidungskalküle, so dass der Lockruf der Hauptgewinne, die Tendenz zur Selbstüberschätzung und die Motive für ein wiederholtes, in letzter Konsequenz für alle gewinnerodierendes 'Nachlegen' reduziert werden. Innerhalb eines Positionsrennens können die Sieger 'besteuert' und die Steuer umverteilt werden, wie etwa das Beispiel vieler Sportligen zeigt, in denen die Fernseherlöse als mit Abstand größte Einnahmekategorie unter allen Clubs gleichmäßig verteilt werden."[133]

Hier wird implizit, an anderer Stelle explizit die Fortdauer der Zentralvermarktung gefordert. Offenbar kommt es nicht zu (vermeintlichen) Rattenrennen, wenn die Höhe der Erlöse sinkt. Ähnlich argumentieren KRÄKEL und SCHAUENBERG mit ihrem Vorschlag, die Siegprämie im Beförderungswettbewerb herabzusetzen.[134]

3.4.5.5 Kritik

3.4.5.5.1 Allgemein

Eine erste Grundsatzkritik am Modell des Rattenrennens bezieht sich auf den engen Gültigkeitsbereich. Werden die konstitutiven Merkmale rigoros ange-

---

[132] FRANCK/MÜLLER (1999), S.24.

[133] ebenda, S.24f.

[134] Vgl. KRÄKEL/SCHAUENBERG (1994), S.228.

wandt, lassen sich kaum Situationen finden, in denen sich der freie Wettbewerb wie oben beschrieben ruinös entfaltet. Gleichwohl werden Situationen, in denen mehrere Wirtschaftssubjekte um eine hohe Erlössumme konkurrieren, schnell mit der Ökonomie des Rattenrennens in Verbindung gebracht.

Ein häufig übersehener Aspekt bei der Betrachtung sehr hoher Siegprämien ist deren Kompensationsfunktion. Abgesehen von Lotteriegewinnen ist mit dem Gewinn des Wettbewerbes häufig ein Zusatzleid verbunden, welches in die Arbeitsangebotsfunktion des Rennteilnehmers eingeht. So ist der Status eines Superstars oftmals mit dem Verlust der Privatsphäre verbunden, auch ist der Leistungsdruck von in der Öffentlichkeit stehenden Personen ungleich höher als bei „Normalbürgern". Ebenfalls sind die Arbeitsbelastungen nach einer Beförderung häufig deutlich höher als noch vor der Beförderung. Der Qualitätsunterschied zwischen dem besten und dem zweitbesten Bewerber mag im Vergleich zum Entlohnungsunterschied verschwindend gering, der Belastungsunterschied hingegen kann gewaltig sein. Bezogen auf das Beförderungsspiel aus Abschnitt 3.4.5.2 würde sich in all diesen Fällen der Gewinn π, also der zusätzliche Nutzen verringern, denn der Arbeitnehmer würde das erwartete Arbeitsleid von P abziehen. In der Konsequenz würden möglicherweise potentielle Rennteilnehmer abgeschreckt, so dass sich gar nicht erst ein Rattenrennen entwickelt.

3.4.5.5.2 Anwendungsfall: Fußball-Bundesliga

Hinsichtlich der Fußball-Bundesliga gilt es zu berücksichtigen, dass die Sieger der Rennen um platzierungsabhängige Erlöse auch höhere Kosten zu tragen haben. Die Teilnahme am europäischen Wettbewerb erfordert einen größeren Spielerkader und die Fixkosten dieser Vereine sind entsprechend höher. Eine gewisse Ungleichverteilung der Erlöse ist allein aus diesem Grund notwendig.

Der investitionsdämpfende Erfolg der Erlösumverteilung hängt sehr stark von der Maximierungszielgröße des Fußballclubs ab. Ist der Verein primär an einer guten Platzierung und nur sekundär an den damit einhergehenden Erlösen interessiert, wird der Verein sein Investitionsverhalten nicht ändern. Sollte es zu einem Überholmanöver im Sinne von FRANCK und MÜLLER kommen, so würde der angegriffene Verein im Rahmen seiner (nun allerdings begrenzten) Möglichkeiten trotzdem zu Gegeninvestitionen greifen. Vieles spricht dafür, dass die Vereine nicht primär die Maximierung des finanziellen Gewinnes sondern die Maximierung des sportlichen Erfolges anstreben[135], so dass die Erlösumverteilung stark an Wirkung verlieren würde.

Besonders kritisch ist die Eskalationsvoraussetzung der beschränkt rationalen Rennteilnehmer und die daraus abgeleiteten Gestaltungsmaßnahmen. FRANCK und MÜLLER betonen, dass es bei Rennteilnehmern unterschiedlicher Technologie – für die Fußball-Bundesliga sprechen sie von einer „natürlichen Rangfolge" – nicht zum Rattenrennen kommt, wenn die Rennteilnehmer rational handeln. Sie würden dann nämlich berücksichtigen, dass die anderen Vereine die Überholmanöver kontern und der Überholversuch wirkungslos bliebe. Die begrenzte Rationalität wird auf einerseits unvollständige Informationen und andererseits verfälschte Kalküle zurückgeführt.

Diese Argumentation erinnert an die finanzwissenschaftliche Konstruktion der meritorischen Güter, in deren Rahmen das private Wirtschaftssubjekt wegen fehlender bzw. falscher Informationen und/oder verzerrter Präferenzen für sich selbst falsche Entscheidungen trifft.[136] Um beurteilen zu können, welche Informationen bzw. Präferenzen richtig sind, bedarf es eines weisen und objektiven Dritten. Die Tatsache, dass es immer wieder zu erfolgreichen Überholmanövern in der Bundesliga kommt, spricht dafür, dass entweder die These der „natürlichen Rangfolge" nicht zutreffend ist, oder dass die Vorstellung der zwangsläufigen Gegenreaktion der anderen Ligateilnehmer nicht der Realität entspricht. Beide Varianten lassen jedoch Zweifel daran aufkommen, dass die Informationen der externen Berater oder Organisationsgestalter besser, bzw. deren Kalküle weniger verfälscht sind als die der Entscheidungsträger innerhalb der Fußball-Bundesliga. Insofern ist der Nachweis einer bestehenden Ineffizienz noch kein hinreichender Grund für politische, institutionelle oder sonstige gestalterische Maßnahmen. Häufig dürften hierbei nämlich Informationsprobleme eine effiziente Allokation verhindern.[137]

Schließlich muss auch die Annahme der „natürlichen Rangfolge" kritisch beurteilt werden. Selbst wenn es eine solche Rangordnung ansatzweise gäbe, wäre es kaum sinnvoll, die permanenten Überholversuche der anderen Vereine einzuschränken. Nichts wäre für den Zuschauer langweiliger, als eine Liga, deren

---

[135] Vgl. Abschnitt 3.6.2.2. Nach der Umwandlung der Vereine in Kapitalgesellschaften kann sich dies jedoch ändern!

[136] Vgl. zum Konzept der meritorischen Güter MUSGRAVE (1957) und HEAD (1966).

[137] Vgl. zu den verschiedenen Problemen auch KRÄKEL/SCHAUENBERG (1994), S.228 und FRANCK/MÜLLER (1999), S.24.

Abschlusstabelle schon vor Saisonbeginn jedermann bekannt ist. Die ständigen Versuche vermeintlich schwächerer Vereine, die „großen“ Konkurrenten zu verdrängen, dürften wesentlich zum Spannungsgrad der Liga beitragen und damit die Gesamterlöse steigern. Dies gilt auch dann, wenn der Versuch letztlich scheitert.

3.4.5.6 Zusammenfassende Bemerkungen

Der Positionswettbewerb innerhalb einer Profisportliga hat auf Grund der positionalen externen Effekte spannungssteigernde und damit wohlfahrtserhöhende Wirkungen. Gleichzeitig wird in dem Positionswettbewerb die Ursache für das Entstehen eines wohlfahrtsvernichtenden Rattenrennens zwischen den Ligateilnehmern gesehen. Bei genauerer Betrachtung treffen die Charakteristika des Rattenrennens auf die Fußball-Bundesliga nicht zu. Zum einen sind die Erlöse keine feste Größe, so dass sich der Mehraufwand unter Berücksichtigung des zusätzlichen Ressourcenaufwandes lohnen kann. Zum anderen trifft die Aussage des wohlfahrtsvernichtenden Rüstungswettlaufes nicht zu, denn diese vermeintliche Wohlfahrtsvernichtung ist allenfalls ein Akt der Kaufkraftübertragung und somit kreislauftheoretisch unschädlich.

3.5. Nachfragedeterminanten

Eine Vielzahl von Bestimmungsfaktoren beeinflusst die Nachfrage nach den Gütern auf den relevanten Märkten. Hinsichtlich des Untersuchungsgegenstandes dieser Arbeit wird nur ein kurzer Überblick über die einzelnen Nachfragedeterminanten gegeben. Die Abhängigkeit der Nachfrage vom Spannungsgrad der Spiele bzw. vom Spannungsgrad der gesamten Liga wird wegen der Bedeutung für die übergeordnete Fragestellung dagegen detailliert dargestellt.

3.5.1. Allgemeine Bestimmungsfaktoren

Die im Stadion wirksam werdende Nachfrage wird bei gegebenen Präferenzen von folgenden Größen beeinflusst:[138]

- Größe des Marktes bzw. des Einzugsgebietes
- Preiselastizität der Nachfrage
- Einkommenselastizität der Nachfrage

---

[138] Für eine detaillierte Darstellung der Nachfragedeterminanten und eine breite Literaturübersicht vgl. CAIRNS et al. (1986), S.12ff. oder auch BIRD (1982).

- Unsicherheit des Spielausganges
- Witterung
- Preise alternativ konsumierbarer Güter und Unterhaltungsdienstleistungen
- Opportunitätskosten.[139]

Außerdem ist die Erfahrungsgut-Eigenschaft[140] zu erwähnen, da ex ante die Qualität des Spieles nicht bekannt ist und die Konsumentscheidung somit auch von der Erwartungsbildung abhängt.[141]

Die Nachfrage nach Fußballübertragungen im Fernsehen unterscheidet sich zum Teil deutlich von der Nachfrage im Stadion. Wird vom Pay-TV insgesamt abgesehen, spielen weder die Preise der Spiele noch die Einkommen der Konsumenten für die Einschaltquoten eine Rolle. Ebenso entfällt das Wetter als Nachfragedeterminante. Die zeitlichen Opportunitätskosten sind deutlich niedriger als beim Stadionbesuch, weil die An- und Abfahrten entfallen. Auch ist die mit der Erfahrungsgut-Eigenschaft einhergehende Erwartungsbildung von geringerer Bedeutung, denn vor dem Fernseher kann ein Fußballspiel „nebenher“ angeschaut werden. Notfalls wird das Spiel nicht bis zum Ende gesehen, es gibt nämlich keine wesentlichen zeitlichen sunk costs. Ein bedeutender Unterschied ist die Größe des Einzugsgebietes: Während für den Stadionbesuch die Entfernung zwischen Wohnort des potentiellen Zuschauers und dem Spielort sehr wichtig ist, ist die räumliche Distanz zwischen Spielort und dem Fernsehzuschauer irrelevant. Damit kann der gastgebende Verein theoretisch die gesamte überregionale Nachfrage des Sendegebietes auf sich ziehen. Dem Fanpotential bzw. der Größe der Anhängerschaft der beteiligten Vereine und

---

[139] Die Rolle der Opportunitätskosten ist insbesondere für den direkten Fußballkonsum von nicht zu unterschätzender Bedeutung, denn der Besuch eines Fußballspieles ist zeitintensiv. Unter Berücksichtigung der Anfahrtszeit lässt sich ein Stadionbesuch kaum unter vier Stunden ermöglichen (von den glücklichen Konsumenten, die in unmittelbarer Stadionnähe wohnen, kann wegen quantitativer Bedeutungslosigkeit abgesehen werden). In diesem Zusammenhang spielt auch die Herkunft der Gastmannschaft eine große Rolle. Nicht zuletzt deshalb sind Lokalderbys regelmäßig sehr gut besucht.

[140] Vgl. dazu PARLASCA (1993), S.21. Vgl. ursprünglich NELSON (1970).

[141] Die Liste der Nachfragedeterminanten ließe sich noch verlängern, mit Blick auf die Leitfrage soll der exemplarische Überblick jedoch genügen. Insbesondere wird in der Literatur zwischen direkten und indirekten Qualitätskomponenten sowie zwischen endogenen und exogenen Nachfragedeterminanten unterschieden. Vgl. dazu GÄRTNER/POMMEREHNE (1978), S.92ff. und MELZER/STÄGLIN (1965), S.126f. Zu den wichtigsten Gründen, die einen häufigeren Stadionbesuch bewirken würden, vgl. UFA SPORTS GmbH (1998), S.176f.

der Bedeutung des Spieles für das Meisterschaftsrennen kommt folglich zentrale Bedeutung zu.[142]

Die maximale Zahlungsbereitschaft für Übertragungsrechte ergibt sich grundsätzlich aus

dem Erlös aus der Nutzung des Rechts
- den Kosten aus der Programmrealisierung
+ dem strategischen Wert des Programms
- den Opportunitätswert der Sendezeit.[143]

Da der Erlös aus der Nutzung des Rechts davon abhängt, wie viele Fernsehzuschauer bei der Übertragung des jeweiligen Spiels zu erwarten sind, ist die Zahlungsbereitschaft der Sender oder Rechtehändler eng mit dem erwarteten Zuschauerinteresse verknüpft.

Das Nachfrageverhalten der Sponsoren lässt sich auf die Formel reduzieren: Je größer die mediale Präsenz (oder die Bedeutung in der Öffentlichkeit) des als Werbeträger in Frage kommenden Vereins, desto größer die Zahlungsbereitschaft der potentiellen Sponsoren. Die Höhe der Einnahmen des Vereins hängt umgekehrt von seiner Position in der Öffentlichkeit und seiner Präsenz in den Medien ab.

Beim *Merchandising* bestimmen die Originalität der Produkte, die Produktpreise und die Einkommen der Konsumenten sowie das Sympathiepotential des betreffenden Vereins die Nachfrage. Je größer das Fanpotential, desto höher sind ceteris paribus die Erlöse aus dem Merchandising.

Vor dem Hintergrund der in Abschnitt 3.6.2 detailliert geschilderten Motive für den Erwerb von Fußballaktien (intrinsische Motive) spielen die monetären Kennzahlen der Aktien lediglich eine nachgeordnete Rolle. Das Einkommen der potentiellen Käufer dürfte eine bedeutendere Relevanz für die Platzierungsmöglichkeiten am Aktienmarkt haben, jedoch ist davon auszugehen, dass die Möglichkeiten aller Vereine in diesem Bereich ähnlich sind. Die entscheidende Nachfragedeterminante für Fußballaktien ist wiederum das Fanpotential. Der Erfolg eines Börsenganges und die damit verbundene Kapitalbeschaffung hängt

---

[142] Vgl. dazu auch den Abschnitt 3.5.3.

[143] Vgl. PARLASCA (1993), S.26. Zu den Determinanten der Fernseherlöse siehe auch CAIRNS et al. (1986), S.24ff.

folglich wesentlich von der Anzahl und dem Enthusiasmus der Vereinsfans ab.[144]

Von den bisher erwähnten Nachfragedeterminanten ist die Unsicherheit des Spielausganges von besonderer Bedeutung, weil einem Wechsel von der Zentral- zur Einzelvermarktung oftmals eine sinkende Spannungsgeladenheit in der Liga zugeschrieben wird.[145] Der empirische Zusammenhang von Spannungsgrad eines Spiels bzw. einer Liga und der Zuschauernachfrage wird nun genauer dargestellt.

3.5.2 Spannungsgrad und Nachfrage

In Anlehnung an NEALE wurde in Abschnitt 3.3 die Wettbewerbssituation im Profisport als „Louis-Schmeling-Paradoxon" bezeichnet, wonach jeder Sportler respektive jede Mannschaft an einem möglichst ebenbürtigen Gegner interessiert ist, weil sonst das Publikumsinteresse sinken würde. Die Gültigkeit des „Louis-Schmeling-Paradoxons" wird durch einige empirische Evidenz gestützt: JENNET zeigt für die Fußball-Liga in Schottland den positiven Einfluss spannungsgeladener Partien auf deren Zuschauerzuspruch, jedoch gilt der Zusammenhang lediglich kurzfristig, mithin für einzelne Spiele, nicht aber für den Ligabesuch im Aggregat.[146]

LEHMANN und WEIGAND untersuchen die Fußball-Bundesliga, PEEL und THOMAS die englische Fußball-Liga und WHITNEY die amerikanische Baseball-Liga.[147] Alle kommen zu dem Ergebnis, dass sich ein hohes Maß an Ungewissheit bezüglich des Spielausganges positiv auf die Zuschauerzahlen auswirkt.

GÄRTNER und POMMEREHNE ermitteln für die Fußball-Bundesliga, dass die Tabellenposition der beteiligten Mannschaften und der Ruf der Gastmann-

---

[144] Da das Fanpotential u.a. von der Fernsehpräsenz abhängen dürfte, würde ein Systemwechsel vermutlich den kleineren Vereinen zugute kommen, denn diese sind bisweilen selten live im Fernsehen zu verfolgen.

[145] Zu den unterschiedlichen Szenarien siehe ausführlich Abschnitt 5.1.

[146] Vgl. JENNET (1984), S.187ff.

[147] Vgl. LEHMANN/WEIGAND (1997), S.401f., WHITNEY (1988), S.703ff. und PEEL/THOMAS (1992), S.323ff. In letzterer Studie wird ein methodisch anderer als der sonst übliche Ansatz, mit Tabellenrängen der Mannschaften zu operieren, gewählt. PEEL und THOMAS verwenden für ihre Untersuchung Wettquoten von Buchmachern.

schaft fast zwei Drittel der Varianz in den Zuschauerzahlen erklären. Prinzipiell sind die Höhe der Platzierungen und die Höhe der Zuschauerzahlen positiv korreliert, jedoch nimmt das Zuschauerinteresse deutlich zu, wenn die Heimmannschaft in Abstiegsgefahr ist. Die Unsicherheit des Spielausganges ist bei ihnen weniger nachfragefördernd.[148]

FRICK kommt für die Fußball-Bundesliga zu dem Ergebnis, dass der Spannungsgrad der Liga einen eher unbedeutenden Einfluss auf die Ticketnachfrage hat, betont aber gleichzeitig, dass der Zusammenhang zwischen Spannungsgrad und Zuschauerzahl vermutlich nicht linear ist. Demnach kann ab einem bestimmten Punkt leicht sinkende Spannung zu spürbaren Zuschauerrückgängen führen.[149]

Dagegen kommen CZARNITZKI und STADTMANN in einer Untersuchung der Fußball-Bundesliga zu dem Ergebnis, dass die Bedeutung der Ergebnisoffenheit in der Literatur überschätzt wird.[150] Abnehmende sportliche Ausgeglichenheit der Liga würde ihren Ergebnissen zufolge keine nennenswerten Zuschauerrückgänge verursachen.

Die empirischen Untersuchungen kommen zu keinem eindeutigen Ergebnis über den Zusammenhang von Spannungsgrad der Liga und der Zuschauernachfrage. Es besteht weiterer Forschungsbedarf.

3.5.3 Präferenzstruktur der Konsumenten (Fans)

1998 erschien die 327 Seiten umfassende UFA Fußballstudie 98, welche von der *UFA Sports GmbH* in Auftrag und herausgegeben wurde. Durchgeführt wurde die Untersuchung von der *GFM-GETAS/WBA Medienforschung* im Zeitraum von Oktober bis November 1997.[151] Die Ergebnisse der Studie stellen die empirische Grundlage der Konsumentenpräferenzen für die vorliegende Arbeit dar. Die Zahlen ermöglichen Tendenzaussagen über das Nachfrageverhalten der Konsumenten, können aber nicht als genaue Abbildung der tatsächlichen Marktverhältnisse interpretiert werden.

---

[148] Vgl. GÄRTNER/POMMEREHNE (1978), S.102f.

[149] Vgl. FRICK (1997), S.19f.

[150] Vgl. CZARNITZKI/STADTMANN (1999).

[151] Als Auswahl- und Erhebungsverfahren diente eine mehrstufig geschichtete Random-Stichprobe, Random-Route mit CAPI-programmiertem Fragebogen. Hierzu und zu weiteren Einzelheiten der Untersuchung vgl. UFA SPORTS GmbH (1998), S.9.

Nachfolgend werden die Ergebnisse der Studie zusammengefasst und durch einige Ergebnisse der UFA Fußballstudie aus dem Jahr 2000 ergänzt und abgerundet.[152] Die beiden UFA-Studien sind inhaltlich nicht identisch aufgebaut, sondern erfassen zu einem Teil unterschiedliche Themengebiete. Mit Blick auf die zu untersuchende Fragestellung wurden die Daten selektiv aus den Studien extrahiert.

3.5.3.1 Allgemeine Zahlen

Die Grundgesamtheit der Stichproben-Untersuchung stellen 63,3 Millionen Personen ab 14 Jahren in privaten Haushalten Deutschlands dar. Das Interesse[153] der Befragten wird unterteilt in:

sehr interessiert	(1)
interessiert	(2)
weniger interessiert	(3)
gar nicht interessiert	(4)

Von den 63,3 Millionen interessieren sich insgesamt 46,5 Millionen für Fußball, davon sind 21,2 Millionen sehr interessiert, 14,3 Millionen interessiert und 11 Millionen weniger interessiert.[154] Damit liegt Fußball zusammen mit Tennis bei der Beliebtheit an der Spitze der 30 untersuchten Sportarten. 35% der Befragten (22,3 Millionen) favorisieren dabei den Fußball als Fernsehsport, gefolgt von Tennis mit 14% (8,5 Millionen). Von allen Sportarten ist der Fußball für Fernsehsender der wichtigste Inputfaktor.

3.5.3.2 Typisierung der Fans

Die Fans können in fünf Fußballtypen eingeteilt werden:[155]

Der *Fußballverrückte* gehört zur größten Gruppe mit einem Anteil von 27% (16,9 Millionen). Er ist sehr fußballinteressiert, relativ jung und meist männlich.

---

[152] Vgl. UFA SPORTS GmbH (2000).

[153] Die Konkretisierung des Faninteresses ist wichtig, weil damit Rückschlüsse auf deren Zahlungsbereitschaften und Nutzungsintensitäten möglich sind.

[154] Vgl. UFA SPORTS GmbH (1998), S.44ff.

[155] Vgl. ebenda, S.12ff. und 74f.

Der *Fußballfreund* ist in einer Gruppe zu finden, welche einen relativen Anteil von 13% (8,1 Millionen) an der Grundgesamtheit hat. Der Fußballfreund ist deutlich überdurchschnittlich am Fußball interessiert, überwiegend männlich, etwas älter und geht eher selten in ein Stadion.

Der *Begeisterungsfähige* gehört zur zweitgrößten Gruppe mit einem Anteil von 16% (10,3 Millionen). In dieser Gruppe überwiegen die Frauen (Anteil 57%), im Durchschnitt ist der Begeisterungsfähige etwas älter und interessiert sich vorwiegend für Europa- und Weltmeisterschaften, wobei er emotional sehr stark engagiert ist.

Der *Durchschnittstyp* zählt zur kleinsten Gruppe mit einem Anteil von 9% (5,6 Millionen) und ist ein „Mitläufer" in Sachen Fußballinteresse: Sein Interesse ist eher unterdurchschnittlich, und er sieht sich Fußballspiele gelegentlich mit seinem Partner an.

Der *Nörgler* schließlich gehört zu einer Gruppe mit einem Anteil von 15% (9,6 Millionen). Der Nörgler ist zu 80% weiblich und hat eine durchweg negative Meinung vom Fußball. Nur wenige Mitglieder dieser Gruppe interessieren sich wirklich für Fußball, insofern ist es sprachlich ungenau, den Nörgler als einen der fünf Fantypen zu bezeichnen.

Die obige in der UFA Fußballstudie 98 vorgenommene Typisierung ist geeignet, Aufschluss über die Gesamtnachfrage nach dem Gut Fußball zu geben. Mit ihrer Hilfe lassen sich Rückschlüsse ziehen, welche Form des Fußballerlebnisses bevorzugt wird (Stadionbesuch vs. Fernsehübertragung), welcher Wettbewerb präferiert wird und wie viel Fußballangebot erwünscht ist. Hinsichtlich des Untersuchungsgegenstandes dieser Arbeit ist es aber noch wichtiger, die Fans dahingehend zu kategorisieren, wie deren Präferenzen für einen speziellen Verein oder für den Fußball allgemein sind.

Von den insgesamt 46,4 Millionen Personen mit Fußballinteresse bezeichnen sich 24,5 Millionen als Fan eines Vereins der ersten oder zweiten Bundesliga.[156] Es müssen grundsätzlich drei verschiedene Kategorien von Konsumenten unterschieden werden:

---

[156] Zu diesen und den folgenden Zahlen vgl. ebenda, S.158-161. In der UFA-Studie aus dem Jahr 2000 werden lediglich 21,53 Mio. Fans ausgewiesen (vgl. UFA SPORTS GmbH (2000), S.74f.). Dieser Rückgang kann entweder als statistische Ungenauigkeit gewertet werden, es kann jedoch auch ein Zeichen für ein insgesamt abnehmendes Fußball-Interesse sein.

a) Der Fußballanhänger, der sich nur für Fußball allgemein interessiert, jedoch keinen Lieblingsverein hat (er hat demnach keine Präferenzen für einen besonderen Verein). Dieser Typus ist in Deutschland 21,9 Millionen mal zu finden, er macht 47% aller Fußballinteressierten in Deutschland aus.

b) Der Fan eines bestimmten Vereins, welcher sich ausschließlich für diesen Klub interessiert und bei völliger Wahlfreiheit kein Spiel eines anderen Vereins ansehen würde. Der Markt würde dementsprechend in 18 Teilmonopole untergliedert. Allgemein geht der Trend gemäß der UFA Studie von Sympathien für verschiedene Vereine hin zum „Fan-Sein" von einzelnen Vereinen. Die Fußballinteressierten entscheiden sich zunehmend für **einen** Verein.[157] Der oben beschriebene „Fan-Typ", welcher auf einen einzigen Verein fixiert ist und kein weitergehendes Fußballinteresse hat, kann nicht quantifiziert werden, doch dürfte seine Bedeutung nicht allzu groß sein.

c) Der Fußballanhänger, welcher sich für den Fußball allgemein interessiert, gleichzeitig jedoch eine starke Präferenz für einen bestimmten Verein hat. Wäre dies der repräsentative Konsument, so läge die Marktform der heterogenen Konkurrenz vor.[158]

Erwartungsgemäß besteht ein positiver Zusammenhang zwischen dem „Fan-Sein" und der Intensität des Fußballinteresses:[159] Von den sehr am Fußball interessierten Befragten bezeichnen sich 79% als Fan eines Vereins der ersten oder zweiten Bundesliga, von den lediglich am Fußball interessierten Befragten sind 46% Fan eines Vereins und von den weniger interessierten Personen sind nur noch 11% Fan eines Clubs.
Die meisten Fans hat der FC Bayern München, gefolgt von Borussia Dortmund und dem FC Schalke 04.

---

[157] Vgl. ebenda, S. 6 und S.19. Hier wird die Begrifflichkeit „Sympathiepotential" und „Fanpotential" gewählt und die Tendenz geht demzufolge vom Sympathiepotential zum Fanpotential.

[158] Dieser Typus dürfte unter den unter b) beschriebenen 24,5 Millionen Fans besonders häufig vertreten sein. Genaue Zahlen darüber liegen jedoch nicht vor.

[159] Zu diesen Zahlen vgl. UFA SPORTS GmbH (1998), S.158f.

Die „Fan-Tabelle" sieht wie folgt aus:[160]

Platz	**Fans** (in Millionen)
1. Bayern München	8,0
2. Borussia Dortmund	3,7
3. FC Schalke 04	2,4
4. Hansa Rostock	2,2
5. 1. FC Kaiserslautern	2,0
6. Werder Bremen	1,4
7. Borussia Mönchengladbach	1,3
8. VfB Stuttgart	1,2
9. Hamburger SV	1,0
10.Arminia Bielefeld	1,0

Als typisches Merkmal der Fußballanhänger dürfte der Umstand gelten, dass sie nicht nur Präferenzen für einen Verein haben, sondern dass mit den Präferenzen ausgeprägte „Dis-Präferenzen" (besonders starke Antipathien) gegenüber anderen Vereinen einhergehen. Dieser Sachverhalt ist von großer Bedeutung, weil die Vereine keine Möglichkeiten haben, durch preispolitische Maßnahmen Nachfrage von den konkurrierenden Vereinen abzuziehen. Bei zeitgleicher Ausstrahlung mehrerer Bundesligaspiele dürfte im Regelfall der Fan eines Vereins das Spiel seiner Lieblingsmannschaft einschalten. Lediglich bei Spielen von besonderer Bedeutung (ohne Beteiligung „seines" Vereins) könnte es möglich sein, dass ein Fan seine Sympathien für seinen Lieblingsverein von der Bedeutung eines anderen Spieles bei seiner Konsumentscheidung überlagert sieht. Auch wird sich der Fan eines Vereins im Regelfall keine Fan-Artikel anderer Vereine kaufen, nur weil diese billiger sind als die Produkte des eigenen Lieblingsvereins.[161] Zusammengefasst lässt sich sagen, dass ein erheblicher Teil des Fußballinteresses vereinsgebunden ist.

---

[160] Vgl. ebenda, S.158f. Leider existieren nur Angaben für die ersten zehn Plätze. Im Jahr 2000 haben sich von diesen Zahlen leicht abweichende Werte ergeben, vgl. dazu UFA SPORTS GmbH (2000), S.74f.

[161] Eine Ausnahme davon tritt dann ein, wenn z.B. ein Schal der „feindlichen" Mannschaft im Stadion publikumswirksam verbrannt werden soll, um die Verachtung für die entsprechende Mannschaft zum Ausdruck zu bringen. Derartige Verhaltensweisen sind im Stadion von Zeit zu Zeit zu beobachten, sie haben jedoch keinerlei quantitative Bedeutung.

3.5.3.3 Regionale Sympathiepotentiale

Da die (finanzielle) Bedeutung der Präsentation des Fußballs im Fernsehen in der Vergangenheit stark zugenommen hat[162], verliert die Größe des regionalen Einzugsgebietes für das Erlöspotential eines Vereines an Gewicht. Für den Verein ist es zunehmend wichtig, überregionales Fanpotential zu erschließen.

Werden die regionalen Sympathiepotentiale untersucht, zeigt sich ein lediglich schwach positiver Zusammenhang von Sympathie zu einem Verein und räumlicher Nähe zu ihm.[163] So erreicht z.B. der 1.FC Kaiserslautern bundesweit bei 31% der Bevölkerung Sympathien. In der heimischen Region Rheinland-Pfalz, Hessen und Saarland werden überdurchschnittliche 34% erreicht, wogegen in der Region Mecklenburg-Vorpommern, Brandenburg und Sachsen-Anhalt 50% und in Berlin sogar 56% erreicht werden. Der FC Schalke 04 hat bundesweit bei 28% der Bevölkerung Sympathien. In der Heimatregion Nordrhein-Westfalen liegt der Wert bei 34%, in Berlin sogar bei 49% und selbst in Bayern haben noch 18% Sympathien für Schalke 04.[164]

Im Ergebnis haben damit auch Vereine aus Nicht-Ballungsgebieten gute Erlöspotentiale, wenn sich das Erlösverhältnis von Eintrittskarten- und Fernsehrechteverkauf zu Gunsten der Fernsehrechte verschiebt.

3.5.3.4 Interesse an unterschiedlichen Wettbewerben

Abgesehen von der Fußball-Weltmeisterschaft ist das Interesse in Deutschland im wesentlichen auf die Bundesliga gerichtet.[165] 52% (32,6 Millionen) Deutsche

---

[162] Gemessen als Anteil der Erlöse aus der Fernsehvermarktung an den Gesamterlösen.

[163] Sympathien und Fanatismus sind zu unterscheiden! Wie oben erwähnt, sind die meisten Fans nur Anhänger eines einzigen Vereins. Dennoch können Sympathien für andere Vereine vorhanden sein. Auf Grund von Mehrfachnennungen ergeben sich somit häufig Werte von weit über 100%.

[164] Vgl. UFA Fußballstudie 98, S. 19.

[165] Vgl. zu dieser und zu den folgenden Zahlen ebenda, S.78ff. Die Weltmeisterschaft interessiert 59% (37,3 Millionen) aller Befragten, die Europameisterschaft 47% (29,7 Millionen). Bei den oben genannten Zahlen ist zu berücksichtigen, dass der Zeitpunkt der Befragung vor der ersten Reform der Champions-League lag. Weiterhin ist mit Blick auf das weiter oben dargestellte stark vereinsgebundene Faninteresse zu bedenken, dass zum Befragungszeitraum mit der Champions-League im wesentlichen Borussia Dortmund und Bayern München als deutsche Teilnehmer assoziiert wurden. Eben diese Vereine stehen ganz oben in der Fantabelle. Es spricht somit einiges dafür, dass z.B. eine Champions-

interessieren sich für die Bundesliga, 36% (22,8 Millionen) für die Champions-League und 35% (22,2 Millionen) für den UEFA-Cup. Es folgen der DFB-Pokal mit 26% (16,2 Millionen) und die zweite Liga mit 25% (15,4 Millionen). Für eine etwaige Europa-Liga finden sich lediglich 3% (2 Millionen) Interessierte, ebenso erfreut sich der UI-Cup nur eines Schattendaseins (4% oder 2,8 Millionen Interessenten). Für ausländische Ligen oder Vereine interessieren sich von den insgesamt 63,3 Millionen 22% (13,8 Millionen), 78% (49,5 Millionen) dagegen nicht.[166]

Noch deutlicher zu Gunsten der Bundesliga fällt eine ausschließliche Befragung der sehr interessierten Personen aus:[167] Von den 21,2 Millionen sehr interessierten Fußballfreunden zeigen 96% Interesse an der Bundesliga, jeweils 69% an der Champions-League und am UEFA-Cup, je 53% am DFB-Pokal und der zweiten Liga und 49% am Europapokal der Pokalsieger.[168]

Bei der Frage, welcher Wettbewerb interessanter ist, die Champions-League in der aktuellen Form oder eine neu zu gründende Europaliga mit Auf- und Absteigern, entschieden sich 75% für die Champions-League und 23% für die Europa-Liga.[169]

Zusammengefasst ergibt sich folgendes Bild: Zum jetzigen Zeitpunkt ist der Fußballfreund in erster Linie an den etablierten Wettbewerben, allen voran der Bundesliga interessiert. Innovative Veranstaltungen finden (noch) keinen großen Zuspruch.[170]

League mit den deutschen Teilnehmern Bayer Leverkusen und Werder Bremen auf ein geringeres Interesse in Deutschland stoßen würde.

166 Die UFA-Studie 2000 ergab nur wenig veränderte Werte: Insgesamt hat das Interesse an den wichtigsten Wettbewerben leicht zugenommen. Lediglich die zweite Bundesliga hat einen deutlichen Sympathiezuwachs verzeichnen können. Hier stieg das Interesse von 25% auf 37%, was mit dem Abstieg mehrerer Traditionsvereine mit großem Fanpotential in die 2. Liga leicht erklärbar ist. Vgl. dazu UFA SPORTS GmbH (2000), S.46f.

167 Deren Präferenzen haben besonders große Auswirkungen auf die Einschaltquoten.

168 Bei den sehr Interessierten konnten die Champions-League und der UEFA-Cup deutliche Sympathiezuwächse bis zum Jahr 2000 verzeichnen. Die Werte stiegen von 69% auf 88% bzw. von 69% auf 86%.

169 Vgl. UFA Sports GmbH (2000), S.50f.

170 In einer Internet-Umfrage des Sportmagazins Kicker äußerten 72% der 2522 Teilnehmer die Meinung, dass die Champions-League ihren Reiz verloren und deren Reform vor der Saison 1999/2000 nur negative Auswirkungen für den Fußball-Fan hat. Vgl. dazu den KICKER Nr.89 vom 4.11.1999, S.9. Wenngleich diese Umfrage nicht repräsentativ ist, signa-

3.5.3.5 Einstellung der Fans zur Kommerzialisierung des Fußballs

Die Einstellung der Fans zur Kommerzialisierung des Fußballs ist nicht eindeutig. Das Sponsoring wird überwiegend positiv beurteilt.[171] Insbesondere die Fußballkonsumenten mit sehr großem Interesse stehen dem Sportsponsoring sehr aufgeschlossen gegenüber, aber auch sonst wird der Einfluss des Sponsoring auf den Sport positiv bewertet: Auf deutliche Zustimmung bei den Befragten stoßen die Thesen:

- „Durch Sponsoring leisten die Unternehmen eine Unterstützung für den Sport"
- „Ohne Sponsoring läuft im Sport nichts mehr"
- „Sponsoring hilft indirekt auch dem Breitensport"
- „Durch den Einsatz von Sponsorengeldern werden viele Veranstaltungen erst möglich"
- „Sponsoring verschafft den Vereinen finanzielle Vorteile. Das ist gut für den Sport. Darum könnte von mir aus noch mehr im Sport geworben werden."

Dagegen ist die Ablehnung von Neuerungen aus überwiegend kommerziellen Gründen groß: So reagierten 30,2 Millionen oder 85% der sehr Fußballinteressierten auf die Frage, ob die Finanzkraft eines Vereins bei den Auf- und Abstiegsregelungen berücksichtigt werden sollte, mit Ablehnung. Vier Millionen oder 11% sind unschlüssig und nur 1,2 Millionen oder 3% der Befragten reagierten mit Zustimmung.[172]

---

lisiert das Umfrageergebnis eine überwiegend ablehnende Haltung gegenüber der reformierten Champions-League. Das Ergebnis ist insofern von großer Bedeutung, weil der typische Kicker-Leser ein sehr großes Fußballinteresse hat und entsprechend eine hohe Zahlungsbereitschaft für Fußballereignisse haben dürfte. Eine ablehnende Haltung des harten Kernes der Fußballfans hätte damit gravierende Auswirkungen auf die Stabilität der reformierten Champions-League. Auch erste Ergebnisse der Analyse der Einschaltquoten deuten eine eher sinkende Akzeptanz der Champions-League durch den Fernsehzuschauer an. Während die Spiele der Champions-League mit deutscher Beteiligung vor der Reform sechs bis elf Millionen Fernsehzuschauer anlockten, erreichten die Übertragungen nach der Reform lediglich zwischen drei und fünf Millionen Zuschauer. Der Rückgang der Zuschauerzahlen kann nur zum Teil damit erklärt werden, dass der übertragende Sender TM3 über eine geringere Reichweite als der ehemals übertragende Sender RTL verfügt. Vgl. dazu die Frankfurter Allgemeine Zeitung Nr. 257 vom 4.11.1999, S.26 sowie WENIG (1999), S.18.

[171] Vgl. ebenda, S.30ff. und S.212ff.

[172] Vgl. ebenda, S.150.

Zusammengefasst ergibt sich der Eindruck, dass die Konsumenten keine grundsätzliche Aversion gegen kommerzielle Einflüsse beim Profifußball haben. Jedoch sollte die Kommerzialisierung Mittel zum Zweck und nicht eigenständiges Ziel sein.[173]

3.6 Die Bedeutung der Rechtsformwahl

Aus unterschiedlichen Gründen erwägen derzeit diverse Vereine der Fußball-Bundesliga die Umwandlung in Kapitalgesellschaften und den Gang an die Börse, andere Vereine haben bereits ihre Lizenzspielerabteilung ausgegliedert und in eine Kapitalgesellschaft umgewandelt. Da die Form der Fernsehvermarktung einerseits die Realisierbarkeit der beabsichtigten Umwandlungen beeinträchtigen, weil die Fernsehrechte Aktivposten darstellen, andererseits durch die Umwandlungen die finanziellen Möglichkeiten der Vereine deutlich verändert werden, wird nun die Darstellung der Umwandlungsmotive für die Vereine auf der einen Seite und der Motive für den Erwerb von Fußballaktien auf der anderen Seite vorgenommen.

Eine grundlegende Schwierigkeit in der Umwandlungsdiskussion besteht in der Frage der Zielsetzung eines Sportvereines. Haben Fußballvereine überhaupt ein Interesse an der Gewinnerzielung? Werden Gewinne im Regelfall nicht nur deshalb zu erwirtschaften versucht, damit sie in die Qualität der Mannschaft investiert werden können? Die Beantwortung dieser Fragen erscheint mir elementar, sie werden daher in Abschnitt 3.6.2.2 zu klären versucht.

Im Rahmen dieses Abschnitts wird lediglich am Rande auf die Wahl der optimalen Rechtsform eingegangen,[174] wenngleich aus organisations- und rechtswissenschaftlicher Perspektive interessante Fragestellungen damit verbunden sind.

3.6.1. Rechtsform und Umwandlungsmotive

Bis zum Beginn der Saison 1998/99 firmierten die Teilnehmer der ersten und zweiten Bundesliga ausnahmslos in der Rechtsform des Vereins gemäß §21

---

[173] Untermauert wird dieser Eindruck durch die Einstellung der Fans zum Fußball im Jahr 2000. Vgl. dazu UFA Sports GmbH (2000), S.40ff.

[174] Einzelheiten zum Modus der Ausgliederung und Fragen zur bestmöglichen Wahl der Rechtsform finden sich bei WAGNER (1999), S.474ff. Vgl. kontrovers dazu SCHEWE/LITTKEMANN (1999), S.191ff.

BGB. Auf dem DFB-Bundestag im Oktober 1998 wurde die Möglichkeit beschlossen, in Kapitalgesellschaften umgewandelte Fußballvereine am Spielbetrieb teilnehmen zu lassen.[175] Von der Möglichkeit der Umwandlung wurde zum Teil in Form von Ausgliederungen einzelner Teilbereiche der Vereine bereits Gebrauch gemacht. So firmiert etwa die Lizenzspielerabteilung von Bayer 04 Leverkusen als GmbH. Weitere Vereine planen eine Ausgliederung der Lizenzspielerabteilung und deren Umwandlung in Aktiengesellschaften oder in Kommanditgesellschaften auf Aktien (z.B. Hertha BSC Berlin) oder haben den Börsengang bereits hinter sich (Borussia Dortmund). Der Marktführer Bayern München hat die Pläne für einen Börsengang wegen fehlender Dringlichkeit vorerst zurückgestellt.[176] Nachfolgend werden die wichtigsten Motive für die Umwandlung von Vereinen in Kapitalgesellschaften beschrieben.[177]

3.6.1.1 Drohende Rechtsformverfehlung

Schon lange wird die Frage diskutiert, ob die im Profifußball aktiven Vereine noch als gemeinnützig bezeichnet werden können, oder ob nicht angesichts der Millionenumsätze bereits von Wirtschaftsunternehmen gesprochen werden muss. Generell ist der wirtschaftliche Geschäftsbetrieb durch das sogenannte Nebenzweckprivileg gedeckt. Das Nebenzweckprivileg eröffnet den Vereinen die Möglichkeit, neben den „...ideellen Hauptzwecken auch wirtschaftliche Geschäfte zu betreiben, um sich dadurch die erforderlichen Mittel zur Förderung seines Hauptzweckes zu verschaffen."[178] Es ist – insbesondere unter Juristen – jedoch weitgehend unstrittig, dass das Nebenzweckprivileg von den Bundesligavereinen überschritten wird und es sich somit um wirtschaftende Vereine gemäß §22 BGB handelt.[179]

---

[175] Vgl. Kicker Nr.88 vom 26.10.1998, S.40f. Für die aktuelle Situation in den amerikanischen Profisportligen vgl. CHEFFINS (1999), S.642ff.

[176] Vgl. AHLERS (1999), S.43 sowie BRÜNING (1999), S.9f.

[177] Argumente, die gegen einen Börsengang von Sportvereinen sprechen, liefert CHEFFINS (1999), S.656ff.

[178] LITTKEMANN/SUNDERDIECK (1998), S.253. Vgl. auch WAGNER (1999), S.472 und HOPT (1991), S.779 und 781.

[179] Vgl. LITTKEMANN/SUNDERDIECK (1998), S.253, SEGNA (1997), S.6, FUHRMANN (1995), S.12f. und HERRMANN (1979), S.151f. oder den Überblick über die ältere rechtswissenschaftliche Literatur bei DOBERENZ (1980), S.3ff. Für die Rechtsfolge bei einem Entzug der Rechtsfähigkeit siehe FUHRMANN (1995), S.13. Die Diskussion darüber, ob eine Rechtsformverfehlung durch die Ausgliederung der Lizenzspielerabteilung geheilt werden kann, fasst WAGNER (1999), S.474, wie folgt zusammen: „Insgesamt bleibt festzuhalten, dass die Ausgliederung der Lizenzspielerabteilung auf eine Kapitalge-

Im Rahmen der Rechtsformverfehlung ergibt sich zudem die Problematik des Mitglieder- und des Gläubigerschutzes, worauf hier jedoch nicht näher eingegangen werden soll.[180]

3.6.1.2 Kapitalbedarf

Die Diskussion über die Umwandlung von Vereinen in Kapitalgesellschaften ist nicht nur aus Gründen der Rechtsformverfehlung hochaktuell. SEGNA nennt drei Argumente für die Fußball-Aktiengesellschaft und den Börsengang:[181] Außer dem verfehlten Nebenerwerbszweck und dem damit verbundenen drohenden Entzug der Rechtsfähigkeit wird der (steigende) Kapitalbedarf der Vereine sowie die seit vielen Jahren geforderte Professionalisierung des Managements bzw. der Geschäftsführung angeführt.

Der hohe Kapitalbedarf der Vereine ist zwar kein grundsätzlich neues Phänomen, doch zwingt der verstärkte internationale Wettbewerb und die zunehmende Freizügigkeit der Fußballspieler die deutschen Vereine, nach neuen Einnahmequellen zu suchen. Konkret ist der Börsengang bereits von zahlreichen ausländischen – insbesondere britischen – Clubs vollzogen worden, wodurch deren Finanzkraft und weiterhin deren Verhandlungsposition bei Spielerverpflichtungen deutlich verbessert wurde. Die Lockerung der Einsatzrestriktionen bei ausländischen Spielern durch das Bosman-Urteil kann somit zu Sogwirkungen führen, die Starspieler aus aller Welt könnten sich zum Großteil bei den finanzkräftigsten Vereinen alloziieren. Um auf dem Spielermarkt wettbewerbsfähig zu bleiben, sind folglich deutlich höhere Einnahmen erforderlich. Zudem sind viele Vereine der Auffassung, nur noch mit Hilfe eines Um- bzw. Neubaus ihres Stadions ausreichend hohe Zuschauereinnahmen erzielen zu können. Der Bau von multifunktionalen modernen Fußballarenen erfordert Fi-

---

sellschaft durchaus dazu geeignet ist, die Rechtsformverfehlung zu heilen und dem Fußballclub den Status als Idealverein dauerhaft zu sichern, wenn sich der Verein nicht noch anderweitig wirtschaftlich betätigt."

[180] Vgl. dazu WAGNER (1999), S.472f. und FUHRMANN (1995), S.13.

[181] Vgl. SEGNA (1997), S.2ff. SEGNA merkt jedoch an, dass der Entzug der Rechtsfähigkeit vor allem aus sportpolitischen Gründen nicht zu befürchten ist. Vermutlich aus genau diesem Grund sehen SCHEWE/LITTKEMANN (1999), S.191, als Hauptmotive für die angestrebten Umwandlungen lediglich die verbesserte Kapitalbeschaffungsmöglichkeiten und die Professionalisierung des Managements. LEHMANN und WEIGAND (1998), S.10f., sowie BRÜNING et al. (1999), S.15, nennen als zusätzliches Motiv für eine Aktienemission die damit verbundenen Image- und Werbeeffekte, sie dürften m.E. jedoch von nachrangiger Bedeutung sein.

nanzmittel von deutlich über 100 Millionen DM, für derart hohe Investitionsvolumina wäre die Emission von Aktien sehr hilfreich.[182] Das Emissionsvolumen von Ajax Amsterdam lag z.B. bei über 100 Mio. DM, das von Lazio Rom bei 125 Millionen DM.[183] Nach Schätzungen einer Studie der WGZ-Bank dürften auch den deutschen Fußballvereinen durch einen Börsengang Millionenbeträge im dreistelliger Höhe zufließen.[184]

3.6.1.3. Professionalisierung des Managements

Die Professionalisierung des Managements wird in einer Zeit, in der die 18 Bundesligavereine bereits über eine Milliarde DM jährlich umsetzen, immer wichtiger. „Qualifizierte Führungskräfte würden nicht für einen Verein gewonnen werden können, dessen Präsidium ‘in trunkener Wirtshausstimmung gewählt wird’.“[185] Gleichwohl ist die Forderung nach einer betriebswirtschaftlichen Ausrichtung der Vereine und der Ablösung ehrenamtlicher Spitzenfunktionäre durch ein professionelles Management schon alt. GÄRTNER und POMMEREHNE vertraten diese Position bereits im Jahr 1978, in einer Zeit mit jährlichen Ligaumsätzen von rund 100 Millionen DM.[186] Unter der Voraussetzung einer Positivkorrelation von Managementqualität und sportlichem Erfolg ist von der Umwandlung in Kapitalgesellschaften eine qualitative Verbesserung der sportlichen Leistungen des Vereins zu erwarten.[187] Gleich-

---

[182] CHEFFINS (1999), S.652f., weist darauf hin, dass auch die Erweiterung der Geschäftsfelder eine bessere Finanzausstattung erfordert. Auf die Möglichkeiten der Vereine, auf Märkten fernab des Kerngeschäftes aktiv zu werden (Betrieb von Hotelketten etc.), soll hier nicht weiter eingegangen werden. Vgl. dazu etwa ABSATZWIRTSCHAFT (1999), S.20.

[183] Vgl. BRÜNING et al. (1999), S.60.

[184] Vgl. ebenda, S.3.

[185] SEGNA (1997), S.4.

[186] Vgl. GÄRTNER/POMMEREHNE (1978), S.88f.

[187] SCULLY (1994) sowie PORTER und SCULLY (1982) untersuchen den Einfluss des Managements auf den sportlichen Erfolg und kommen zu dem Ergebnis, dass die Qualität des Managements einen spürbaren Einfluss auf die sportliche Leistung hat. Zwar wird in beiden Untersuchungen der Trainer mit dem Management gleichgesetzt und insofern die Leistung des Trainers bei der Zusammenstellung bzw. bei der Kombination der verschiedenen Produktionsfaktoren (Spieler) bewertet, doch ließe sich das Verfahren grundsätzlich auch auf das (kaufmännische) Management übertragen. Dazu müssten die Spieler auf der einen und der Trainer auf der anderen Seite als Produktionsfaktoren aufgefasst und die Leistung des Managements bei der Kombination dieser beiden Faktoren beurteilt werden. Für den ständigen Fußball-Beobachter ist es auch ohne empirischen Beweis klar, dass die Qualität des Managements positiv mit dem sportlichen Erfolg korreliert ist. Die sportlichen

wohl besteht auch in der Rechtsform des eingetragenen Vereins die Möglichkeit, professionelle Führungsstrukturen einzuführen. Dafür wäre lediglich eine Änderung der Vereinssatzung nötig.[188] Durch die Umwandlung in eine Kapitalgesellschaft würde aber die freiwillige Leistung zur unternehmerischen Pflicht.

3.6.1.4 Verfügungsökonomische Gründe

Neben den Schwierigkeiten eines nicht professionell geführten Vereines zeigen FRANCK und MÜLLER ein verfügungsökonomisches Problem auf.[189] Wegen der fehlenden Gewinnorientierung der Vereine stellen sich zwischen den Vereinen einer Liga sogenannte „Rattenrennen" bzw. „ruinöse Rüstungswettläufe" ein.[190] Verkürzt gesagt handelt es sich dabei um den Wettbewerb der Vereine um platzierungsabhängige Erlöse, welcher seinen Kern in „positionalen externen Effekten" hat: Der Überholversuch eines Vereins in Form verstärkter Investitionen in die Qualität der Mannschaft provoziert eine entsprechende Gegeninvestition des zu überholenden Vereines, so dass trotz allseits höherer Investitionen die Platzierungen der Vereine unverändert bleiben. Unter bestimmten Bedingungen kommt es nach FRANCK und MÜLLER zu einer „ressourcenverschwendenden Dominoreaktion"[191] unter den Vereinen. Um derartige „ruinöse Rüstungswettläufe" einzudämmen, wird die Umwandlung der Vereine in Kapitalgesellschaften vorgeschlagen, weil diese „... das Vereins-Problem der zwanghaften Reinvestition von Erlösen nicht mehr haben."[192] Gleichzeitig sollten gemäß FRANCK und MÜLLER die Gewinnaneignungsrechte der Clubs stark eingeschränkt werden, damit die nun gewinnorientierten Kapitalgesellschaften nicht dem „Lockruf des Jackpots" verfallen. Konkret sollten möglichst große Teile der Vereinserlöse umverteilt bzw. gleichmäßig unter den Vereinen

---

Niedergänge von Borussia Mönchengladbach und dem 1.FC Köln dürften beispielsweise eng verbunden sein mit massiven Querelen in Vorstand und Management. Dagegen dürfte der nicht enden wollende Höhenflug von Bayern München zumindest teilweise auf ein überdurchschnittlich gutes Management zurückzuführen sein. In diese Richtung argumentieren auch BACKS et al. (1998), S.4ff. Eine empirische Untersuchung dieser Zusammenhänge folgt in Abschnitt 7.2. Vgl. auch LEHMANN/WEIGAND (1997), S.394ff.

188 Vgl. LEHMANN/WEIGAND (1998), S.7, SEGNA (1997), S.5 oder auch WAGNER (1999), S.471, insbesondere Fußnote 19.

189 Vgl. FRANCK/MÜLLER (1998), S.125ff.

190 Vgl. dazu ausführlich Abschnitt 3.4.5.

191 Vgl. zu diesem Begriff FRANCK/MÜLLER (1998), S.127.

192 FRANCK/MÜLLER (1998), S.132.

aufgeteilt werden, um den Wettbewerb um platzierungsabhängige Erlöse einzudämmen.

3.6.2 Motive für den Kauf von Fußballaktien

LEHMANN und WEIGAND sehen zwei wesentliche Motive für den Erwerb von Fußballaktien:[193] Einerseits sind dies Renditepotentiale, andererseits sogenannte „intrinsische Motive".

Das Renditepotential setzt sich zusammen aus der Emissionsrendite, der Dividende und der Kursentwicklung.

3.6.2.1 Emissionsrendite

Als Emissionsrendite wird die Differenz aus dem Emissionspreis und dem ersten Börsenkurs bezeichnet. In Deutschland beträgt diese Rendite durchschnittlich 17% ohne und 14% mit Bankbegleitung.[194] Für Fußballaktien lässt sich daraus Kursphantasie ableiten. Der Vorstandsvorsitzende des Emissionshauses Gold-Zack AG, WALTHER, sieht nur für die Zeit direkt nach der Börseneinführung Kurspotential, denn zu diesem Zeitpunkt ist die Euphorie bei Fans und sonstigen Anlegern am größten.[195] Die Erfahrung der Börsengänge britischer Fußballvereine zeigt, dass tatsächlich oftmals starke Überzeichnungen der Aktien auftraten.[196] Die Emissionsrendite der Aktie von Borussia Dortmund lag dagegen bei 0%, bereits in den ersten Wochen nach der Emission mussten Kursverluste im zweistelligen Prozentbereich hingenommen werden.

3.6.2.2 Dividendenrendite

Die aus dem Jahresgewinn gezahlten Dividenden dürften bei Fußballaktien vorerst sehr bescheiden ausfallen. Der Grund ist darin zu sehen, dass Fußballclubs

---

[193] Vgl. LEHMANN/WEIGAND (1998), S.8f.

[194] Vgl. EHRHARDT (1997), zitiert nach LEHMANN/WEIGAND (1998). In den vergangenen drei Jahren dürften sich im Rahmen des Aktienbooms die Zahlen vorübergehend deutlich nach oben bewegt haben!

[195] Vgl. Handelsblatt Nr.110 vom 12./13.06.1998, S.44. Vgl. auch FREITAG (1999b), S.27. FREITAG stellt fest, dass die Aktie von Ajax Amsterdam nie mehr den ersten notierten Kurs von 13,75 Euro erreichen konnte. Ähnliche Beobachtungen für Teile der englischen Fußball-Aktiengesellschaften machen LEHMANN/WEIGAND (1998), S.13.

[196] Vgl. SEGNA (1997), S.26f.

traditionell keine profitorientierten Unternehmen sind, stattdessen werden langfristig die Einnahmen für Investitionen in die Qualität der Mannschaft verwandt, um den sportlichen Erfolg zu maximieren. In der Literatur herrscht jedoch breiter Dissens darüber, ob Sportvereine prestige- oder gewinnorientiert handeln.[197]

Graphik 1[198]
Zielbeziehung zwischen Gewinn und sportlichem Erfolg:

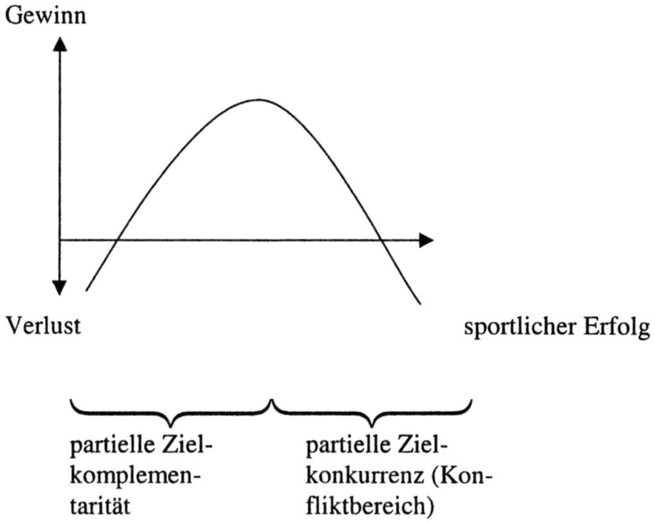

DOBERENZ unterscheidet vertikale und horizontale Zielbeziehungen:[199] Während er in vertikaler Sicht den sportlichen Erfolg eindeutig über den finanziellen Erfolg einordnet, formuliert er in horizontaler Sicht die durch Graphik 1 dargestellte Zielbeziehung: Bis zu einem Gewinnmaximum existiert eine partielle Zielkomplementarität zwischen sportlichem und finanziellem Erfolg, nach Ü-

---

[197] Vgl. DABSCHECK (1975), S.174ff. Dabscheck hat hier durch Funktionärsbefragung herausgefunden, dass der sportliche Erfolg und nicht Profit Ziel der Vereinsführung ist. Vgl. auch DOBERENZ (1980), S.42 und S.47ff., CAIRNS et al. (1986), S.7ff, SLOANE (1984), S.130 und HORCH (1999), S.185f. Für die gegensätzliche Position vgl. z.B. FERGUSON et al. (1991), S.297ff.

[198] Darstellung in Anlehnung an DOBERENZ (1980), S.48.

[199] Vgl. DOBERENZ (1980), S.47ff.

berschreiten des Gewinnmaximums herrscht partielle Zielkonkurrenz. Mit anderen Worten ist eine Steigerung des sportlichen Erfolges nur noch zu erreichen, wenn sinkende Gewinne oder gar Verluste akzeptiert werden.

Die Gewinnmaximierungshypothese kann für den deutschen Profifußball mit Hilfe der DFB-Pokalendspiele ansatzweise überprüft werden: Schon immer galt die Teilnahme am UEFA-Cup als wirtschaftlich lukrativer im Vergleich zur Teilnahme am Pokal der Pokalsieger. Mehrere Gründe waren dafür verantwortlich: Erstens werden die nationalen Pokale häufig von Mannschaften gewonnen, welche es im Saisonverlauf nicht schafften, sich für den UEFA-Cup zu qualifizieren.

Damit war das sportliche Niveau im Wettbewerb der Pokalsieger niedriger und die Gegner waren häufig weniger attraktiv, also weniger publikumswirksam als die Mannschaften im UEFA-Cup. Zweitens wurde diese Tendenz noch dadurch verstärkt, dass im Falle des Pokalsieges durch den Meister der Finalgegner des Pokalsiegers in den europäischen Pokalsiegerwettbewerb nachrückt, wodurch das Niveau häufig abermals gesenkt wurde. Drittens wurde im UEFA-Cup stets eine Runde mehr gespielt als im Pokalsiegerwettbewerb, so dass die Erlösmöglichkeiten bei erfolgreichem Abschneiden allein auf Grund der größeren Anzahl der Spiele höher waren. Schließlich wurde (auch) aus diesen Gründen (und wegen der Champions-League-Reform) der Pokalsiegerwettbewerb zur Saison 1999/2000 abgeschafft, die nationalen Pokalsieger sind nun automatisch für den UEFA-Cup qualifiziert.

Nach den Vorüberlegungen lässt sich folgende These formulieren: Ein nach Gewinnmaximierung strebender Verein, welcher sich in der Meisterschaft bereits für den UEFA-Cup qualifiziert hat, sollte ein wirtschaftliches Interesse daran haben, das Pokalfinale zu verlieren! Unter der realitätsnahen Annahme, dass es leicht ist, ein Spiel absichtlich zu verlieren, müssten die Pokalendspiele zu Gunsten derjenigen Mannschaft ausgegangen sein, welche für keinen anderen europäischen Wettbewerb qualifiziert war. Seit der Saison 1979/80 ergaben sich acht Konstellationen, bei denen nur eine Mannschaft vor dem Pokalendspiel für einen europäischen Wettbewerb qualifiziert war. Lediglich einmal (1988/89: Werder Bremen - Borussia Dortmund 1:4) verlor der bereits qualifizierte gegen den noch nicht qualifizierten Verein. Siebenmal gewann die bereits qualifizierte Mannschaft. Dies ist ein Zeichen dafür, dass das Prestige wichtiger ist als (kurzfristiger) finanzieller Gewinn. Einschränkend muss erwähnt werden, dass sich möglicherweise ein Pokalsieg gut vermarkten lässt und somit langfristig zumindest ein Teil der Mindererlöse mit Hilfe der Teilnahme am Pokalsiegerwettbewerb ausgeglichen werden konnte.

Auch wenn übergeordnet das Ziel der Prestigemaximierung verfolgt wird, verhalten sich die Vereine auf den Faktor- und Absatzmärkten gewinnmaximierend, um einen möglichst großen Überschuss zu erzielen, welcher in neue Spieler investiert werden kann.[200] Trotzdem ist die Erzielung eines Jahresgewinns nicht ausgeschlossen. Ist eine Mannschaft innerhalb ihrer Liga sportlich derart dominant, dass sie sich kaum zu verstärken braucht[201], ohne um ihre Vorherrschaft fürchten zu müssen, so kann tatsächlich ein Jahresgewinn erzielt werden. Fraglich ist jedoch, ob es im Interesse des Vereines ist, diesen Gewinn umgehend an die Aktionäre auszuschütten.

Manchester United erzielte in der Saison 1996/97 einen Gewinn von knapp 30 Pence je Aktie, zahlte aber nur 6 Pence aus. Die Dividendenrendite lag geschätzt bei etwa einem Prozent.[202] Die Aktiengesellschaften des dänischen Fußballs, welche zum Teil schon länger als zehn Jahre existieren, haben trotz hoher Aktienkurse zumindest bis zum Jahre 1998 noch keinerlei Dividenden ausgezahlt.[203] Sowohl theoretische als auch erste empirische Ergebnisse sprechen gegen hohe Dividendenerträge von Fußballaktien.

Die bisherigen Ausführungen müssen jedoch relativiert werden, wenn der Zusammenhang von Finanzkraft und sportlichem Erfolg weniger eng ist, als oftmals in der Literatur und von Fußball-Funktionären unterstellt. Wenn Finanzkraft und Erfolg nicht streng positiv korelliert sind, kann die Umwandlung von Vereinen in Kapitalgesellschaften wirtschaftlich segensreiche Wirkungen haben, ohne die sportlichen Ziele zu unterwandern bzw. die sportlichen Traditionen zu zerstören. Das Gewinninteresse der Aktionäre könnte zu einer erhöhten Sensibilität für sportlich und wirtschaftlich sinnvolle Investitionen in die Spielstärke der Mannschaft führen. Bisweilen drängt sich der Eindruck auf, dass teure Spielerverpflichtungen zwar im Verein und im Umfeld des Vereins gern gesehen sind, gleichzeitig steigt der sportliche Erfolg aber nicht in dem erwarteten Umfang. Wenn aber vergleichbarer sportlicher Erfolg mit einem

---

[200] Eine ähnliche Sichtweise findet sich bei LEHMANN/WEIGAND (1997), S.386.

[201] Ein Verzicht auf spektakuläre Neuverpflichtungen kann auch deshalb im Interesse des Vereines liegen, weil eine harmonische und intakte Mannschaft sonst ge- bzw. zerstört wird.

[202] Vgl. LEHMANN/WEIGAND (1998), S.7ff.

[203] Vgl. WISKOW (1998), S.61.

deutlich geringeren Ressourceneinsatz erzielbar ist, würden gewinnorientierte Aktionäre im Gegensatz zu prestigeorientierten Vereinsfunktionären auf die kostengünstigere Lösung drängen. So gesehen können die von FRANCK und MÜLLER erwähnten spezifizierten Gewinnaneignungsrechte tatsächlich Irrationalitäten beseitigen.[204]

3.6.2.3 Kurspotential

Für eine solide durchgeführte Börseneinführung benötigt der Verein Anlagevermögen als Gegenwert für den Aktienpreis. Ohne Anlagevermögen wäre die Fußballaktie ein rein spekulatives Papier, das im wesentlichen vom aktuellen Meinungsklima in der Öffentlichkeit, damit vorrangig vom kurzfristigen sportlichen Erfolg abhängt. Entsprechend wäre eine hohe Volatilität zu erwarten.[205] Doch auch bei vorhandenem (krisensicheren) Vereinsvermögen ist das Kurspotential von Fußballaktien als eher gering einzustufen.[206] So kommt eine Studie der WGZ-Bank zu dem Ergebnis, dass fehlende Übernahmephantasie das Investoreninteresse und damit auch das Kurspotential schwächen.[207] Die Kurse dürften im wesentlichen auf Psychologie und nicht auf fundamentalen Werten basieren.[208] Weiterhin sieht es die Unternehmensberatung Roland Berger & Partner für Börsenkandidaten als notwendig an, vor der Börseneinführung das Potential zu haben, zu einer Marke zu werden. Dieses Potential wird nur wenigen deutschen Vereinen zugestanden.[209]

---

[204] Vgl. FRANCK/MÜLLER (1998), S.127.

[205] Vgl. LEHMANN/WEIGAND (1998), S.9f. und S.17. Vgl. auch FREITAG (1999b), S.27. Hier werden die Kursverläufe der Aktien von Leeds Sporting/Leeds United, Lazio Rom und Manchester United für den Zeitraum 03/99-08/99 dargestellt. Alle drei Aktien unterlagen sehr starker Volatilität. Vgl. auch die ausführliche Darstellung bei BRÜNING et al. (1999), S.15ff., insbesondere S.19.

[206] Der Vorstandsvorsitzende der Gold-Zack AG WALTHER dazu: „Es ist schwer zu sagen, woher die Kursgewinne bei Fußball-Aktien kommen sollen. Fusionsphantasie, die Hoffnung auf neue Produkte oder interne Expansion - alles fehlt." WALTHER (1998), S.44.

[207] Vgl. BRÜNING et al. (1999), S.42.

[208] Vgl. FREITAG (1999b), S.27.

[209] Vgl. FREITAG (1998), S.45. Die Bedeutung des Markennamens stellen auch BRÜNING et al. (1999), S.62, heraus und betonen, dass aus dieser Perspektive die Traditionsvereine bessere Voraussetzungen für einen Börsengang haben.

Ein Blick auf die ausländischen Fußballaktien bestätigt die theoretischen Bedenken: Nur fünf von 18 Fußball-Aktiengesellschaften konnten seit Börseneinführung bis zum Juni 1998 Kursgewinne verzeichnen, alle anderen Aktien verloren an Wert.[210] Im Zeitraum vom 14.08.1995 bis zum 10.11.1997 machten nur drei von insgesamt 15 englischen Fußballaktien Kursgewinne, alle anderen verbuchten Verluste bis zu 56%.[211] Insbesondere die jüngeren Börsengänge waren – gemessen an der Kursentwicklung – als Misserfolge einzustufen. Obwohl die allgemeinen Aktienindizes sowie der Bloomberg Fußballaktienindex im Beobachtungszeitraum einen positiven Verlauf nahmen, konnte keiner der neueingeführten Werte seinen Emissionskurs halten. [212] LEHMANN und WEIGAND schlussfolgern, dass die neu hinzugekommenen Vereine nicht börsenreif waren.[213] Auch der erste Börsengang eines deutschen Fußballvereins weist eine negative Wertentwicklung auf, die Aktie von Borussia Dortmund konnte bislang an keinem Börsentag einen Schlusskurs über dem Emissionspreis erzielen. Zusammenfassend lässt sich die Vermutung äußern, dass das Kurspotential – wenn überhaupt – nur bei wenigen ausgewählten Vereinen als Kaufargument angeführt werden kann.

Insgesamt dürfte eine Kaufentscheidung aus Renditegesichtspunkten im wesentlichen nur wegen der möglichen Emissionsrendite gefällt werden, für LEHMANN und WEIGAND zu wenig, um den Börsengang zu einem Erfolg werden zu lassen: „Gemessen an der vermutlich geringen Dividendenrendite muss demnach eine 'intrinsische' Motivation für den Kauf einer Fußballaktie vorhanden sein."[214]

3.6.2.4 Intrinsische Motive

Unter „intrinsischer" Motivation kann die Verbundenheit, Identifikation oder Zuneigung zu dem jeweiligen Verein verstanden werden. In Zukunft könnten

---

[210] Vgl. WISKOW (1998), S.61.

[211] Vgl. LEHMANN/WEIGAND (1998), S.11ff.

[212] Der scheinbare Widerspruch von Indexsteigerungen bei allgemein schwacher Performance der Neuemissionen läßt sich leicht auflösen, wenn die Zusammensetzung der Indizes bertrachtet wird: Der Bloomberg Football Club Index, welcher alle 20 börsennotierten Fußballunternehmen berücksichtigt, enthält zu 47,1% das Zugpferd der Fußballaktien, nämlich Manchester United (Stand: Juli 1999). Vgl. BRÜNING et al. (1999), S.11.

[213] Vgl. LEHMANN/WEIGAND (1998), S.13.

[214] ebenda, S.9.

sich Fans statt eines Trikots des Lieblingsvereins Aktien als Zeichen der Zuneigung kaufen.

„Beteiligungstitel an Fußballgesellschaften werden in die gleiche Kategorie einzuordnen sein wie Vereinswimpel und ähnliche Güter, die eine starke Beziehung zu dem favorisierten Klub signalisieren."[215]

Die Kaufentscheidung unterläge keinem ausschließlich monetären Entscheidungskalkül, die zu erzielende Rendite hätte eher untergeordnete Bedeutung. Im Extremfall kommt der Aktienerwerb einer Spende an den Lieblingsverein gleich, wodurch es dem Fußballclub ohne Gegenleistung möglich ist, Finanzmittel zu akquirieren.

CHEFFINS verweist in diesem Zusammenhang auf die Ausführungen von Analysten für die Sportindustrie:

„As sports industry analysts have said: 'If you want a team´s shares as a souvenir or for bragging rights, jock stocks have appeal. But from an investment viewpoint an index mutual fund ... seems more sensible'."[216]

Auch DOBERENZ betont die (empirische) Bedeutung „nichtmonetärer Anreize" beim Aktienkauf.[217] Prestigegesichtspunkte lassen sich auch beim Erwerb „normaler" Aktien als Verhaltensmotiv beobachten.

3.6.3 Börsenaussichten deutscher Vereine[218]

Nur wenigen deutschen Fußballclubs werden gute Chancen für einen Börsengang eingeräumt. LEHMANN und WEIGAND beurteilen diese Chancen anhand von vier Kriterien:[219] Dem Jahresumsatz, den Zahlungen der Hauptsponsoren, der Qualität der Vereinsführung und dem Vereinsvermögen bzw. der Stadionqualität. Auf dieser Basis wurde lediglich Borussia Dortmund und Bayern München vollständige Börsentauglichkeit attestiert, Schalke 04, Bayer Leverkusen VFB Stuttgart und dem 1.FC Kaiserslautern wird zumindest

[215] DOBERENZ (1980), S.36.

[216] CHEFFINS (1999), S.674.

[217] Vgl. DOBERENZ (1980), S.26ff.

[218] Einen Überblick über die formellen Voraussetzungen für Börsengänge der Bundesligisten geben BRÜNING et al. (1999), S.44ff.

[219] Vgl. LEHMANN/WEIGAND (1998), S.17ff.

mit Einschränkungen die Möglichkeit eines erfolgreichen Börsenganges eingeräumt. Allen anderen Vereinen wird die Börsenfähigkeit kurz- bis mittelfristig abgesprochen. Die Unternehmensgruppe Roland Berger & Partner hält auf der Basis ihres Markenartikelansatzes Bayern München, Borussia Dortmund und Schalke 04 für börsenreif. Mit Abstrichen haben auch der 1.FC Kaiserslautern, Borussia Mönchengladbach und Werder Bremen Chancen auf den Börsengang.[220]

Alle Einschätzungen dieser Art basieren jedoch auf soliden betriebswirtschaftlichen Kalkülen, welche die Akzeptanz bzw. die Zahlungswilligkeit des potentiellen Anlegers zur zentralen Größe ihrer Prognose machen. Überwiegt hingegen die vermeintlich irrationale „intrinsische" Motivation beim Kauf einer Fußballaktie, so käme dem Fanpotential und der Intensität des Enthusiasmus die Schlüsselrolle zu. Notwendige und hinreichende Bedingung wäre dann ein möglichst großer Fanatismus in der möglichst großen Anhängerschaft.

3.6.4 Verflechtungs- und Manipulationsgefahr

Als potentielle Gefahr der Umwandlung von Vereinen in Kapitalgesellschaften wird die Möglichkeit der Verflechtung mehrerer Unternehmen und im schlimmsten Fall der Eingriff von (wirtschaftlich) interessierter Seite in den sportlichen Wettbewerb gesehen.[221] Es wird befürchtet, dass aus wirtschaftlichen Gründen sportliche Ergebnisse beeinflusst, sprich: manipuliert werden könnten. Eine derartige Situation könnte entstehen, wenn ein Investor Beteiligungen an mehreren Fußballvereinen hält oder sogar einzelne Vereine andere Vereine aufkaufen.

Manipulationsgefahr lässt sich allerdings nicht erst aus den möglicherweise bevorstehenden Umwandlungen ableiten, sondern schon die Übertragung von Vermarktungsrechten durch die Vereine auf Vermarktungsagenturen eröffnet die Möglichkeit von externer Einflussnahme auf den sportlichen Wettstreit. Öffentlich geäußert wurde die Besorgnis im Verlauf der Saison 1998/99, als am letzten Spieltag Hertha BSC Berlin gegen den Hamburger SV spielte, beide Vereine aber von der UFA Sports GmbH vermarktet werden. Es wurde befürchtet, dass das Spielergebnis dahingehend abgesprochen werden könnte, dass

[220] Vgl. FREITAG (1998), S.45. Vor diesem Hintergrund ist es nicht verwunderlich, dass die Ambitionen der Vereine hinsichtlich des Börsenganges sehr unterschiedlich ausfallen. Vgl. dazu KEITEL und RETTBERG (1998), S.35.

[221] Zu diesem Themenkomplex siehe auch BRÜNING et al. (1999), S.42f.

die Mannschaft siegt, welche die Punkte noch für das Erreichen eines UEFA-Cup-Platzes benötigt. Letztlich ergab sich die gefürchtete Konstellation nicht, weil der Hamburger SV ambitionslos im Mittelfeld stand und Hertha BSC bereits für den UEFA-Cup qualifiziert war. Dennoch führte der DFB-Beirat vorsorglich einen Beschluss herbei, nach dem Vermarktungsunternehmen nur noch einen einzigen Sitz in den Führungs- und Aufsichtsgremien eines einzigen Vereines haben dürfen. Auch im Bereich der Kapitalgesellschaften beugte der DFB Wettbewerbsverzerrungen vor, indem die Mehrheit der Stimmrechte beim Mutterverein bleiben sollen.[222]

Wenngleich also Vorkehrungen gegen Manipulation und Wettbewerbsverzerrungen getroffen wurden, ist zu fragen, ob Manipulationsversuche überhaupt zu befürchten sind. Diese Frage ist insbesondere deshalb zu untersuchen, weil die Regelungen potentielle Investoren von Beteiligungen wegen fehlender Kontrollmöglichkeiten abhalten können. Weiterhin wird die Qualitätsverbesserung des Managements vermutlich erschwert, wenn keine effektiven Kontroll- und Sanktionsmöglichkeiten gegeben sind. Die Manipulationsfrage soll daher nachfolgend theoretisch untersucht werden.

Hinsichtlich der potentiellen Manipulationsversuche geht der DFB von der Hypothese aus, dass eine wettbewerbswidrige Einflussnahme die Integrität des Profifußballs gefährdet und der daraus resultierende Schaden nicht erst dann eintritt, wenn es zu Manipulationen gekommen ist, sondern partiell bereits bei diffusen Verdachtsmomenten. Es ist somit zunächst zu klären, welche Wirkung die Zerstörung oder Schwächung der Integrität hätte. Hilfreich ist hierbei ein Blick auf den „Bundesliga-Skandal" von 1970/71: Nach Bekannt werden des Bestechungsskandals im Sommer 1971 sank der Zuschauerschnitt pro Bundesligaspiel von 21.000 auf rund 16.000. Erst drei Spielzeiten später, nämlich in der Saison 1973/74, wurden die ursprünglichen Zuschauerzahlen wieder erreicht.[223] In der heutigen Zeit des kommerzialisierten Fußballs dürfte ein solcher Vorfall als systematische Fehlentwicklung gewertet werden. Der finanzielle und auch der Imageschaden dürfte dementsprechend eher größer auffallen.

---

[222] Vgl. dazu BRÜNING et al. (1999), S.44. Es soll hier nicht unerwähnt bleiben, dass der DFB zumindest in Grenzen Möglichkeiten besitzt, den befürchteten Manipulationen vorzubeugen. So könnte der Spielplan dahingehend gestaltet werden, dass die Mannschaften eines Vermarkters oder anderweitig miteinander verflochtene Vereine zu Beginn der Saison gegeneinander spielen, zu einem Zeitpunkt also, an dem noch keine strategischen Verhaltensabsprachen sinnvoll erscheinen.

[223] Vgl. HEIMANN (1999), S.58 und GÄRTNER/POMMEREHNE (1978), S.97.

Aufgrund der zu erwartenden negativen Konsequenzen von manipulativen Eingriffen wäre strikte Geheimhaltung geboten. Selbst wenn die grundsätzliche Bereitschaft für manipulative Eingriffe bei einzelnen Akteuren vorhanden wäre, müssen diese aus wohlverstandenem Eigeninteresse sicherstellen, dass trotz Manipulation die interessierte Öffentlichkeit von einem sportlich integrem Wettbewerb ausgeht. Der Manipulationsvorgang ist folglich eine Funktion folgender Form.

$M = M(\pi, v, p, T)$ mit

M = Manipulation
π = erwarteter Erlöszuwachs
v = erwarteter Erlösrückgang durch Manipulationsaufdeckung
p = Aufdeckungswahrscheinlichkeit ($0 \leq p \leq 1$)
T = Transaktionskosten.

Bezeichnet M´ den Auszahlungsbetrag der Manipulation, dann ergibt sich folgende Gleichung:

$$M' = \pi - pv - T \qquad (1)$$

Gemäß dieser Gleichung kommt es bei rational handelnden und risikoneutralen Wirtschaftssubjekten zum manipulativen Eingriff, wenn $M' > 0$. Nur wenn der erwartete langfristige Ertrag des manipulativen Eingriffes den erwarteten langfristigen Verlust übersteigt, werden die interessierten Akteure in den sportlichen Wettbewerb manipulativ eingreifen.[224] Da weder der erwartete Gewinn noch der erwartete Verlust bekannt sind und zudem die Aufdeckungswahrscheinlichkeit nicht exakt zu bestimmen ist, können hier nur spekulative bzw. theoretische Überlegungen erfolgen:

Ein von außen gesteuertes Spielergebnis setzt zahlreiche Mitwisser voraus. Angefangen beim Initiator der Manipulation, über die Führungsebene mindestens eines Vereines, dem Trainer und schließlich der Mannschaft. Da das Ergebnis nur dann sicher und einigermaßen unauffällig erreicht werden kann, wenn die ganze Mannschaft informiert ist, dürfte die Zahl der Mitwisser selbst dann bei etwa 20 Personen liegen, wenn nur die Mannschaft in Kenntnis gesetzt wird,

[224] Die langfristige Perspektive erscheint mir zumindest für die Vermarktungsunternehmen angemessen, weil die Verträge zwischen den Vereinen und ihren Vermarktungspartnern teilweise über 15 Jahre abgeschlossen werden.

welche das Spiel verlieren soll. Wenn die Weisungsempfänger (Trainer und Spieler) nicht als unmoralische Wesen ohne jeden Sportsgeist modelliert werden, ist nicht damit zu rechnen, dass sie den Weisungen freiwillig Folge leisten. Die Aufgabe ihrer Ehre, ihrer Moral und ihres Sportsgeistes müsste folglich finanziell kompensiert werden, was bei den gegebenen Spielergehältern kostspielig sein dürfte. Diese „Schweigegelder" finden sich in Gleichung (1) als Transaktionskosten T wieder. Soll also die Aufdeckungswahrscheinlichkeit p gesenkt werden, steigen die Transaktionskosten T deutlich an. Trotz hoher „Schweigegelder" ist keineswegs sichergestellt, dass die Manipulation geheim bleibt, weil von den zahlreichen Mitwissern jeder anonym seine Kenntnisse (gegebenenfalls gegen weitere finanzielle Zuwendungen) veröffentlichen kann.

Zusammenfassend kann festgehalten werden, dass die Manipulation von Fußballspielen eine teure und unsichere Verhaltensweise ist, welche von den in Frage kommenden Akteuren aus Eigeninteresse kaum angewandt werden dürfte. Weiterhin gäbe es eine mindestens genauso sichere und deutlich günstigere Alternative, Spiele zu manipulieren: Die „Bestechung" des Schiedsrichters wäre eine effiziente Alternative, weil dieser mit wenigen „unglücklichen" Fehlentscheidungen ein Spiel wesentlich beeinflussen kann. Gleichzeitig wäre das „Bestechungsgeld" nur für eine Person zu zahlen, die zudem nur einen Bruchteil des Einkommens eines Fußballprofis verdient, entsprechend „billiger" zu bestechen sein müsste. Ein solches Szenario mag intuitiv konstruiert wirken, weil Schiedsrichter eher als moralische Wesen eingeschätzt werden. Doch wäre es eine Vorverurteilung der Spieler und Trainer, ihnen eine minderwertige moralische Disposition zu unterstellen als den vom DFB eingesetzten Schiedsrichtern.[225]

Wenngleich aus theoretischer Sicht vieles dafür spricht, dass die Integrität des sportlichen Wettbewerbs auch bei Verflechtungen und Mehrfachbeteiligungen nicht gefährdet ist, können die Vorkehrungen des DFB durchaus ihre Berechtigung haben. Entscheidend ist nämlich nicht, wie hoch die Gefahr der Manipulation objektiv ist, wenn durchweg die Existenz des homo oeconomicus unterstellt wird, entscheidend ist vielmehr die Sicht der Fußballkonsumenten. Wenn unter ihnen die Auffassung verbreitet ist, die sportliche Integrität sei akut

---

[225] Das uneinheitliche Menschenbild hinsichtlich ihrer moralischen Ausstattung ist aus der Marktversagenstheorie bekannt. Gern wird in diesem Zusammenhang unterstellt, der Privatbürger sei egoistisch und handele wider die Interessen der Gemeinschaft, während Politiker uneigennützig das Gemeinwohl verfolgen. Vgl. hierzu kritisch WALTER (1993), S.15ff. und S.237.

gefährdet, so kann schon der Anfangsverdacht zur Abwendung vom Profifußball und im weiteren zu Erlösminderungen führen.[226]

3.6.5 Auswirkungen der Umwandlungen auf die Ausgeglichenheit der Liga

Hinsichtlich der Umwandlungsmotive dürfte der Erschließung neuer Finanzquellen die größte Bedeutung zukommen.[227]

Das Finanzierungsmotiv des Vereins ist nun in Einklang mit den Interessen der potentiellen Kapitalgeber zu bringen, damit der Börsengang den erwünschten Erfolg hat. In Abschnitt 3.6.2 wurde festgestellt, dass wegen der fehlenden Renditeaussichten hauptsächlich intrinsische Motive einen Anleger zum Aktienerwerb verleiten dürften. Damit ist die Umwandlung in eine Aktiengesellschaft für einen Verein um so erfolgversprechender, je größer die Fangemeinde ist, je „fußballverrückter" bzw. enthusiastischer und – mit Abstrichen – je wohlhabender die eigenen Fans sind.

In der „Fantabelle" liegt Bayern München mit 8,0 Millionen Fans mit Abstand auf Platz eins,[228] gefolgt von Borussia Dortmund mit 3,7 Millionen, Schalke 04 mit 2,4 Millionen und Hansa Rostock mit 2,2 Millionen Fans. Auf Rang 9 dieser Tabelle finden sich gemeinsam Arminia Bielefeld und der Hamburger SV mit einer Fangemeinde von jeweils einer Million. Die Fans des FC Bayern München sind gemessen am Haushaltsnettoeinkommen verhältnismäßig wohlhabend, so dass der Börsengang von Bayern München mit großer Wahrscheinlichkeit den deutlich größten Kapitalzufluss von allen Vereinen bringen würde. Selbst wenn sämtliche Vereine den Gang an die Börse erfolgreich beschreiten

---

[226] Es ist für das Ergebnis tatsächlich gleichgültig, ob diese Sichtweise gerechtfertigt oder eher begrenzt rational ist. Zu bedenken ist allerdings, dass der DFB und andere Institutionen bzw. Personen einen nicht unwesentlichen Einfluss auf die öffentliche Meinungsbildung haben.

[227] Die drei anderen durch eine Umwandlung verfolgten Ziele lassen sich auch ohne Aktienemissionen erreichen: Die Professionalisierung des Managements ließe sich schon unter dem Dach des Vereinsrechts umsetzen. Da in diesem Falle aber weiterhin die Gefahr der Rechtsformverfehlung bestände, wäre eine Umwandlung in eine Kapitalgesellschaft angezeigt, doch spätestens die Umwandlung in eine GmbH würde die nötige Professionalisierung des Managements bewirken und gleichzeitig auch die Rechtsfähigkeit garantieren. Das auf Gewinnerzielung ausgerichtete Management würde gegebenenfalls auch die in Abschnitt 2.4 geschilderte verfügungsökonomische Problematik lösen (sofern die – nach FRANCK und MÜLLER – erforderlichen begleitenden Maßnahmen ergriffen werden)

[228] Hierzu und zum folgenden vgl. UFA SPORTS GMBH (1998), S.158ff.

würden, nähme die Ungleichverteilung der Finanzkraft unter ihnen zumindest im Intervall stark zu.[229] Diese Tendenz würde noch gesteigert, wenn nur einzelne Vereine an die Börse gehen, andere hingegen nicht. Die überwiegend intrinsische Motivation der Fans könnte hier jedoch positive Wirkungen haben, denn ein Börsengang könnte für einen Verein auch dann noch Erfolg haben, wenn er gemessen an betriebswirtschaftlichen Kriterien nicht praktikabel wäre. Auch die Volatilität der Fußball-Aktien müsste theoretisch durch die intrinsischen Motive reduziert werden, denn ein wahrer Fan hält seine Aktien selbst dann, wenn sein Verein vorübergehend keinen sportlichen Erfolg hat.[230]

Wie sich die weitere Ungleichverteilung auf die sportliche Ausgeglichenheit der Liga auswirken würde, kann nicht präzise bestimmt werden. Da eine (schwach) positive Korrelation zwischen Finanzkraft und sportlichem Erfolg besteht, sollte jedoch damit gerechnet werden, dass die Ausgeglichenheit der Liga abnehmen würde.

Teil B: Mikroökonomische Wirkungen verschiedener Vermarktungsformen

4. Preis-, Mengen- und Wohlfahrtswirkungen sowie wettbewerbspolitische Aspekte der Fernsehvermarktung

Nachdem in Kapitel 2 die juristischen Aspekte der Zentralvermarktung dargestellt wurden, werden nun die ökonomischen Wirkungen der zentralen Vermarktung ausführlich untersucht.

Die zentrale Fernsehvermarktung der Fußball-Bundesliga durch den DFB hat wesentlichen Einfluss auf die Anzahl der Live-Übertragungen von Bundesliga-Spielen (Menge), deren Rechtepreise und die daraus resultierende Wohlfahrt. Da Fußball-Übertragungen wichtige Input-Faktoren für die Fernsehsender sind, hat die Vermarktungspraxis des DFB zudem Einfluss auf die Wettbewerbsin-

---

[229] Wahrscheinlich käme es aber auch zur partiellen Finanzkraftnivellierung oder gar -übernivellierung. Beispielsweise würde Bayer Leverkusen relativ, vielleicht sogar absolut zurückfallen, weil es nur über ein sehr geringes Fanpotential verfügt.

[230] Möglicherweise lässt sich damit die empirische Beobachtung erklären, dass die allgemeine wirtschaftliche Entwicklung einen stärkeren Einfluss auf die Kurse der englischen Fußball-Aktien hat als der kurzfristige sportliche Erfolg. Vgl. LEHMANN/WEIGAND (1998), S.16.

tensität bzw. Konzentration des Medienmarktes. Schließlich hat die Form der Fernsehvermarktung eine sportökonomische Dimension, denn von der Vermarktungsform hängen Spannungsgrad und Vermarktbarkeit der Liga ab. In der Öffentlichkeit wird letzterer Punkt besonders intensiv diskutiert, gleichwohl erfordert eine gesamtwirtschaftliche Analyse die Untersuchung aller drei Teilbereiche. Ein wirtschaftspolitisches Urteil kann schließlich erst dann getroffen werden, wenn die Wirkungen auf die drei Teilbereiche (theoretisch) bekannt sind.

In diesem Kapitel werden zunächst die Preis-, Mengen- und Wohlfahrtswirkungen im Detail analysiert, bevor in die wettbewerbspolitischen Problemlagen eingeführt wird. Die Analyse der sportökonomischen Aspekte erfolgt dann in Kapitel 7.

4.1 Wohlfahrtsökonomische Grundlagen

„Wenn alle Produzenten und Konsumenten unter vollständigem Wettbewerb handeln, d.h. Preisnehmer sind, dann ist ein Konkurrenzgleichgewicht, falls bestimmte Bedingungen vorliegen, pareto-effizient."[231]

Der erste Hauptsatz der Wohlfahrtsökonomik bildet die Leitlinie für die Bewertung des Untersuchungsgegenstandes, denn er benennt, worum es bei der Zentralvermarktung geht: Um Pareto- bzw. allokative Effizienz![232] Unter (Pareto-) Effizienz soll nachfolgend – wie wohlfahrtsökonomisch üblich – eine Situation verstanden werden, in der es nicht mehr möglich ist, jemanden besser zu stellen, ohne durch dessen Besserstellung einen anderen schlechter stellen zu müssen.[233]

---

[231] Erster Hauptsatz der Wohlfahrtsökonomik, zitiert nach ROSEN/WINDISCH (1992), S.103.

[232] Dies ist nicht so selbstverständlich, wie es auf den ersten Blick erscheinen mag. Gerade im sportökonomischen Bereich wird mit einem Effizienzbegriff operiert, der offenkundig nicht mit allokativer Effizienz übereinstimmt, nämlich mit einzelwirtschaftlicher oder sektoraler Effizienz. Die abgeleiteten Implikationen sind folglich auch abweichend von denen, die aus gesamtwirtschaftlicher Perspektive zu erwarten wären. Vgl. dazu beispielsweise FRANCK/MÜLLER (1999), S.4ff.

[233] Vgl. dazu ausführlich LUCKENBACH (1986), S.23ff. Die Aussage setzt selbstverständlich die Durchsetzbarkeit von Eigentumsrechten voraus. Zum Effizienzbegriff vgl. auch Abschnitt 3.4.5.1.3.

Sind es oftmals die „bestimmten Bedingungen", nämlich die unterschiedlichen Kategorien des (allokativen) Marktversagens, welche effiziente Ressourcenallokationen verhindern, ist bei der Zentralvermarktung schon die Voraussetzung des vollkommenen Wettbewerbes nicht erfüllt. Weder Anbieter noch Nachfrager sind Preisnehmer, denn der DFB ist Angebotsmonopolist und die Medienkonzerne[234] sind Nachfrageoligopolisten! Da der Wettbewerb auf dem Markt für Übertragungsrechte von Live-Fußball stark eingeschränkt oder gar nicht existent ist, kann bereits a priori vermutet werden, dass die Preise und Mengen auf den relevanten Märkten nicht allokationseffizient sind.

4.2 Relevante Märkte

Die Art der Vergabe der Fernsehrechte tangiert die in Abschnitt 3.2 erwähnten fünf relevanten Märkte: Zunächst ist dies der *Markt für Fernsehübertragungsrechte*. Da sich die TV-Coverage für die einzelnen Vereine unter dem Regime der Einzelvermarktung von der bei Zentralvermarktung unterscheidet, werden auch die *Märkte für Sponsoring*, *Fanartikel* (Merchandising) und *Eintrittskarten* berührt. Schließlich stellen die Vermarktungsrechte einen Aktivposten für die Vereine dar, so dass auch der *Markt für „Kapitalbeschaffung"* bzw. der *Kapitalmarkt* zu berücksichtigen ist. Für die ersten beiden Märkte kann ein positiver Zusammenhang von TV-Coverage und den erzielbaren Erlösen unterstellt werden.[235] Der Zusammenhang ist weniger eindeutig auf dem Markt für Eintrittskarten. Entscheidend ist, ob der Substitutionseffekt oder der Werbeeffekt der Fernsehübertragung überwiegt. Zu bedenken ist auch, dass die beiden Effekte nicht isoliert für das im Fernsehen ausgestrahlte bzw. auszustrahlende Spiel wirksam sind, vielmehr existieren auch „diagonale" Substitutions- und Werbeeffekte. Hierunter sind die Wirkungen zu verstehen, welche von der Übertragung eines Spieles auf alle anderen Spiele ausgehen.

Wenngleich einiges dafür spricht, dass der Werbeeffekt eine stark positive Wirkung hat[236], soll nachfolgend davon ausgegangen werden, dass sich die beiden Effekte kompensieren, mithin wird der Markt für Eintrittskarten nicht weiter berücksichtigt.

---

[234] Dazu zählten in der Vergangenheit im wesentlichen *Bertelsmann*, die *Kirch-Gruppe* und mit Abstrichen *Rupert Murdoch* sowie andere ausländische Medienkonzerne.

[235] Beim Merchandising ist zu berücksichtigen, dass die entsprechenden Artikel fast ausschließlich von Fans mit einer hohen Vereinsidentifikation gekauft werden und die Anzahl solcher Fans stark positiv korreliert sein dürfte mit der TV-Coverage.

[236] Vgl. etwa BAIMBRIDGE et al. (1996), S.317ff.

Die Kapitalbeschaffungsmöglichkeiten der Vereine steigen bei Einzelvermarktung an, da die Fernsehübertragungsrechte Aktiva darstellen, welche die Umwandlung von einem Verein in eine börsennotierte Kapitalgesellschaft erleichtern. Es ist jedoch evident, dass die Kapitalbeschaffungsmöglichkeiten wegen unterschiedlich großen Fanpotentials über die Vereine nicht gleichverteilt sind.

4.3 Modelltheoretische Annahmen

4.3.1 Anzahl der Live-Übertragungen

Für die grundlegende Analyse soll zunächst die vereinfachende Annahme getroffen werden, dass bei Einzelvermarktung der Spiele durch die ausrichtenden Vereine sämtliche Erstligaspiele live im Fernsehen übertragen werden. Unter dem Regime der Zentralvermarktung wird hingegen lediglich ein Live-Spiel pro Spieltag unterstellt. Diese Annahme ist in quantitativer Hinsicht weder eine theoretische Notwendigkeit, noch ein Abbild der Realität unter der bisherigen Zentralvermarktungspraxis. Vielmehr bringt sie die theoretischen Erwartungen und empirischen Beobachtungen zum Ausdruck, dass die Zahl der Live-Übertragungen unter dem Regime der Einzelvermarktung höher ist als unter dem der Zentralvermarktung. Die Polarisierung auf ein bzw. sämtliche Spiele dient lediglich der Einfachheit der Analyse, ohne dass sich die Ergebnisse qualitativ ändern würden, wenn die Annahmen gelockert werden. Weiterhin soll für die Analyse der dezentralen Vermarktung unterstellt werden, dass alle Spiele einzeln, und nicht im Paket vom betreffenden Verein verkauft werden.
Die beiden unterschiedlichen Vermarktungsformen sollen nachfolgend hinsichtlich der zu erwartenden Mengenpolitik detaillierter untersucht werden

4.3.1.1 Einzelvermarktung

Die Entscheidung, ob ein Spiel als Live-Übertragung den Fernsehsendern angeboten wird, treffen die ausrichtenden Vereine. Da alle vier betrachteten relevanten Märkte[237] eine positive Korrelation zwischen TV-Coverage und Vereinserlösen aufweisen, werden die Vereine versuchen, möglichst viele ihrer Spiele an Fernsehsender zu verkaufen.

[237] Wegen der Unklarheit der Wechselwirkung zwischen Fernseh-Liveübertragungen und Eintrittskartenverkauf, sollte der Markt für Eintrittskarten aus der Betrachtung ausgeschlossen werden.

Ob letztlich alle 306 Bundesligaspiele auch live ausgestrahlt werden, hängt von den Programmanbietern ab. Diese werden nur Übertragungsrechte von Spielen kaufen, deren erwarteter Ausstrahlungsnutzen (zusammengesetzt aus dem monetären und dem programmstrategischen Gewinn) unter Berücksichtigung der Opportunitätskosten über den Programmkosten liegt.

4.3.1.2 Zentralvermarktung

Im Gegensatz zur Einzelvermarktung entscheidet bei der zentralen Vermarktung der DFB über Art und Umfang der Fernsehpräsentation. Aus mehreren Gründen unterscheiden sich die Vermarktungsergebnisse von denen der Einzelvermarktung. Nachfolgend soll gezeigt werden, dass die Vermarktungsstrategie des DFB zu einer Mengenverknappung tendiert, unabhängig davon, ob der DFB eigennutzmaximierend oder interindividuell nutzenmaximierend zu agieren versucht.[238] Letzteres Verhalten könnte zumindest in Grenzen erwartet werden, weil der DFB als gemeinnütziger Verein firmiert.[239]

4.3.1.2.1 Der DFB als Nutzenmaximierer

Zunächst soll die Mengenpolitik für den Fall untersucht werden, dass sich der DFB streng eigennutzmaximierend verhält.

Bei Betrachtung der relevanten Märkte ist von Bedeutung, dass die entscheidungsrelevanten Erlösarten für den Verband (DFB) und die Vereine nicht kongruent sind. Während den Vereinen sämtliche Erlöse des Absatzes auf den relevanten Märkten zufallen und diese daher intern sind, hat der DFB lediglich auf die Erlöse der Fernsehvermarktung Zugriff. Die Erlöse aus Sponsoring und Merchandising fallen unabhängig von der Vermarktungsform den Vereinen zu und sind für den DFB extern, mithin sind sie für ihn nicht entscheidungsrelevant. Ebenso sind die Kapitalzuflüsse aus Umwandlungen von Vereinen in Kapitalgesellschaften für den DFB nicht erlöswirksam. Der DFB als individuell

---

[238] Bei Abwesenheit der verschiedenen Marktversagenskategorien existiert kein Zielkonflikt zwischen Eigennutzstreben und der Maximierung des Gemeinwohls.

[239] So heißt es schon in der Präambel der DFB-Satzung: „Oberster Grundsatz des DFB ist die Ausübung des Fußballspiels in Amateurspielklassen und Lizenzligen. Er handelt in sozial- und gesellschaftspolitischer Verantwortung und fühlt sich in hohem Maße dem Gedanken des Fair play verbunden. Seiner besonderen Förderung unterliegt der Breiten- und Freizeitsport." DFB (2000).

nutzenmaximierender Entscheider[240] unterschätzt damit systematisch die Wohlfahrtspotentiale, was sich tendenziell in einer zu geringen Wertschätzung von Fernsehübertragungen und damit gegebenenfalls in einer geringeren als der allokativ effizienten Angebotsmenge niederschlägt.

Außerdem resultiert aus dem eigennutzorientierten Maximierungsverhalten des DFB eine mengenverknappende Strategie: Das mikroökonomisch üblicherweise unterstellte Verhaltensmotiv der Nutzenmaximierung wird bei der Anwendung auf den Unternehmenssektor gewöhnlich auf Gewinnmaximierung reduziert. Diese Vereinfachung dürfte der unternehmerischen Realität zwar recht nahe kommen, gleichwohl ist es möglich, dass bei einer so engen Betrachtung relevante Nebenmotive unberücksichtigt bleiben. Im Rahmen der Institutionenökonomik wird daher seit geraumer Zeit darauf verwiesen, dass (leitende) Angestellte neben der Optimierung der Unternehmensziele die Befriedigung eigener Interessen verfolgen. Ganz wesentlich dürften die Angestellten daran interessiert sein, ihre eigene Bedeutung und Wichtigkeit für das Unternehmen herauszustellen. Was für einen Angestellten innerhalb eines Unternehmens gilt, kann für einen Verband ebenfalls Gültigkeit haben. Um seine Existenz (im bestehenden oder angestrebten Umfang) zu legitimieren, kann ein Verband von seiner (kurzfristigen) Gewinnmaximierungspolitik abweichen. Dieses Streben nach Selbstlegitimation soll nachfolgend als Reputation bezeichnet werden. Die Nutzenfunktion des Verbandes nimmt dann folgende Form an:

$$U_V = U(\pi, R) \qquad (2)$$

mit U_V = Verbandsnutzen; π = monetärer Gewinn; R = Reputation.

Würde nun der Verband überwiegend Aufgaben wahrnehmen, welche ebenso gut von den Vereinen selbst durchgeführt werden können, stellt sich die Frage, ob der Verband überhaupt nötig ist. Wenn sich die Funktionäre des Verbandes die Ausführung von Aufgaben aneignen, die über den Kernbereich der Verbandsaufgaben hinausgehen[241], haben sie gegebenenfalls die Möglichkeit, einen künstlichen Bedarf an sich selbst zu erzeugen.

Tatsächlich nimmt der DFB mehrere Aufgaben wahr, von denen a priori nicht klar ist, ob sie aus ökonomischer Perspektive von Märkten besser gelöst werden

---

[240] „Individuell nutzenmaximierender Entscheider" bedeutet, dass der DFB lediglich die eigenen Verbandsinteressen, bzw. die Interessen der DFB-Spitzenfunktionäre verfolgt.

[241] Vgl. Abschnitt 3.4.

können. Hinsichtlich der Fernsehvermarktung ist dies etwa die „Pflege" des Produktes Fußball:

„...Das große Manko der Entscheidung (des Bundesgerichtshofs vom 11. Dez. 1997) ist auch, dass nun die Vereine über das Produkt und seine Darstellungsform entscheiden können. Die Gesamtpräsentation des Fußballs wird dadurch erschwert. Das sind keine kartellrechtlichen Überlegungen, sondern marketingstrategische des Anbieters. Wenn wir zu dem Ergebnis kommen, dass es zuviel Fußball im Fernsehen gibt, können wir nicht mehr gegensteuern, die 'Produktpflege' wird schwieriger..."[242]

Wie viel Fußball zuviel Fußball im Fernsehen ist, kann allerdings der Markt in der Regel besser beurteilen als ein Verbandsfunktionär, weil er die Präferenzen der Konsumenten identifiziert. Sollte unter dem Regime der Einzelvermarktung tatsächlich zuviel Fußball im Fernsehen gesendet werden[243], wäre es allerdings auch im Interesse der Vereine, die Fernsehpräsenz zu reduzieren. Die zentrale Steuerung durch den Verband ist hierzu nicht notwendig. Zwar könnte argumentiert werden, die Vereine befänden sich in einem „Gefangenen-Dilemma", weil die Fernsehpräsenz ein öffentliches Gut sei und sich „Trittbrettfahren" für den einzelnen Verein lohnt. Dieses Argument ist ökonomisch zweifelhaft, weil die Entstehung eines „Gefangenen-Dilemmas" voraussetzt, dass sich die Beteiligten untereinander nicht verständigen können. Tatsächlich könnten die Bundesligavereine aber freiwillig selbstbeschränkende Vereinbarungen treffen.

Doch selbst wenn das Argument praktische Relevanz besitzen sollte, ist diesem „Marktversagen" das „Verbandsversagen" gegenüberzustellen. Der Verband hätte das komplexe Informationsproblem zu lösen, wie viel Fußball im Fernsehen allokativ effizient ist.[244]

Um die oben erwähnte Reputation aufrecht zu erhalten ist es für den Verband notwendig, eine von der vermuteten Marktlösung offensichtlich mengenverknappende Strategie zu verfolgen. Würde der Eindruck entstehen, die Lösung bei Zentralvermarktung ist mit der bei Einzelvermarktung (nahezu) identisch, könnte die Frage nach der Existenzberechtigung des Verbandes gestellt werden. Es ist somit rational für den Verband, die Angebotsmenge zu verknappen und gleichzeitig auf weitere erzielbare Erlöse zu verzichten.

---

[242] DFB-Ligadirektor STRAUB, zitiert nach BUNDESKARTELLAMT (1998), Anlage 2.

[243] Gemessen an einer pareto-effizienten Ausstrahlungsmenge.

[244] Zu den negativen Wirkungen der Verbandspolitik vgl. auch den Abschnitt 4.6.

4.3.1.2.2 Der DFB als interindividueller Nutzenmaximierer

Nachfolgend soll gezeigt werden, welche Mengenstrategie der DFB verfolgt, wenn er sich von einer interindividuellen Nutzenfunktion leiten lässt. Hierfür soll angenommen werden, dass dem DFB nicht ausschließlich der eigene Nutzen, sondern auch der Nutzen anderer Marktteilnehmer rund um das Produkt „Fußball“ von Bedeutung ist. Dazu können einerseits die Profivereine, andererseits die Amateurvereine zählen, aber auch der Nutzen spezieller „Fangruppen“[245] kann Berücksichtigung finden. Die Nutzenfunktion nimmt dann folgende Form an:

$$U_G = F(U_V, U_2, U_3, \ldots, U_n) \quad (3)$$

mit U_G, dem Gesamtnutzen des Verbandes, U_V, dem individuellen Verbandsnutzen aus Gleichung (2) und U_2, U_3,..., U_N den jeweiligen (materiellen und immateriellen) Nutzen aller für den DFB relevanten Wirtschaftssubjekte (wie erwähnt: z.B. Profi- und Amateurvereine, Zuschauer).

Die Zielfunktion des DFB lautet in diesem Falle:

$$U_G = \alpha_1 \cdot U_V + \alpha_2 \cdot U_2 + \alpha_3 \cdot U_3 + \ldots + \alpha_n \cdot U_n \;\; \text{->} \;\; \max! \quad (4)$$

die Parameter α_1, α_2, α_3 und α_n sind die Gewichtungsfaktoren der einzelnen Größen und summieren sich zum Wert 1 auf. Ist etwa $\alpha_1 = 1$, dann sind α_2, α_3 und α_n jeweils 0, wodurch (4) zur individuellen Nutzenmaximierungsfunktion des DFB nach Gleichung (2) wird.[246]

Steht U_2 hingegen für die Profivereine und ist $\alpha_2 = 1$, so würde sich der DFB ausschließlich um die Interessen der Profivereine kümmern, wodurch das Ergebnis der Zentralvermarktung dem der Einzelvermarktung entsprechen dürfte.[247]

---

[245] Zu denken ist hierbei etwa an Fußballinteressierte, welche regelmäßig sowohl Amateurfußballspiele auf dem Fußballplatz verfolgen, als auch Live-Übertragungen von Profifußballspielen im Fernsehen konsumieren.

[246] Es soll unterstellt werden, dass keine Nutzenabhängigkeiten zwischen den einzelnen Größen vorliegen.

[247] Unter der Voraussetzung, dass es keine Informationsprobleme für den DFB gibt.

Je stärker der DFB den Zielkonflikt zwischen Profi- und Amateurmannschaften, oder präziser: den Zielkonflikt zwischen den Ergebnissen der Einzelvermarktung und der vom DFB vermuteten optimalen Mengenpolitik einschätzt, desto höher fallen die Werte für α_3 bis α_n aus. Konkret bedeutet dies, dass der DFB den Amateurfußball vor einer „zu umfassenden" Präsenz und damit zu starken Konkurrenz durch den Profifußball schützen wird. Es muss hier jedoch weiter offen bleiben, nach welchen Kriterien der DFB die „richtige" Menge an (Fernseh-) Präsenz und Konkurrenz zwischen Profi- und Amateurfußball festlegt. Sicher ist lediglich, dass dem Markt als Allokationsmechanismus, welcher mittels Zahlungsbereitschaften und den daraus resultierenden Preisen die Präferenzen aller Wirtschaftssubjekte bündelt, misstraut wird. Ansonsten bedürfte es der regulativen Eingriffe des DFB nicht.

Zusammenfassend kann festgehalten werden, dass der DFB als „wohlmeinender Diktator" auf dem Markt für Fußballübertragungsrechte die Menge verknappen wird, weil er ein Schutzbedürfnis von Interessengruppen sieht und anerkennt, welches aus DFB-Sicht nicht über den Markt befriedigt wird.

Ein Blick in die Realität zeigt, dass die bisherigen theoretischen Erörterungen durchaus empirische Relevanz besitzen: Die zahlreichen öffentlichen Äußerungen von DFB-Funktionären, den Amateur- und Breitensport vor „zuviel Live-Fußball" schützen zu müssen, sind ein Zeichen dafür, dass der DFB dem Markt die Allokationsaufgabe nicht zutraut. Implizit scheint hier die Vorstellung vorzuliegen, der Markt würde versagen.[248] Neben den öffentlichen Äußerungen deutet auch die jahrelange Vermarktungspraxis des DFB[249] an, dass interindividuelle Nutzenkategorien im oben geschilderten Sinne große Bedeutung haben. Dem DFB geht es zunächst einmal um den Schutz des Amateur- und Breitensports, was sich in dem – über viele Jahre hinweg – „bundesligafreien"

[248] So zeigt folgendes Zitat des scheidenden DFB-Präsidenten Egidius Braun, dass der DFB einen Zielkonflikt zwischen Profi- und Amateurfußball sieht, welcher nicht vom Markt, sondern nur vom Verband gelöst werden kann: „...Auf die Fernsehanstalten übertragen bedeutet dies, dass Sender, die sich im Besitz von Übertragungsrechten befinden, mit dem Konsumgut Fußball ihre Einschaltquoten in neue Rekordhöhen treiben können. Dies erklärt auch die zum Teil erbittert geführten Kämpfe der Anstalten um Übertragungen der gewinnbringenden Ware Fußball. Profifußball ist und bleibt deshalb ein Dauer- und Reizthema – bei der um Anteile werbenden Industrie ebenso wie beim Fan als dem Hauptkonsumenten. Für den Deutschen Fußball-Bund heißt dies, dass er den Anliegen und Ansprüchen des Profifußballs gerecht werden, gleichzeitig aber auch die Interessen der Basis, also der Amateure, entsprechend ihrer Bedeutung für den deutschen Fußball in seiner Gesamtheit berücksichtigen muss." BRAUN (1999), S.227.

[249] Vgl. dazu PARLASCA (1999), S.90ff, insbesondere Fußnote 15 und WOLF (2000), S.4.

Sonntag manifestierte. Nach Auffassung des Fußballverbandes konnte sich am Sonntag der Amateur- und Freizeitfußballer (aktiv oder als Zuschauer) seinem Lieblingssport am ehesten ungestört zuwenden, wenn zeitgleich kein Bundesligafußball in den Stadien und im Fernsehen stattfindet.

Weiterhin ist die Vermarktungspolitik seit langer Zeit davon geprägt, die vermeintliche Substitutionsbeziehung zwischen Stadionbesuch und Fernsehkonsum zugunsten des Stadionbesuches zu beeinflussen. Die zusammenfassende Berichterstattung des jeweiligen Spieltages wurde daher traditionell nur mit einigem zeitlichen Abstand zum Ende der Spiele gestattet, um den Stadionbesuchern die Möglichkeit zu geben, nach dem Spiel rechtzeitig aus dem Stadion nach Hause zu kommen und die Fernsehberichterstattung zu verfolgen.[250] Schließlich wurden Live-Übertragungen der Bundesliga-Spiele ebenfalls mit Blick auf die erwähnte Substitutionsbeziehung nicht, oder nur in stark reduziertem Umfang zugelassen.[251]

Abschließend bleibt anzumerken, dass die Maximierungskalküle unter der Nebenbedingung der DFB-Machterhaltung stattfinden. Der DFB ist insofern nur so weit entscheidungsautonom, wie durch seine Entscheidungen die eigene Kompetenz- und Machtposition nicht untergraben wird. Namentlich sind hier Exit-Optionen der Mitgliedsvereine sowie die Möglichkeit der Gründung von Konkurrenzverbänden und –ligen zu nennen. Mithin ist die Mengenpolitik des DFB nicht zeitinvariant.[252]

Die vorstehenden Erörterungen zu den Zielen des DFB sollen nun nachfolgend mengenverknappendes Verhalten für das Regime der Zentralvermarktung implizieren. Im Rahmen der modelltheoretischen Analyse wird daher von lediglich einem Spiel pro Spieltag als Live-Übertragung ausgegangen.

---

[250] So sind am Samstag, an denen die Spiele um 17:15 Uhr enden, meines Wissens noch nie zusammenfassende Berichte vor 18:00 Uhr gezeigt worden.

[251] Die Live-Übertragungen im Free-TV waren zudem immer zeitlich abgekoppelt vom Rest des Spieltages. So wurden über Jahre die Live-Spiele auf den Sonntagabend verlegt.

[252] So ist zu erklären, dass sich bei unveränderter Zielfunktion die Vermarktungsergebnisse ändern.

4.3.2 Begriffliche und konzeptionelle Abgrenzungen

4.3.2.1 Zusammenspiel von Rechteinhabern, Intermediär Fernsehsender und Konsumenten

Im Gegensatz zum Stadionbesuch treffen die Anbieter (Vereine) und Endnachfrager (Fußballfans) auf dem Fernsehmarkt nicht direkt aufeinander. Als Intermediär stehen in diesem Fall die Fernsehanstalten zwischen den beiden Gruppen. Nachfolgend wird daher der Zusammenhang von Rechteerlösen/Rechtepreisen, Refinanzierung der Fernsehsender und den Kosten bzw. Präferenzen der Konsumenten dargestellt.

4.3.2.1.1 Rechteinhaber

Die Inhaber der Übertragungsrechte sind aus juristischer und ökonomischer Perspektive die ausrichtenden Vereine.[253] Hinsichtlich Einzel- vs. Zentralvermarktung ist zu berücksichtigen, dass die Vergabe der Fernsehrechte faktisch nicht zwangsläufig durch die Rechteinhaber erfolgt. Unter dem Regime der Zentralvermarktung wurden die Rechte traditionell durch den DFB vergeben, bei Einzelvermarktung würden sie dagegen von den Vereinen selbst vermarktet.

4.3.2.1.2 Intermediär Fernsehsender

Als Intermediär zwischen den Veranstaltern der Fußballspiele und den Endnachfragern fungieren die Fernsehanstalten, welche die technische Transformation der Fußballspiele in Fernsehübertragungen vornehmen.[254] Die Fernsehsender treten dabei als Nachfrager nach Übertragungsrechten auf. Die Refinanzierung erfolgt im Free-TV durch den Verkauf von Werbeblöcken im

---

[253] Vgl. dazu ausführlich die Abschnitte 2.1 und 2.2.

[254] Es ist zumindest theoretisch denkbar, dass die Vereine eigene Fernsehsender gründen und insofern der Zwischenschritt über die „externen“ Fernsehstationen entfällt. Eine Berücksichtigung dieses Sachverhaltes würde m.E. aber wenig an den Ergebnissen der Analyse ändern. Weiterhin ist zu berücksichtigen, dass in der Praxis meist noch eine weitere Instanz zwischengeschaltet ist: Die Fernsehrechte werden nämlich von sogenannten Rechteagenturen vom DFB oder ggf. von den Vereinen gekauft, um sie dann später an die Fernsehsender weiterzuverkaufen. Da diese Rechteagenturen aber zumeist Töchter der großen Medienkonzerne sind, sollen sie im Rahmen der Analyse zu den Fernsehsendern gezählt und damit vernachlässigt werden.

Zeitfenster um das Spiel herum und während der Halbzeitpause[255], im Pay-TV durch die Erhebung eines Preises für den Konsum des jeweiligen Spieles. Um die Preis- und Mengeneffekte besonders transparent machen zu können, wird im Rahmen der nachfolgenden Analyse explizit von der Möglichkeit des Pay-per-view ausgegangen.[256]

4.3.2.1.3 Konsumenten

Die Konsumenten (Fußballfans) zeichnen für die Finanzierung der Fernsehübertragungen verantwortlich. Dies geschieht beim Pay-TV direkt, beim Free-TV nur indirekt durch die werbetreibende Wirtschaft. Letztlich ist es das Konsumverhalten der Zuschauer, welches die Zahlungsbereitschaften der werbetreibenden Wirtschaft determiniert. Die Determinanten der Rechtepreise sind jedoch bei Pay- und Free-TV verschieden:

Beim Pay-TV sind es die Zahlungsbereitschaften und die Anzahl der Zuschauer (Einschaltquote), welche den Rechtepreis bestimmen. Die Zahlungsbereitschaften ergeben sich einerseits aus der persönlichen Einkommens- und Vermögenssituation des (potentiellen) Zuschauers, andererseits aus dessen Präferenzen. Je stärker das Publikumsinteresse in kardinaler und quantitativer Hinsicht und je wohlhabender die Zuschauer, desto höher fällt ceteris paribus der Rechtepreis aus. Andere sozio-demographische Merkmale als das Einkommen spielen keine Rolle.

Anders stellt sich die Situation beim werbefinanzierten Free-TV dar: Der Rechtepreis ergibt sich wesentlich durch die Einschaltquote der werberelevanten Zielgruppe, nämlich der 14- bis 49-jährigen.[257] Zwar sind auch in diesem Bereich Fragen der Einkommens- und Vermögensverhältnisse – und damit der Kaufkraft – grundsätzlich relevant, wegen der schwierigen Messbarkeit wird aber auf das Konstrukt des Tausend-Kontakt-Preis (TKP) als Meßlatte für die Rentabilität eines Werbe-Spots zurückgegriffen. Der TKP misst, was es kostet,

---

[255] Es soll davon abgesehen werden, die Ausstrahlung im gebührenfinanzierten Fernsehen zu untersuchen, da mit Blick auf die zu untersuchende Fragestellung keine aufschlussreichen Erkenntnisse zu erwarten sind.

[256] Damit entfällt das für die Fragestellung und die Analyse größte Problem des deutschen Pay-TV-Marktes, nämlich das Angebot der Fernsehsender, Pay-TV mehr oder minder stark im Paket abonnieren zu müssen.

[257] Vgl. IP Deutschland (2000).

eintausend Personen der Werbezielgruppe zu erreichen. Hiervon unabhängig sind die persönlichen Einkommens- und Vermögensverhältnisse.

Zusammengefasst lässt sich folgende Aussage ableiten: Für eine ökonomisch erfolgreiche Ausstrahlung im Pay-TV ist eine hohe Zahlungsbereitschaft der potentiellen Zuschauer relativ wichtiger, für die Ausstrahlung im Pay-TV dagegen eine hohe Massenattraktivität bei der werberelevanten Zielgruppe.

4.3.2.1.4 Positionale Güter: Transmission der Nachfrage in Erlöse des Veranstalters

Bei Übertragungen der Fußballspiele im Fernsehen treffen – wie erwähnt – die Veranstalter der Spiele nicht unmittelbar auf die Endnachfrager, da Fernsehsender als Intermediäre zwischengeschaltet sind. Faktisch fungieren die Fernsehsender als Nachfrager der Fernsehrechte, ihre Zahlungsbereitschaft basiert wiederum auf den im letzten Abschnitt dargestellten (vom Zuschauer gegebenen) Determinanten. Für die nachfolgende Analyse werden nun die Fernsehsender ausgeblendet und ein direkter Bezug zwischen den Fußballinteressierten (Endnachfrager) und den Vereinen als Veranstalter und Anbieter hergestellt. Dieses Vorgehen vereinfacht einerseits die Analyse, entspricht andererseits aber auch der ökonomischen Logik positionaler Güter.

Nach KRUSE sind positionale Güter wie folgt definiert:

> „Ein positionales Gut ist charakterisiert durch seinen vorderen Rang in einer Qualitätsskala, wenn diese Rangeigenschaft (und nicht etwa die Qualität des Gebotenen als solche) besonders nachfragewirksam ist.“[258]

Ein solches positionales Gut ist nicht ohne weiteres substituierbar, ein vollkommen positionales Gut weist eine vollständig inelastische Nachfragekurve auf.[259] Ist die Angebotskurve vollständig inelastisch, schlagen sich Nachfrageänderungen ausschließlich in den Preisen, nicht jedoch in der Menge nieder. Gleichzeitig werden die Erlöse komplett an die Inputfaktoren weitergegeben, denn die Entlohnung erfolgt nach der Grenzproduktivität.[260] Letztlich absorbieren die Veranstalter die Gesamterlöse.

---

[258] KRUSE (2000), S.17.

[259] Vgl. dazu ausführlich ebenda, S.16ff.

[260] Zur Grenzproduktivitätstheorie vgl. z.B. KÜLP (1994), S.16ff.

Die Fernsehsender können als Zwischenstation aus der Analyse ausgeblendet werden, denn deren Erlöse werden durch die Preise der Fernsehrechte neutralisiert. Es besteht quasi ein direkter Zusammenhang zwischen Endnachfrager und Veranstalter.

4.3.2.2 Relevante Konsumentenpräferenzen

Grundlage der Analyse sind die in der *UFA-Fußballstudie '98* dargestellten Konsumentenpräferenzen:[261]

Insgesamt interessieren sich 46,5 Millionen Deutsche für Fußball, sie sollen die Grundgesamtheit der Fußballkonsumenten darstellen. Rund die Hälfte der Fußballinteressierten in Deutschland hat ein allgemeines Interesse am Fußball und präferiert keinen speziellen Verein. Gleichwohl ist davon auszugehen, dass Präferenzen hinsichtlich bestimmter Eigenschaften der einzelnen Spiele (Spitzenspiel, Lokalderby etc.) existieren. In dieser Gruppe dürfte Preiswettbewerb zwischen den Vereinen zumindest partiell funktionieren, diese Konsumenten sind substitutionswillig. Sportlich weniger erfolgreiche Vereine haben grundsätzlich die Möglichkeit, mit niedrigen Preisen Nachfrage auf sich zu ziehen und so mit den vermeintlich attraktiveren Spielen zu konkurrieren.

Es gilt zu berücksichtigen, dass nicht bloß Spitzenspiele für den Zuschauer interessant sind, auch Abstiegsduelle, Lokalderbys oder sehr ungleiche Spielpaarungen mit der Aussicht auf viele Tore haben ihren Reiz. Da Fußballspiele die Eigenschaften eines Erfahrungsgutes aufweisen[262], ist ex ante ohnehin nicht sicher einzuschätzen, welche Partie eines Spieltages für den neutralen Beobachter am interessantesten ist. Die Erfahrung zeigt, dass gerade Spitzenspiele nur selten den hohen Ansprüchen gerecht werden. Insofern besteht für jeden anbietenden Heimverein die Möglichkeit, Fernsehzuschauer zu attrahieren und gegebenenfalls Wettbewerbsnachteile durch niedrigere Preise zu kompensieren.

---

[261] Vgl. UFA Sports GmbH (1998), S.44ff. und 158ff. Es soll hier nicht untersucht werden, ob überhaupt eine Zahlungsbereitschaft für Fußballübertragungen im Fernsehen existiert. Vereinfachend wird stattdessen davon ausgegangen, dass unter allen unterschiedlichen Typen der Fußballinteressierten eine gewisse (gleichverteilte) Zahl von zahlungsbereiten Zuschauern existiert.

[262] Als Erfahrungsgut wird ein Gut verstanden, dessen Qualität sich erst während des Konsums offenbart.

Die übrigen Fußballinteressierten (53%) teilen sich in zwei Gruppen: Einerseits sind dies die Fans von ausschließlich einem Verein[263], die Vereine verfügen mithin über ein Monopol, andererseits sind es allgemein Interessierte mit einer (starken) Präferenz für einen speziellen Verein, hier liegt somit die Marktform der monopolistischen oder heterogenen Konkurrenz vor. Bei den erstgenannten Fans haben die Vereine keinerlei Möglichkeit, durch preispolitische Maßnahmen Fans anderer Vereine für ihre Fernsehübertragungen zu gewinnen, wogegen bei monopolistischer Konkurrenz die Preispolitik zumindest in (sehr engen) Grenzen wirksam sein kann. Insgesamt kann davon ausgegangen werden, dass bei zeitgleicher Ausstrahlung im Regelfall das Spiel des Lieblingsvereines angesehen wird. Die Entscheidung für den Konsum des Spieles zweier anderen Mannschaften als das der Lieblingsmannschaft wird eher wegen der sportlichen Brisanz, als wegen niedrigerer Preise getroffen.

Zusammenfassend lässt sich festhalten, dass Fußballspiele keine homogenen Güter sind und daher Fernsehübertragungen im Urteil der Fußballinteressierten, je nach Präferenz, unterschiedlichen Nutzen stiften.

4.4 Zentral- und Einzelvermarktung im Vergleich

4.4.1 Grundlegende Analyse für das „klassische" Fernsehen

Die nachfolgende Analyse erfolgt unter der Annahme, dass die nicht-fußballbezogenen Opportunitätskosten des Fernsehkonsums gleich Null sind. Damit reduziert sich die Wahlentscheidung darauf, welches der angebotenen Fußballspiele gesehen wird, ob es zeitgleich interessantere (Freizeit-) Angebote gibt, wird aus der Untersuchung ausgeblendet.[264]

Ein grundlegender Vergleich der Wohlfahrtseffekte von Zentral- und Einzelvermarktung kann nun graphisch für den Fall der Ausstrahlung im Free-TV erfolgen. Um den Fall zu illustrieren, wird auf die beiden Extremkonstellationen zurückgegriffen: Bei Zentralvermarktung wird lediglich das Topspiel des

---

[263] Dieser Fantyp, welcher sich über den eigenen Verein hinaus nicht für den Fußball allgemein interessiert, dürfte über den Status eines gedanklichen Konstruktes nicht hinauskommen. Mindestens die mit dem „Fan-Sein" verbundene Aversion gegen andere Vereine wird von Fall zu Fall (je nach Tabellenkonstellation) dazu führen, dass auch Spiele ohne Beteiligung der eigenen Mannschaft konsumiert werden, um diesen Verein verlieren zu sehen. Quantitativ ist diese Fangruppe jedenfalls zu vernachlässigen!

[264] Das bedeutet, dass z.B. am Samstag um 15:30 Uhr alle Fußballinteressierten (die sich von der Fußballübertragung einen positiven Grenznutzen versprechen) vor dem Fernseher sitzen. Dadurch kann die Analyse auf die eigentliche Fragestellung konzentriert werden.

Spieltages live ausgestrahlt[265], bei Einzelvermarktung sämtliche neun Spiele. Zunächst soll nun die Einzelvermarktung analysiert werden.

Die Marktnachfragekurve ergibt sich aus der horizontalen Addition der „individuellen“ Nachfragekurven der jeweiligen Teilmärkte. Konkret verfügt jeder Verein über Fans, welche das Spiel ihres Lieblingsvereines live verfolgen möchten. So hat Bayern München als Marktführer bundesweit 8 Mio. Fans, Borussia Dortmund 3,7 Mio., Schalke 04 2,4 Mio. Fans usw.[266] Die Gruppe der allgemein Fußballinteressierten umfasst 21,9 Mio. Personen. Es sei nun weiterhin angenommen, dass die Struktur der Zahlungsbereitschaften zwischen den jeweiligen Fangruppierungen identisch ist, so dass alle Nachfragekurven einen linear fallenden Verlauf mit dem gleichen Ordinatenschnittpunkt haben.[267] Damit ergibt sich folgendes Bild:

Abbildung 1

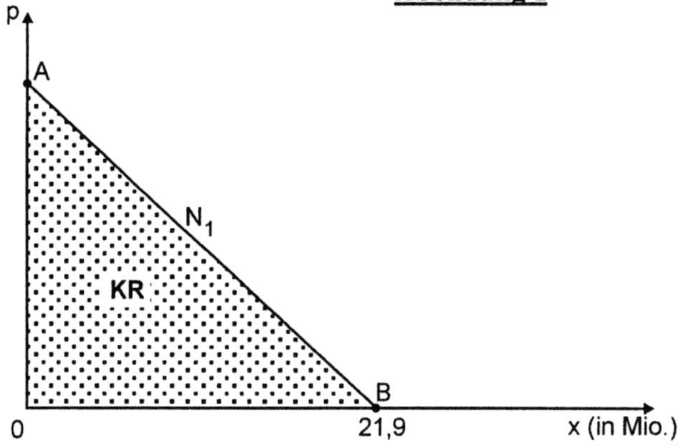

Abbildung 1 zeigt die Nachfragekurve (N_1) der allgemein Fußballinteressierten (x gibt deren Anzahl an). Die Nachfragekurve gibt die Zahlungsbereitschaften der Fans für das jeweils von ihnen präferierte Spiel an. Im Free-TV würden die Spiele zum Preis von Null angeboten und alle könnten das Spiel ihrer Wahl ver-

265 Ein Livespiel pro Spieltag ist natürlich weit mehr als bislang praktiziert. Gleichwohl wäre die Analyse trivial, weil das Verlangen der Konsumenten nach Liveübertragungen gänzlich ignoriert wird.

266 Vgl. für diese und weitere Zahlen UFA Sports GmbH (1998), S.158f.

267 Diese Annahme wird lediglich aus darstellerischen Gründen gewählt und hat keinen Einfluss auf das qualitative Ergebnis!

folgen, so dass die Konsumentenrente die gesamte Fläche zwischen Nachfragekurve, Abszisse und Ordinate (0AB) wäre.

Abbildung 2 gibt die Nachfragekurve für die Fans des FC Bayern München an. Wiederum ergibt sich die Konsumentenrente aus der Fläche zwischen Nachfragekurve, Abszisse und Ordinate (0AB). Auf diese Weise lassen sich die Nachfragekurven für alle Vereine darstellen.

Abbildung 2

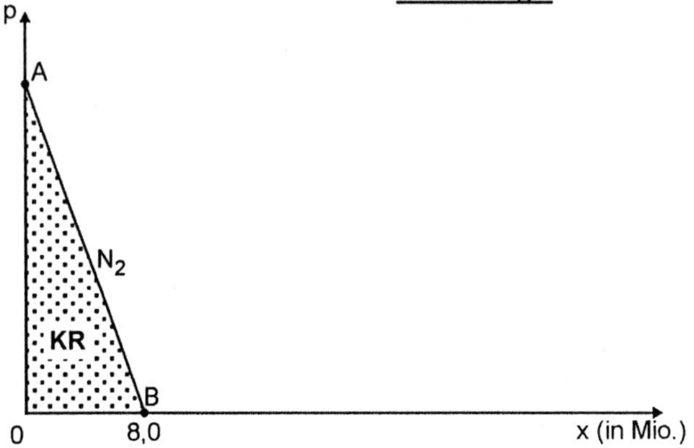

Durch die Addition sämtlicher „individuellen" Nachfragekurven ergibt sich die „Marktnachfragekurve" in Abbildung 3.

Die Konsumentenrente ist erneut gegeben durch die Fläche zwischen Nachfragekurve (N_M), Abszisse und Ordinate (0AB). Um einen wohlfahrtsökonomischen Vergleich vornehmen zu können, muss nun die eben ermittelte Konsumentenrente derjenigen gegenüber gestellt werden, welche sich unter dem Regime der Zentralvermarktung bei alleiniger Ausstrahlung des Topspiels ergeben würde.

Annahmegemäß würden auch in diesem Fall alle 46,5 Mio. Fußballinteressierten die Fernsehübertragung konsumieren, mithin würde die gesamte Marktnachfrage absorbiert. Entscheidend für den Wohlfahrtsvergleich ist nun der Verlauf der Nachfragekurve bei Zentralvermarktung!

Abbildung 3

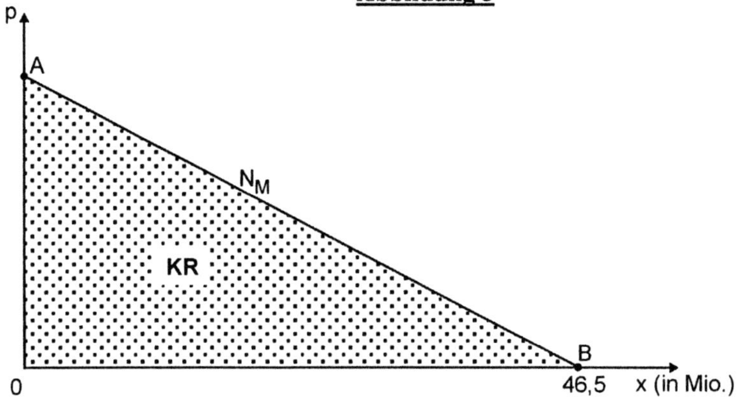

Angenommen, die Liveübertragung wäre die Partie 1.FC Kaiserslautern gegen Bayern München. Für die Fans der beteiligten Vereine ergäbe sich nutzenmäßig kein Unterschied zwischen Zentral- und Einzelvermarktung, denn sie können das Spiel ihrer Wahl live im Free-TV verfolgen. Die Nachfragekurven der beiden Fangruppen (Kaiserslautern 2,0 Mio. und Bayern München 8,0 Mio.) können horizontal addiert werden.

Aus der Gruppe der allgemein Fußballinteressierten dürften ebenfalls zahlreiche Konsumenten mit dem angebotenen Spiel ihre erste Präferenz erfüllt sehen, weil es sich um das Topspiel des Spieltages handelt. Gleichwohl hätten andere Mitglieder dieser Gruppe –aus welchen Gründen auch immer- ein anderes Spiel präferiert, folglich ist die Nachfragekurve nicht identisch mit der aus Abbildung 1. Vielmehr dreht sich die Nachfragekurve um den Punkt B nach unten Richtung Abszisse. Wie stark diese Drehung ausfällt, hängt davon ab, wie viele Fans ein anderes Spiel präferiert hätten und wie groß die Differenz hinsichtlich ihrer Zahlungsbereitschaft zwischen ihrer ersten Präferenz und der tatsächlich ausgestrahlten Begegnung ist.

Für die Fans aller anderen Vereine gelten ähnliche Überlegungen: Zwar konsumieren alle das angebotene Spiel, doch niemand hätte es sehen wollen, wäre das Spiel der eigenen Lieblingsmannschaft anderweitig ausgestrahlt worden. Je nach Präferenzlage kommt es auch hier zu einer mehr oder minder starken Drehung der Nachfragekurve um den Punkt B nach unten Richtung Abszisse.

Bei horizontaler Addition ergibt sich eine mehrfach geknickte Nachfragekurve[268], die den in Abbildung 4 dargestellten Verlauf haben könnte.

Abbildung 4

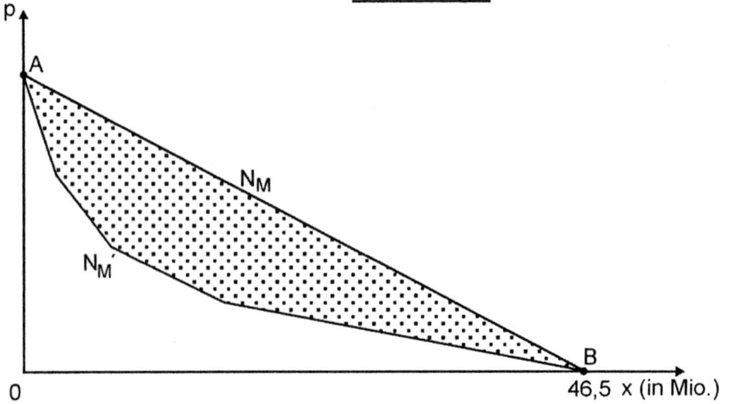

Die Konsumentenrente im Falle der Zentralvermarktung ergäbe sich aus der Fläche zwischen N_M´, der Abszisse und der Ordinate. Der Wohlfahrtsverlust der Konsumenten ergibt sich dann aus der grauen Fläche zwischen den beiden Nachfragekurven N_M und N_M´. Wie groß dieser Bereich ist, lässt sich nicht exakt bestimmen, er ist aber umso größer, je uninteressanter im Urteil der Konsumenten das ausgestrahlte Spiel im Vergleich zu den eigentlich präferierten Spielen ist.

Die bisher gemachten Aussagen gelten nur der Tendenz nach und sind nicht ohne weiteres quantifizierbar. Die Wohlfahrtsverluste würden z.B. geringer ausfallen, wenn bei Zentralvermarktung mehrere Spiele ausgestrahlt werden, weil sich etwa der Spieltag über mehrere Tage erstreckt und pro Tag ein Spiel übertragen wird.[269] Oder wenn nicht alle Spiele bei Einzelvermarktung live im Free-TV ausgestrahlt werden weil das Interesse der Fernsehanstalten an Liveübertragungen begrenzt ist.

---

[268] Bei exakter graphischer Herleitung würde jeder zusätzliche Teilmarkt einen weiteren Knick bedeuten.

[269] Voraussetzung dafür ist allerdings, dass die Konsumenten hinsichtlich des Austragungszeitpunktes indifferent sind und keine Präferenzen für einen gebündelten Spieltag haben.

Die grundlegende Analyse bezog sich auf die Ausstrahlung im Free-TV. Nachfolgend wird nun kurz die Situation für Pay-TV dargestellt. Betrachtet wird dafür exemplarisch der Markt für Spiele des FC Bayern München:

Abbildung 5

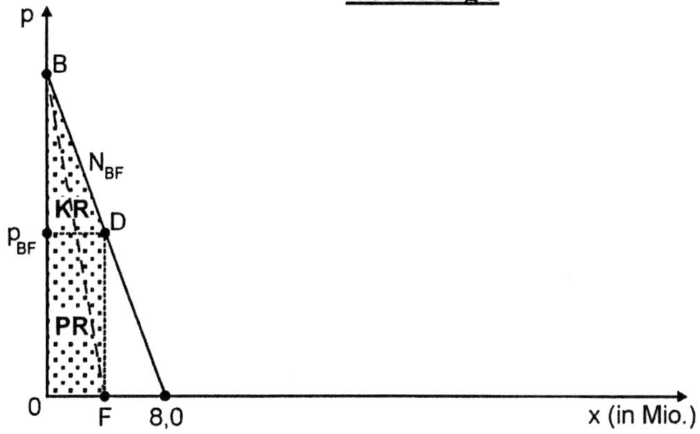

Um die Wohlfahrtseffekte der zwei Situationen mit allen Live-Spielen und nur einem Live-Spiel im Pay-TV griffig bestimmen zu können, werden lediglich die Zuschauer betrachtet, welche explizit Fans von Bayern München sind.[270] Von diesen acht Millionen Fans würden bei einem Preis von p_{BF} Zuschauer (x) im Umfang der Strecke 0F das Spiel im Pay-TV konsumieren (Abbildung 5, die Grenzkosten sind gleich null und identisch mit der Abszisse). Bei dieser Preis- und Mengenkombination ergibt sich eine Produzentenrente (PR) der Fläche $0p_{BF}DF$ und eine Konsumentenrente (KR) der Fläche $p_{BF}BD$, mithin beträgt die Gesamtwohlfahrt 0BDF.

In Abbildung 6 ist die Situation für die Zentralvermarktung dargestellt, bei der die Fans von Bayern München nicht das Spiel ihrer Wahl sehen können, weil ein anderes Spiel ohne Beteiligung des FC Bayern ausgestrahlt wird. Da die Anhänger von Bayern München jedoch auch allgemein fußballinteressiert sind, haben sie auch für das angebotene Spiel eine positive Zahlungsbereitschaft, im Vergleich zu dem eigentlich präferierten Bayern-Spiel ist die Zahlungsbereitschaft jedoch geringer, wodurch sich die Nachfragekurve um den Tangentialpunkt mit der Abszisse nach unten dreht.

---

[270] Diejenigen allgemein Fußballinteressierten, welche das Spiel von Bayern München als erste Präferenz haben, bleiben unberücksichtigt.

Abbildung 6

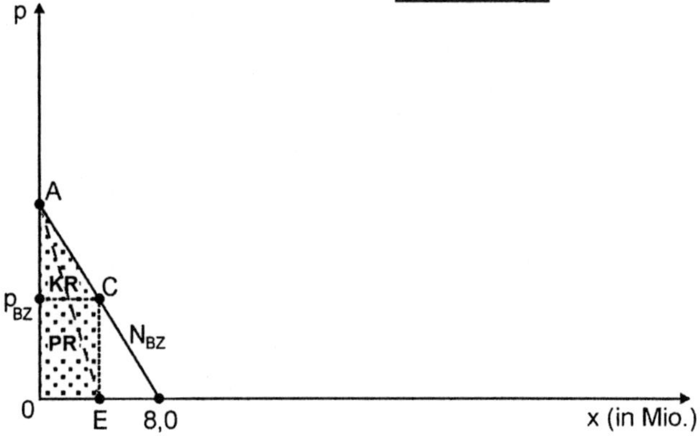

Die Produzentenrente ergibt sich aus der Fläche $0p_{BZ}CE$, die Konsumentenrente aus der Fläche $Ap_{BZ}C$, so dass die Gesamtwohlfahrt 0ACE beträgt.

Abbildung 7

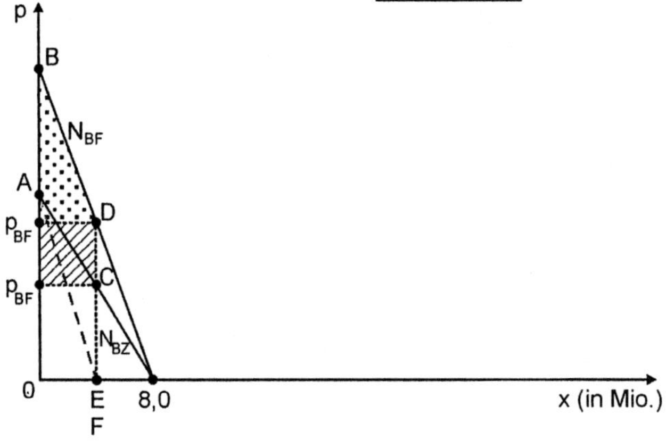

Werden nun Einzel- und Zentralvermarktung miteinander verglichen (Abbildung 7), so zeigt sich, dass die Gesamtwohlfahrt bei Einzelvermarktung um die Fläche ABDC höher ist als bei Zentralvermarktung.

Die Analyse ließe sich grundsätzlich für jede Fangruppierung durchführen, im Ergebnis ist die Wohlfahrt bei Zentralvermarktung bei fast allen Fangruppierungen geringer als bei Einzelvermarktung. Lediglich die Konsumenten, welche das ausgestrahlte Spiel auch bei Einzelvermarktung ausgewählt hätten, realisieren keinen geringeren Nutzen.

Die vorstehende Analyse hat gezeigt, dass der DFB in der Lage ist, mit der Ausstrahlung eines einzigen Spieles im Free-TV einen Großteil der Marktnachfrage abzuschöpfen. Faktisch hat der DFB jedoch eine weitaus restriktivere Vermarktungspolitik verfolgt, denn bis zur Saison 1999/2000 wurden maximal fünf Spiele live im Free-TV ausgestrahlt. Damit wurde den Interessen der Fans noch weniger Rechnung getragen als in der vorstehenden Analyse abgeleitet, mithin waren die wohlfahrtsschädlichen Wirkungen weitaus größer. Gleichzeitig verzichtete der DFB damit vermeintlich auf erzielbare Erlöse.

Wird der Blick jedoch auf die gesamte Verwertungskette erweitert, zeigt sich, dass die Verknappung bei den Live-Spielen zur Erlössteigerung bei der zusammenfassenden Berichterstattung genutzt wurde. Die Zusammenfassung aller Spiele in einer Sendung führt bei Abwesenheit von Live-Übertragungen dazu, dass ein Großteil der Fußballinteressierten zu einer bestimmten Sendezeit vor den Fernsehgeräten versammelt wird und entsprechend die ausgestrahlte Werbung auf hohe Zuschauerzahlen trifft. Die Unsicherheit der Zuschauer über die Reihenfolge der Spielzusammenfassungen sorgt dafür, dass die Sendung in der Regel nicht selektiv, sondern als Gesamtsendung konsumiert wird. Somit wird auch der Zuschauer, welcher eigentlich nur an einer einzigen Spielzusammenfassung interessiert ist, zu einer längeren Konsumzeit der entsprechenden Sendung gezwungen. Die Konsequenzen für die Rechtepreise und damit für die DFB-Erlöse sind evident: Die Preise steigen über das Niveau bei Wettbewerb (Einzelvermarktung).

4.4.2 Ausstrahlung im Free-TV oder im Pay-TV?

Um die Art der Fernsehpräsentation präziser als in der bisher vorgenommenen grundlegenden Analyse bestimmen zu können, soll nun der Frage nachgegangen werden, ob Live-Fußball bei Einzelvermarktung eher im Free- oder im Pay-TV ausgestrahlt wird.[271]

Ausgangspunkt der Überlegungen ist die Tatsache, dass die Vermarktungsrechte beim Veranstalter des Fußballspiels liegen. Veranstalter ist aus juristi-

---

[271] Die Analyse orientiert sich dabei an KRUSE (2000), S.6ff. Vgl. außerdem HAFNER/NEUNZIG (1999), S.151ff.

scher Perspektive der ausrichtende Verein[272], welcher folglich über den Ort der medialen Präsentation entscheidet. Da der Verein versuchen wird, seine Erlöse zu maximieren (die Grenzkosten der Fernsehübertragung sind nahe oder gleich null), werden die Vereine ihre Spiele dahin verkaufen, wo die höchsten Erlöse erzielbar sind. Die Zusammenhänge lassen sich mit Hilfe von Abbildung 8 plausibilisieren.[273]

Bei einem erzielbaren Werbepreis von p_{WF} erzielt der Verein Erlöse im Umfang von $0p_{WF}DE$[274], weil die Fernsehzuschauer zum Preis von 0 die gesamte Marktnachfrage wirksam werden lassen. Beim Pay-TV konsumieren hingegen lediglich die Zuschauer, die eine mindestens so hohe Zahlungsbereitschaft haben, wie der verlangte Preis ist.[275] Bei einem Preis von p_P wäre der erzielbare Erlös $0p_PCF$. Welche der beiden Flächen größer ausfällt, lässt sich nicht generell beantworten. Es gilt jedoch noch zwei Besonderheiten zu beachten: So lange Pay-TV in einem (regionalen) Markt noch nicht etabliert ist, hat der Pay-TV-Sender einen strategischen Anreiz, einen Aufpreis zu zahlen, der in Abbildung 8 durch die Fläche p_PABC beschrieben wird. Zudem ist zu berücksichtigen, dass gemäß den Ausführungen in Abschnitt 4.2 nicht ausschließlich die Fernseherlöse, sondern auch die Sponsoring- und Merchandisingerlöse entscheidungsrelevant sind. Im Ergebnis haben Fernsehübertragungen für die Vereine einen zusätzlichen Wert (TV-Coverage).[276] Beträgt dieser pro Zuschauer 0G, so ergeben sich beim Pay-TV Zusatzerlöse im Umfang 0FHG und beim Free-TV im Umfang von 0EIG.

---

[272] Vgl. dazu Kapitel 2.

[273] In Anlehnung an KRUSE (2000), S.7.

[274] Voraussetzung ist, dass die Werbeerlöse der Fernsehanstalten vollständig an die positionalen Faktoren (hier: ausrichtende Vereine) weitergegeben werden. Vgl. dazu KRUSE (2000) und Abschnitt 4.4.1.4.

[275] Es soll hier zunächst davon ausgegangen werden, dass die Spiele im Pay-TV vom Konsumenten ohne zusätzliche Gebühren separat gebucht werden können.

[276] Welchen Stellenwert die mediale Präsenz (TV-Coverage), und damit die Fläche 0EIG tatsächlich hat, zeigt sich im Fall der Formel 1: Auf die drohende Verschiebung der Übertragung vom Free-TV ins Pay-TV reagierten die an der Formel 1 beteiligten Autokonzerne mit der Drohung, aus der Formel 1 auszusteigen und eine eigene Rennserie zu gründen. So wird der Mercedes-Chef Hubbert mit Blick auf die Wichtigkeit des Millionenpublikums für die Refinanzierung der Investitionen wie folgt zitiert: „Wenn die Formel 1 ins Bezahlfernsehen abwandert, ist das Geld zum Fenster rausgeworfen.“ Vgl. dazu NOTZ (2001), S.3.

Abbildung 8

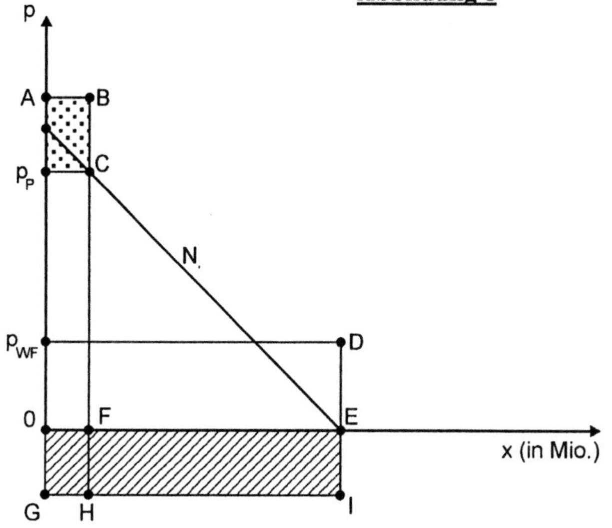

Der relevante Flächenvergleich ist nun also GABH (Pay-TV) vs. p_{WF}DIG (Free-TV). Es lassen sich immer noch keine generellen Aussagen über die Vorteilhaftigkeit der beiden Fernsehformen machen, sie hängt von verschiedenen Faktoren, wie z.B. Lage und Neigung der Nachfragekurven, ab. Tendenzaussagen werden aber in Abschnitt 4.4.4 abgeleitet.

4.4.3 Internet- bzw. Web-TV

Neben dem klassischen Fernsehen wird künftig das sogenannten Web-TV an Bedeutung zunehmen. Mit vergleichsweise bescheidenen finanziellen und technischen Mitteln wird es den Vereinen mittelfristig möglich sein, ihre Heimspiele auf der eigenen Website zu übertragen.

Doch der DFB hat sich auch die Übertragungsrechte für das Internet im Lizenzspielerstatut satzungsmäßig angeeignet. So heißt es in §3, Satz 3:

„Das Recht, über Fernseh- und Rundfunkübertragungen von Bundesspielen und internationalen Wettbewerbsspielen mit Lizenzligamannschaften Verträge zu schließen, besitzt der DFB. Entsprechendes gilt auch für die Rechte bezüglich aller anderen Bild- und Tonträger, künftiger technischer Einrichtungen jeder Art und in jeder Programm- und Verwertungsform sowie möglicher Vertragspartner."

Das Internet ist hierbei unter den „künftigen technischen Einrichtungen“ erfasst. Die vorstehende ökonomische Analyse kann problemlos auf das Web-TV übertragen werden, da sich die Finanzierungsformen bei klassischem und Internet-Fernsehen entsprechen: Auch im Internet kann die Finanzierung über Sponsoring, Werbung (Bannerwerbung) oder über Pay-per-view erfolgen. Bei letzter Variante könnte das Spiel in einem geschlossenen Bereich auf der Website des Vereines ausgestrahlt werden.

Gleichwohl entfiele beim Web-TV das Problem der programmlichen Opportunitätskosten, da eine Ausstrahlung auf der Website keine Programmrivalität verursacht. Dies bedeutet, dass insbesondere die kleineren und vermeintlich unattraktiveren Vereine, welche für die kommerziellen Fernsehsender wenig interessant sind, die Möglichkeit hätten, sich medial zu präsentieren. Während bei zentraler Vermarktung die Handlungsautonomie der Vereine eingeschränkt bzw. nicht existent ist, würden bei der Einzelvermarktung die kleineren Vereine vielversprechende neue Wege gehen können. Gemäß vorstehender Analyse ist zu erwarten, dass der DFB keine Konkurrenz im Internet zulassen wird, um die Erlöse aus der Vermarktung im klassischen Fernsehen nicht erodieren zu lassen.

4.4.4 Implikationen für die Fußball-Präsentation in Deutschland

Nach den Vorüberlegungen kann nun der Tendenz nach bestimmt werden, wie das Angebot von Live-Fußball im Fernsehen bei Einzelvermarktung aussehen würde. Entscheidend ist der Umstand, dass Pay-TV in Deutschland derzeit lediglich vom Sender Premiere angeboten wird und Live-Fußball im Bezahl-Fernsehen nur von deren Abonnenten konsumiert werden kann. Momentan stagniert die Zahl der Premiere-Abonnenten bei 2,2 Millionen, so dass kurzfristig nur ein Bruchteil der Interessierten Fußball im Pay-TV konsumieren kann. Die Verlagerung des Live-Fußballs ins Pay-TV stellt daher eine de facto-Verknappung dar!

Aus Sicht der meisten Vereine ist folglich der Verkauf ihrer Übertragungsrechte an Free-TV-Sender rational, weil sie hier eine höhere Reichweite realisieren. Unter Berücksichtigung des strategischen Interesses der Pay-TV-Sender (nämlich seinen Sender durchzusetzen) muss vorstehende Aussage jedoch differenziert werden. Wenn zeitgleich im Pay-TV und im Free-TV Live-Fußball ausgestrahlt wird, hat der Pay-TV-Sender eine hohe Zahlungsbereitschaft dafür, massenattraktive Spiele exklusiv unter Vertrag zu nehmen. Dies sind in aller Regel die Spiele mit Beteiligung von Spitzenmannschaften. Während hier der zu zahlende strategische Preisaufschlag vergleichsweise hoch ist, sind Spitzenvereine weniger auf eine hohe TV-Coverage angewiesen als kleinere Vereine, weil sie bereits einen Markennamen haben, über eine große Fangemeinde (und damit hohe Merchandising-Erlöse erzielen können) und auch sonst über eine hohe mediale Präsenz verfügen. Zusammengefasst ist zu erwarten, dass Top-Spiele im Pay-TV übertragen werden, während die restlichen Spiele (überwiegend) im Free-TV stattfinden.

Ob unter dem Regime der Einzelvermarktung sämtliche Spiele live im klassischen Fernsehen ausgestrahlt werden, kann nicht abschließend beurteilt werden. Es ist jedoch wahrscheinlich, dass diejenigen Spiele, deren Übertragungsrechte nicht von Fernsehsendern aufgekauft werden, mittelfristig zumindest im Internet übertragen werden würden.

Sehr wahrscheinlich ist aber, dass die Gesamtwohlfahrt bei einer Systemumstellung steigen würde, weil eine Tendenz vom Pay-TV zum Free-TV zu verzeichnen wäre und damit der momentanen de facto-Verknappung begegnet würde.

4.5 Zusammenfassung

Die Analyse hat gezeigt, dass die Einzelvermarktung der Fußball-Bundesliga durch die jeweiligen Vereine wohlfahrtsoptimal wäre. Die jahrelange Vermarktungspraxis des DFB, Live-Übertragungen im Fernsehen zu verhindern, ging zu Lasten der Konsumenten. Doch auch die seit Beginn der Saison 2000/2001 praktizierte Live-Ausstrahlung sämtlicher Spiele beim Pay-TV-Sender Premiere ist eine de facto-Verknappung.

Gleichzeitig verstand und versteht es der DFB, seine Erlöse durch die praktizierte Mengenverknappung bei Live-Spielen zusätzlich zu erhöhen, weil die so vom Live-Fußball ausgeschlossenen fußballinteressierten Konsumenten zu den zusammenfassenden Sendungen vor dem Bildschirm versammelt werden. Die Möglichkeiten der Werbung in mehreren Blöcken während dieser Sendungen ist höher, als es bei einer werbefinanzierten Live-Ausstrahlung der Fall ist. Bei letzterer steht nämlich nur wenig Werbeplatz in der Halbzeit sowie unmittelbar vor und nach dem Spiel zur Verfügung.

Zur Beseitigung der Ineffizienzen müsste den Vereinen das Recht auf die mediale Vermarktung ihrer Spiele uneingeschränkt übertragen werden. Die Vermarktung durch die ausgegliederte Liga GmbH wird aller Voraussicht nach keine Änderung der Vermarktungsstrategie bringen, da dem Vernehmen nach deren Absicht eher eine noch stärkere Gemeinschaftsvermarktung der Liga ist.

4.6 Auswirkungen auf die verschiedenen sportlichen Wettbewerbe

Die Form der Fernsehvermarktung hat bei nutzenmaximierendem Verhalten der Vereine langfristig Einfluss auf die Existenz, kurzfristig auf die Wertigkeit der unterschiedlichen sportlichen Wettbewerbe. Zunächst ist anzunehmen, dass sich diejenigen Wettbewerbe durchsetzen, welche in der Gunst der Fans ganz oben stehen. Langfristig sollten sich somit die Wettbewerbe etablieren, welche von den Konsumenten präferiert werden. Letztlich wird sich dieser Sachverhalt in den erzielten Erlösen niederschlagen, weil die Zahlungsbereitschaften der Konsumenten für solche Fußballereignisse besonders hoch sind, welche sie am meisten interessieren. Für die Vereine sind wiederum diejenigen Wettbewerbe am interessantesten, welche die höchsten Erlöse erwarten lassen.[277] Unter Konkurrenzbedingungen wird das langfristige Angebot der sportlichen Wettbewerbe von den Konsumenten gelenkt. Wettbewerbe, welche auf keine hinreichende Nachfrage stoßen, werden automatisch durch solche ersetzt, die von den Fans präferiert werden.

Unter dem Regime der Zentralvermarktung ist dieser Automatismus außer Kraft gesetzt. Durch die Preis- und Mengenpolitik des vermarktenden Verbandes verlieren die Preise und Erlöse zum Teil ihre Informationsfunktion. Die Vereine konzentrieren sich auf die erlösstärksten Wettbewerbe, welche nicht zwangsläufig mit den von den Fußballkonsumenten präferierten Wettbewerben übereinstimmen müssen, konzentrieren.

Der geschilderte Sachverhalt lässt sich anhand verschiedener Beispiele aus den Spielzeiten 1999/2000 und 2000/2001 gut nachvollziehen: Zahlreiche in der Bundesliga und in den europäischen Wettbewerben erfolgreich gestartete Mannschaften schieden frühzeitig und teilweise mit lustlos wirkenden Vorstellungen und mit Ersatzspielern gespickten Teams gegen unterklassige Mannschaften aus dem DFB-Pokal aus.[278] Wie die Geschichte des DFB-Pokals zeigt,

---

[277] An dieser Stelle könnte der Eindruck der Widersprüchlichkeit entstehen, weil in Abschnitt 3.6 Prestige- statt Gewinnmaximierung für Fußballvereine unterstellt wurde. Doch auch wenn sich die Vereine tatsächlich prestigemaximierend verhalten, werden sie sich in finanziell lukrativen Wettbewerben vergleichsweise stark anstrengen, weil durch die erzielten finanziellen Mittel die Mannschaft verstärkt werden kann, um mit dieser später sportliche Erfolge zu erzielen.

[278] Vgl. z.B. KICKER Nr.83 vom 14.10.1999, S.10 und S.11.

können vermeintlich sensationelle Ergebnisse jederzeit vorkommen, auch wenn sich der Favorit bis an die Leistungsgrenze verausgabt.

Vor dem Hintergrund der Erlöspotentiale aus den verschiedenen Wettbewerben liegt allerdings die Vermutung nahe, dass sich die Vereine ökonomisch rational verhalten und die DFB-Pokalspiele freiwillig verloren gegeben haben. In der Saison 1999/2000 erhielt jeder Teilnehmer der Champions-League 1,8 Millionen DM Startgeld, für jedes Gruppenspiel gab es 0,6 Millionen DM Antrittsgeld und der Sieger eines jeden Spieles erhielt eine Prämie in Höhe von ebenfalls 0,6 Millionen DM. Für die Teilnahme am Viertelfinale gab es 4,8 Millionen DM, für das Halbfinale 6,0 Millionen DM und für das Finale 9,6 Millionen DM zuzüglich 2,4 Millionen DM für den Gewinner der Champions-League.[279] Im Vergleich dazu verdiente nach inoffiziellen Meldungen der DFB-Pokalsieger von 1999, Werder Bremen, in diesem Wettbewerb 2,6 Millionen DM, davon 2,1 Millionen allein im Finale.

Die Schlussfolgerung, das deutlich größere Erlöspotential in der Champions-League bringe das entsprechend höhere Ansehen bei den Fans zum Ausdruck und ein (mutwilliges) Scheitern der Vereine im DFB-Pokal laufe dementsprechend nicht gegen die Interessen der Konsumenten, ist verfehlt. Dies zeigt sich empirisch bei den Sympathiewerten der Fans[280], sie haben offenkundig große Freude am nationalen Pokalwettbewerb mit K.O.-System und David-Goliath-Duellen. Der scheinbare Widerspruch, dass das Interesse am DFB-Pokal sehr groß ist, gleichzeitig aber nur geringe Erlöse erzielt werden, lässt sich mit Blick auf die unterschiedlichen Vermarktungsstrategien leicht auflösen: Die Fernsehpräsenz der Champions-League ist deutlich höher als die des DFB-Pokals. So werden in Deutschland sämtliche Champions-League-Begegnungen mit deutscher Beteiligung entweder live oder zeitversetzt in voller Länge übertragen. Vom DFB-Pokal wird bis zum Halbfinale dagegen pro Runde nur ein Spiel live gesendet, obwohl vermutlich Nachfrage für weitere Live-Spiele des DFB-Pokals vorhanden ist. Alle anderen Spiele werden allenfalls als Zusammenfassung im Fernsehen ausgestrahlt.

Die Entscheidung darüber, welche Wettbewerbe finanziell sowie sportlich von den Vereinen ernstgenommen werden und sich damit langfristig gegenüber anderen Wettbewerben durchsetzen, wird unter dem Regime der Zentralvermarktung dem Markt und somit den Fans entzogen und stattdessen von

[279] Zu diesen Zahlen vgl. FRANZKE (1999a), S.15.

[280] Vgl. UFA SPORTS GmbH (1998), S.78f. und Abschnitt 3.5.3.4.

Verbandsfunktionären getroffen. Es besteht die Gefahr, dass Ansehen und Akzeptanz des Profifußballs schwinden.[281] Mehr Wettbewerb durch Einzelvermarktung wäre geeignet, die Problematik zu reduzieren.

4.7 Wettbewerbsintensität auf dem Medienmarkt

Eine einzelwirtschaftliche Analyse kann damit zufrieden sein, die unmittelbaren Wirkungen institutioneller Regelungen für Anbieter und Nachfrager eines bestimmten Gutes zu bestimmen. Eine gesamtwirtschaftliche Analyse muss im Sinne einer Totalanalyse auch die Wirkungen auf vermeintlich unbeteiligten Märkten berücksichtigen. So ist hinsichtlich der Form der Fernsehvermarktung die Frage zu klären, ob neben den bislang gezeigten Wirkungen weitere, nicht unmittelbar beteiligte Märkte oder Wirtschaftssubjekte tangiert werden.

Sowohl in der juristischen als auch in der wirtschaftswissenschaftlichen Literatur herrscht große Einigkeit darüber, dass die Zentralvermarktung des DFB die Medienkonzentration fördert.[282]

„Die eigentliche wettbewerbspolitische Problematik der Zentralvermarktung liegt jedoch bei den Fernsehanbietern. DFB und UEFA verkaufen die Senderechte zum Zweck der Einnahmemaximierung nur als Paket. So können nur die großen Medienkonzerne bei der Vergabe der Fernsehrechte erfolgreich mitbieten, während kleinere Sender, die bei einer dezentralen Vermarktung durchaus Chancen für die Übertragung des einen oder anderen Spiels hätten, völlig leer ausgehen. Jüngstes Beispiel ist der Erwerb der gesamten Übertragungsrechte für die Champions-League durch Rupert Murdoch."[283]

Dem DFB standen zuletzt als ernsthafte Verhandlungspartner nur die öffentlich-rechtlichen Fernsehanstalten sowie die beiden privaten Senderfamilien von Bertelsmann und Kirch gegenüber.[284] Bei der Vergabe der Fernsehrechte im Paket, wird sich die Marktkonstellation vermutlich kaum ändern. Der implizite

---

[281] Dem derzeitigen öffentlichen Stimmungsbild nach zu urteilen, ist die aktuell praktizierte Fernsehpräsentation mit all ihren Auswirkungen auf die sportlichen Leistungen im Urteil der Fans suboptimal.

[282] Vgl. etwa die Stellungnahmen zahlreicher Professoren in Wirtschaftsausschuß (1998), KLODT (1999), S.1, MONOPOLKOMMISSION (1998b), S.62, oder BUNDESKARTELLAMT (1998), S.3. Gleichwohl existiert keine mir bekannte Literatur, die sich detailliert mit der Auswirkung der Zentralvermarktung auf den Konzentrationsgrad des Medienmarktes befasst.

[283] KLODT (1999), S.1.

[284] Vgl. auch WOLF (2000), S.6f.

Ausschluss kleinerer Fernsehanstalten vom Erwerb der Fußballübertragungsrechte hat zwei Folgen: Zum einen wird es den bereits existierenden kleineren Marktteilnehmern nicht ermöglicht, für das eigene Programmangebot wichtige Inputfaktoren zu kaufen.[285] Zum anderen wird potentiellen Anbietern auf dem Fernsehmarkt der Marktzutritt erschwert oder gar unmöglich gemacht.[286]

Der für die Fernsehzuschauer hohe Stellenwert von Fußballübertragungen und der damit verbundene strategische Wert für die Programmanbieter wurde in der Vergangenheit mehrfach dazu genutzt, neue Formen des Fernsehens am Markt durchzusetzen.[287] Z.B. wurden die Fußballübertragungsrechte von den Sendern RTL bzw. SAT.1 erworben, um werbefinanziertes Privatfernsehen in Deutschland einzuführen und zu etablieren. Der Pay-TV-Sender Premiere kaufte später die Übertragungsrechte für Live-Spiele, um seine Marktposition zu festigen. Vor der Saison 1999/2000 erwarb der Sender tm3, welcher mehrheitlich zur Unternehmensgruppe von Rupert Murdoch gehörte, die Fernsehrechte an der Champions-League, um tm3 als Standbein auf dem deutschen Fernsehmarkt zu etablieren.[288]

Es ist zu resümieren, dass die aus der Zentralvermarktung resultierenden hohen (Paket-) Preise für Fußballübertragungsrechte Wettbewerb auf dem Medienmarkt behindern.[289] Die Konzentration des Medienmarktes ist aber nicht nur auf die mikroökonomischen Ineffizienzen zu reduzieren, das Fernsehen hat darüber hinaus auch eine verfassungs- und gesellschaftspolitische Bedeutung.[290] Somit

---

[285] KRUSE (1999), S.15ff., spricht im Zusammenhang mit TV-Rechten für Top-Fußballspiele von „positionalen Faktoren", deren Angebot vollständig inelastisch ist.

[286] Das BUNDESKARTELLAMT (1998), S.3, formuliert diesen Sachverhalt folgendermaßen: „Marktmacht bei Fußballrechten, dem Schlüsselfaktor beim 'Kampf um Einschaltquoten', schafft Marktmacht im TV-Bereich, weil kleine TV-Veranstalter ohne Zugang zu attraktiven Fußballrechten nicht lebensfähig sind."

[287] Vgl. PARLASCA (1999), S.85.

[288] Michael Dornemann, damaliges Mitglied des Bertelsmann-Vorstandes, antwortete auf den Vorwurf, er habe gesagt, die von Rupert Murdoch gezahlten 850 Millionen DM für die Champions-League seien zuviel: „Ich habe nicht gesagt das sei zuviel; ich habe nur gesagt, das sei zuviel für RTL. Für ein Wirtschaftsunternehmen wie RTL muß ich das sagen können, weil wir es nicht refinanzieren können. Murdoch – das ist kein Geheimnis – kann das auch nicht refinanzieren. Ich unterstelle, dass Murdoch andere Gründe hat, zum Beispiel den, den Sender tm3 durchzusetzen. Wir müssen RTL nicht mehr durchsetzen." DORNEMANN (1999), S.275.

[289] Vgl. auch MÖSCHEL (1998), S.194f.

[290] Vgl. WOLF (2000), S.6.

greift die reduzierte Sicht auf die sportökonomischen oder marketingstrategischen Aspekte der Zentralvermarktung zu kurz.

4.8 Erste ausländische Erfahrungen

Die durch eine Umstellung von Zentral- auf Einzelvermarktung induzierten Preis- und Mengenwirkungen können am Beispiel des amerikanischen Collegesports nachvollzogen werden.[291] Im Jahre 1984 wurde die Zentralvermarktung des Collegefootballs durch die National Collegiate Athletic Association (NCAA) vom Supreme Court als gesetzwidrige wettbewerbswidrige Verhaltensabstimmung eingestuft und fortan untersagt. Seither wird die Einzelvermarktung praktiziert, die Marktergebnisse entsprechen den theoretischen Erwartungen. Die Zahl der Live-Spiele im Fernsehen stieg von drei auf zehn pro Woche, wobei die Spitzenspiele national im Free-TV, weniger interessante Spiele häufig im regionalen Free-TV ausgestrahlt werden. Nach dem Wegfall der Zentralvermarktung kam es zu einer deutlichen Mengenausweitung, vorher wurde das Angebot von der NCAA de facto verknappt.

Gleichzeitig fielen die Rechtepreise drastisch, wobei es zu einer Differenzierung der Preise je nach Attraktivität der Spiele kam. Auch dieses Ergebnis entspricht der theoretischen Erwartung. Bleibt die Frage, ob der Sport und die Publikumswirksamkeit unter der Einzelvermarktung gelitten haben. Dazu bemerkt ROSS:

> „College-Football ist populär und profitabel geblieben. Die Stadien sind gut besucht, und mit den Football-Erlösen werden an jeder Universität andere Sportarten unterstützt."[292]

Erste empirische Ergebnisse bestätigen somit die theoretisch abgeleiteten Preis- und Mengenwirkungen.[293] Ebenso werden Befürchtungen, der Sport könnte am Systemwechsel Schaden nehmen, relativiert. Die theoretische Analyse hierfür

---

[291] Zum Folgenden vgl. PARLASCA (1999), S.96, ROSS (1998), S.19 und MÖSCHEL (1998), S.133f.

[292] ROSS (1998), S.19.

[293] Es böte sich an, die spanische Liga dahingehend zu untersuchen, wie sich die Einzelvermarktung auf die relevanten Größen ausgewirkt hat. Es liegen m.W. jedoch noch keine genaueren Zahlen dazu vor. Sicher ist nur, dass die kumulierten Erlöse der spanischen Liga aus der Fernsehvermarktung höher sind als in Deutschland und die Finanzkraftschere stärker auseinanderliegt, die sportliche Ausgeglichenheit jedoch kaum darunter zu leiden hatte. Vgl. dazu auch Abschnitt 7.4.4.6.

erfolgt in den folgenden Abschnitten. Gleichwohl reichen diese Beobachtungen bei weitem noch nicht aus, die Wirkungen als empirisch gesichert einzuordnen.

Teil C: Sportökonomische Wirkungen unterschiedlicher Vermarktungsformen

5. Szenarien zu unterschiedlichen Formen der Fernsehvermarktung

Nachfolgend werden verschiedene Szenarien zu den unterschiedlichen Formen der Fernsehvermarktung vorgestellt. Dabei wird zunächst auf die vielfach öffentlich vermuteten Wirkungen einer Umstellung von Zentral- auf Einzelvermarktung eingegangen, bevor die wirtschaftstheoretische Fundierung der Szenarien vorgenommen wird.

5.1 Rehhagel-Hypothese und Herberger-Hypothese

Es wird befürchtet, dass durch eine dezentrale Vermarktung sportliche Vormachtstellungen zementiert oder sogar verstärkt werden. Langfristig könnte die Liga aufgrund fehlender Spannungsmomente zerbrechen und die sportlich dominierenden Vereine müssten sich gegebenenfalls mit den Spitzenmannschaften anderer Nationen in einer Europaliga oder sogar Weltliga messen.[294] Als prominenter Vertreter eines solchen Szenarios hat der Bundesligatrainer Otto Rehhagel Eingang in die wirtschaftswissenschaftliche Literatur gefunden. KLODT bezeichnete die Konzentrationsthese nach Otto Rehhagel als *„Rehhagel-Hypothese"*.[295] Unter der „Rehhagel-Hypothese" wird nachfolgend somit eine Situation verstanden, in welcher der sportliche Erfolg ganz überwiegend von den finanziellen Möglichkeiten des Vereines abhängt. Andere Determinanten des sportlichen Erfolges existieren demnach nicht oder sind bedeutungslos.

Als Gegenstück zur „Rehhagel-Hypothese" formuliert KLODT die *„Herberger-Hypothese"*.[296] Nach Sepp Herberger ist „der Ball rund", womit zum Ausdruck gebracht werden soll, dass der Spielausgang von zahlreichen Unwägbarkeiten abhängt und eine finanziell potentere Mannschaft mit den vermeintlich besseren Einzelspielern durchaus gegen eine finanziell und sportlich schwächere Mann-

---

[294] Für eine solche Sicht vgl. WEIMANN (1997a), S.14 oder derselbe (1997b), S.586ff. Ähnlich äußern sich SCHELLHAAß/ENDERLE (1998b), S.297ff.

[295] Vgl. KLODT (1998), S.108f.

[296] Vgl. daselbst.

schaft verlieren kann. Die „Herberger-Hypothese“ basiert auf der Annahme, dass der sportliche Erfolg von mehreren Determinanten abhängt.
Zunächst sollen die Rehhagel- und die Herberger-Hypothese mit den Begrifflichkeiten und Erklärungsmustern der Wirtschaftstheorie versehen werden.

5.2 Rehhagel- und Herberger-Hypothese aus ökonomischer Perspektive

Die Rehhagel-Hypothese basiert auf der Annahme, dass unter den Produktionsbedingungen der Fußball-Bundesliga eine dezentrale Vermarktung der Fußball-Übertragungen zu dauerhaft (über den gesamten Nachfragebereich) sinkenden Durchschnittskosten führt.

Sinkende Durchschnittskosten sind entweder auf steigende Skalenerträge und/oder hohe Fixkosten (aufgrund von Unteilbarkeiten des Kapitaleinsatzes) zurückzuführen.[297] Steigende Skalenerträge führen bei konstanten Faktorkosten dazu, dass die gesamten Kosten unterproportional zur Produktionsausbringung steigen. Infolgedessen sinken sowohl die Grenz- als auch die totalen Durchschnittskosten dauerhaft. Hohe – im Vergleich zu den variablen Kosten – Fixkosten können dazu führen, dass die totalen Durchschnittskosten über den gesamten Nachfragebereich sinken. Dieser Fall tritt dann ein, wenn die Abnahme der Fixkosten je erstellter Produkteinheit größer ist, als der Kostenanstieg aufgrund der Grenzkosten. Treten bei der Produktion eines Gutes keine oder nur niedrige Grenzkosten auf, genügen demnach bereits Fixkosten in geringer Höhe, um in weiten Teilen der Produktion sinkende Durchschnittskosten zu erzeugen.

Die Konsequenz dauerhaft sinkender Durchschnittskosten ist eine optimale Marktversorgung durch nur einen Anbieter, der das „natürliche Monopol“ beschickt. „Natürlich“ ist dieses Monopol deshalb, weil nicht Marktmacht, politischer Schutz o.ä. das Bestehen des Monopols bewirken, sondern die Produktionsbedingungen auf einem unregulierten, freien Markt. Sinken die Durchschnittskosten dauerhaft, ist es dem zukünftigen Monopolisten möglich, durch Ausweitung der Produktion seine Kostensituation zu verbessern und damit die Konkurrenz preislich zu unterbieten. Schließlich können u.U. alle Konkurrenten aus dem Markt gedrängt werden und der Monopolist kann die gesamte Nachfrage auf sich ziehen. Entscheidend ist, dass die Durchschnittskosten über den gesamten Nachfragebereich sinken! Erst wenn innerhalb des

---

[297] Vgl. zur Theorie des natürlichen Monopols PFÄHLER (1984), S.470ff. Zum Verhältnis von langfristigen und kurzfristigen Grenz- und Durchschnittskosten vgl. auch KAUFER (1980), S.375ff.

Nachfragebereiches der aufsteigende Ast der U-förmigen Kostenkurven beginnt, ist die Möglichkeit für einen Markt mit mehreren Anbietern gegeben.

Wenn bis zur Sättigungsmenge die langfristigen Durchschnittskosten sinken, ist es jedem Anbieter möglich, Konkurrenten durch Angebotsausweitung preislich zu unterbieten und damit Nachfrager von der Konkurrenz auf sich zu ziehen. Dadurch wird der Konkurrent gezwungen, unter höheren Kosten zu produzieren und teuer anzubieten. Der Verdrängungsprozess wird mithin noch beschleunigt, und nur ein Anbieter verbleibt in dem Markt. Ausgehend von einer Situation mit mehreren Anbietern, die zu gleichen Kosten und damit zu gleichen Preisen anbieten, wird sich derjenige Anbieter durchsetzen, der vom „first-mover-advantage" Gebrauch macht.[298] Sind aber alle Konkurrenten aus dem Markt gedrängt, kann sich der verbleibende Anbieter monopolistisch verhalten und nach der Grenzkosten=Grenzerlös-Regel seine gewinnmaximale Preis-Mengen-Kombination bestimmen.[299] Resultat der Monopolbildung wären mithin höhere Preise und eine geringere Ausbringungsmenge als bei der Konkurrenzsituation.[300]

Die Anhänger der Rehhagel-Hypothese im wirtschaftswissenschaftlichen Bereich gehen davon aus, dass die geschilderten produktions- und kostentheoretischen Konstellationen für die Fußball-Bundesliga zutreffen und es folglich zu einem natürlichen Monopol innerhalb der Liga käme, bei dem immer der finanzstärkste Verein Meister würde.[301] Diese Aussage birgt allerdings einen in-

---

[298] Der Ausdruck „first mover advantage" stammt aus der Spieltheorie. Dazu RASMUSEN (1994), S.26: „In many games, but not all, the player who moves first ... has a first mover advantage."

[299] An dieser Stelle wird die übliche Verhaltensannahme der Gewinnmaximierung für Unternehmen unterstellt.

[300] Die speziellen Probleme (z.B. mögliche Unterschiede in der Kostenfunktion von Monopolisten und Polypolisten), die mit dem einfachen Monopollösungsansatz verbunden sind, sollen nicht näher erörtert werden, da sie mit Blick auf die hier untersuchte Problematik keine besondere Bedeutung haben. Vgl. für die Diskussion der „contestable markets" und die damit einhergehende Kritik an der „Überlebensfähigkeit" (natürlicher) Monopole DEMSETZ (1968), S.55ff.

[301] Vgl. WEIMANN (1997b), S.586ff. WEIMANN entwickelt ein detailliertes Modell mit jedoch sehr restriktiven Annahmen. Die Arbeit hat in der wissenschaftlichen Literatur schnell Berücksichtigung gefunden. So werden die Implikationen der Theorie Weimanns (nämlich der Zerfall der Liga) teilweise als zutreffend übernommen (vgl. SCHELLHAAß/ENDERLE (1998a), S.294ff.), teilweise wird zumindest der theoretische Teil über die Produktionsbedingungen der Fußball-Bundesliga akzeptiert (vgl. BECK/PRINZ (1998), S.224ff.).

neren Widerspruch, weil bei einem natürlichen Monopol offenkundig keine konkurrierenden Anbieter existieren, die Ermittlung des Meisters hingegen eben deren Existenz erfordert. WEIMANN löst für sich diesen Widerspruch, indem am Ende des Monopolisierungsprozesses der verbliebene Monopolist auf einen größeren regionalen Markt ausweichen muss und beispielsweise nationale durch kontinentale Meisterschaften abgelöst werden. Am Ende der Entwicklung steht nach Auffassung WEIMANNS das Ergebnis, dass es einen weltbesten Verein gibt, welcher über keine Konkurrenz (Gegner) mehr verfügt.[302]

Dass es überhaupt zu einer solchen Entwicklung kommt, begründet WEIMANN wie folgt:[303] Für die anbietenden Vereine gibt es hohe Fixkosten (Stadion, Spielerkader) und vernachlässigbare Grenzkosten, somit sinken mit zunehmender Marktabdeckung die Durchschnittskosten. Da sich – nach Auffassung WEIMANNS – die angebotenen Fußballspiele im Urteil der Fußballzuschauer lediglich hinsichtlich der Spielqualität unterscheiden (Präferenzen für einen bestimmten Verein existieren offenbar nicht), konzentriert sich die Nachfrage auf die Spiele der spielstärksten Mannschaft. Bei Abwesenheit des Fernsehens kann damit die spielstärkste Mannschaft (je nach Stadiongröße) die gesamte regionale Nachfrage absorbieren. Kommt das Fernsehen hinzu, kann schließlich die „weltbeste" Mannschaft auch die überregionale Nachfrage und die Weltnachfrage absorbieren.

Während die Rehhagel-Hypothese die Finanzkraft eines Vereines zum alleinigen Erklärungsfaktor für sportlichen Erfolg macht, ist die ökonomische Ratio der Herberger-Hypothese, dass möglicherweise (temporär) auftretende Monopole angreifbar sind: Mehrere Determinanten entscheiden über sportlichen und wirtschaftlichen Erfolg.

Dabei wird die Bedeutung der Finanzkraft als eine Erfolgsdeterminante anerkannt. Gleichwohl werden die Absatzbedingungen und damit die Erlöspotentiale differenzierter betrachtet. Auf Grund mannigfaltiger Präferenzen auf der Konsumentenseite haben alle Vereine die Möglichkeit, Nachfrage zu attrahieren. Diese beginnen bei eher exogenen Faktoren wie der regionalen Verbundenheit und führen bis hin zu direkt steuerbaren Elementen wie dem Vereinsimage.

---

302 Vgl. WEIMANN (1997b), S.591.

303 Vgl. ebenda, S.586ff.

Zusätzlich existieren neben der Finanzkraft weitere Determinanten des sportlichen Erfolges, wodurch die Rolle der formalen Qualität bzw. Spielstärke einer Mannschaft an Bedeutung verliert. Die verschiedenen Erfolgsfaktoren sollen in den nachfolgenden Abschnitten detailliert untersucht werden, um die sportökonomischen Wirkungen der Fernsehvermarktung beurteilen zu können.

6. Ergebnisse empirischer Arbeiten zu den Determinanten des sportlichen Erfolges bzw. zum Zusammenhang von Finanzkraft und sportlichem Erfolg

Bevor die Determinanten des sportlichen Erfolges detailliert untersucht werden, erfolgt die Darstellung der Ergebnisse empirischer Arbeiten, welche die Determinanten des sportlichen Erfolges bzw. den Zusammenhang von Finanzkraft und sportlichem Erfolg analysieren. Nachfolgend werden empirische Studien über die Bundesliga vorgestellt, bevor anschließend die Betrachtung auf das europäische Ausland ausgeweitet wird.

6.1 Ergebnisse für die deutsche Fußball-Bundesliga

6.1.1 Rangstabilität bei unterschiedlichen Finanzkraftdifferenzen

KLODT untersucht die Rangstabilität der Vereine als Indikator der Wettbewerbsintensität.[304] Unter Rangstabilität wird die Platzierung der Vereine im Vergleich zur Platzierung des Vorjahres verstanden. Eine hohe Rangstabilität deutet darauf hin, dass es zu einer Verfestigung der Platzierungen in den verschiedenen Tabellenregionen gekommen ist. Dementsprechend ist die sportliche Ausgeglichenheit der Liga – bezogen auf die gesamte Saison – nur gering, denn bei einer hohen Stabilität der Ränge gelänge es nur wenigen Vereinen, sich im Vergleich zur Vorsaison rangmäßig zu verbessern.[305]

Der Einfluss von Finanzkraftunterschieden zwischen den Vereinen auf die Wettbewerbsintensität kann untersucht werden, indem Perioden mit unterschiedlich großen Finanzkraftdifferenzen hinsichtlich der Rangstabilität ausgewertet werden. KLODT betrachtet den Zeitraum zwischen 1980 und 1997. Die Finanzkraftunterschiede zwischen den Vereinen haben seit 1988 aufgrund des Markteintrittes privater Fernsehsender und den damit verbunden sprunghaft

---

[304] Vgl. KLODT (1998), S.110ff.

[305] Das einzelne Spiel kann trotz hoher Rangstabilität ergebnisoffen sein.

steigenden Fernseh- und Sponsoringerlösen trotz des Finanzausgleichs durch den DFB bereits deutlich zugenommen. Daher lässt sich der Einfluss der Finanzkraft auf den sportlichen Erfolg anhand der Rangstabilitätswerte für den Zeitraum vor und den Zeitraum nach 1988 idealerweise analysieren.

Im Rahmen des empirischen Tests ermittelte KLODT für sämtliche Spielzeiten seit der Saison 1979/80 die Korrelation der Rangplätze der einzelnen Vereine zu deren entsprechenden Rangplätzen der Vorjahressaison.[306] Die Ergebnisse zeigen keine deutliche Trendumkehr seit dem Ende der Achtziger Jahre, vielmehr ist ein leichter Rückgang der Rangstabilität zu erkennen. Lediglich zwischen den Abschlusstabellen 1992/93 und 1993/94 gab es eine hohe Übereinstimmung bzw. eine hohe Rangstabilität.

Da sich die Ergebnisse der Korrelationsanalyse auf sämtliche Tabellenplätze beziehen, könnte argumentiert werden, dass die Zahlen wenig aussagekräftig sind, weil die eigentliche finanzielle Kluft zwischen der Gruppe der sechs Erstplazierten (den Europapokalteilnehmern) und dem Rest verlaufe und nur die Rangstabilität zwischen diesen beiden Gruppen für den Spannungsgrad der Liga von Bedeutung sei.[307] Um dieses Argument zu prüfen, wurden die Berechnungen der Rangstabilität für die Gruppe der Spitzenvereine und den Rest der Liga gesondert durchgeführt. Es wurde getestet, ob die sechs Erstplazierten einen geschlossenen „Klub" darstellen und ob dementsprechend die Ränge, welche zur Teilnahme an einem europäischen Wettbewerb berechtigen, bestreitbar sind. Auch bei dieser Gruppeneinteilung ist es im Zeitablauf zu keinem Anstieg der Korrelationskoeffizienten gekommen. Die Ergebnisse stimmen weitgehend mit denen für sämtliche Tabellenplätze überein.

Die Resultate von KLODT lassen sich zusammenfassend dahingehend interpretieren, dass in der Vergangenheit eine Öffnung der Finanzkraftschere keinen Einfluss auf die Rangstabilität und damit auf den Spannungsgrad der Liga hatte. Bisher war der sportliche Erfolg damit nicht (vollständig) käuflich.

---

[306] KLODT betont, dass das Ausmaß der Rangverschiebung in der Oligopolspitze einen geeigneteren Indikator für die Wettbewerbsintensität darstellt als andere geläufige Messkonzepte. Vgl. KLODT, S.110, FN 6.

[307] Vgl. ebenda, S.111.

6.1.2 Korrelation von Vereinsetat und sportlichem Erfolg

Um den Zusammenhang von Finanzkraft und sportlichem Erfolg zu testen, können die jährlichen Etats der Vereine und deren Platzierungen auf eine Positivkorrelation untersucht werden. Diesen Ansatz verfolgen GÖMMEL und CAVAR, wobei sie zunächst aus den gleichen Gründen wie KLODT den Beobachtungszeitraum in zwei Perioden unterteilen.[308] Die erste Periode umfasst den Zeitraum von 1981/82 bis 1989/90, die von vergleichsweise geringen Etats gekennzeichnet ist. Die zweite Periode umfasst den Zeitraum von 1990/91 bis 1997/98 und weist relativ hohe Etats auf. Im Gegensatz zu KLODT gehen GÖMMEL und CAVAR jedoch von der Annahme aus, dass die Vereinsfinanzen seit 1990/91 wegen der solidarischen Verteilung der Fernseherlöse nivelliert worden sind. Dementsprechend kommen die Autoren – trotz ähnlich lautender Ergebnisse, nämlich einer gestiegenen Wettbewerbsintensität – zu einer diametral entgegenstehenden Sichtweise: Da der von ihnen ermittelte stärker werdende sportliche Wettbewerb seit 1990/91 auf die solidarische Verteilung der Fernsehgelder zurückgeführt wird, ist im Ergebnis sportlicher Erfolg (zumindest zum Teil) käuflich.[309]

Diagramm 1 gibt an, wie hoch die Etats der Vereine durchschnittlich auf den achtzehn Tabellenplätzen im Zeitraum zwischen 1981/82 und 1997/98 waren. Als Ergebnis ist ein positiver Zusammenhang von Vereinsetat und Platzierung zu erkennen: Je höher der Etat, desto besser die Platzierung in der Abschlusstabelle. Dieser Zusammenhang gilt jedoch nur in der Tendenz, nicht hingegen im Sinne einer strengen Positivkorrelation. Der durchschnittliche Etat des Meisters war mit 20,6 Millionen DM etwas mehr als doppelt so hoch wie der des Vereins auf Platz achtzehn (9,0 Millionen DM). Der Durchschnittsetat aller Vereine lag in diesem Zeitraum bei 13,6 Millionen DM.

---

[308] Hierzu und zum Folgenden vgl. GÖMMEL/CAVAR (1999), S.12f.

[309] Es ist hier zu bedenken, dass die Finanzkraft/Erlöse eines Vereines nicht gleichbedeutend sind mit den Vereinsetats! Jeder Verein kann autonom festlegen, welcher Teil der Gesamterlöse in den Etat der Lizenzspielerabteilung fließt. Die Finanzkraftschere kann auseinander driften, während sich die Etats zumindest relativ annähern. Z.B. kann sich die Erkenntnis durchsetzen, dass die Etathöhen stark abnehmenden Grenzerträgen unterliegen, so dass die insgesamt erzielten Erlöse nur zu einem kleineren Teil etatwirksam werden. Uli Hoeneß, Manager des FC Bayern München, kokettiert beispielsweise gern damit, dass bei Spielerkäufen andere Vereine in die Kreditabteilung ihrer Bank gehen, während der FC Bayern bei einer solchen Gelegenheit die Festgeldabteilung aufsucht. Damit signalisiert er, dass zumindest bei Bayern München in der Vergangenheit nicht sämtliche Erlöse direkt in den Spielbetrieb geflossen, sondern Rücklagen gebildet worden sind.

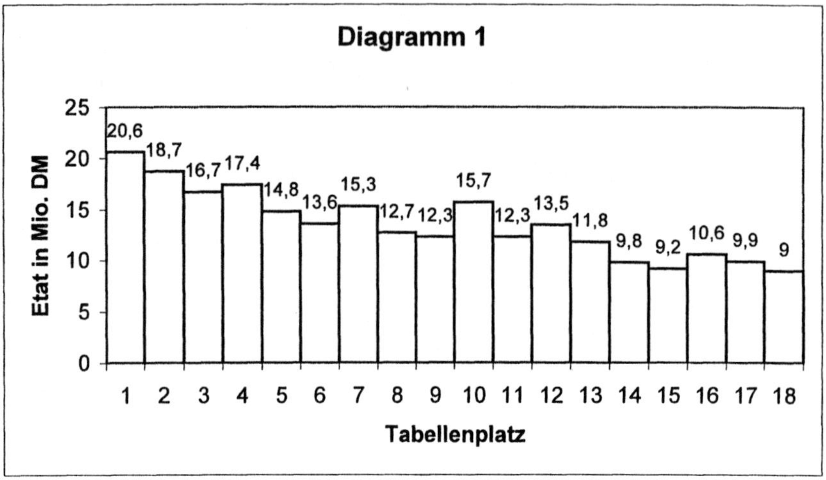

Quelle: GÖMMEL/CAVAR (1999), S.13

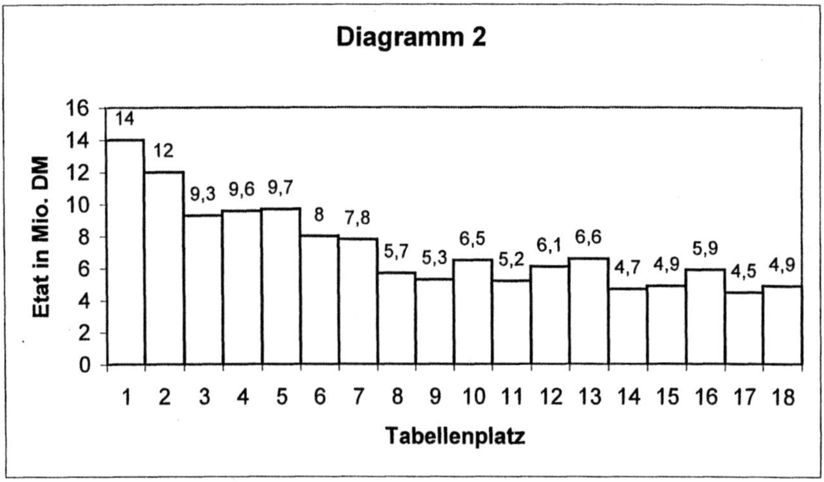

Quelle: GÖMMEL/CAVAR (1999), S.13

Diagramm 2 gibt den gleichen Sachverhalt wie Diagramm 1 an, jedoch wird lediglich die Periode zwischen 1981/82 und 1989/90 mit relativ niedrigen Etats dargestellt. Es ergibt sich wiederum ein tendenziell positiver Zusammenhang zwischen Etathöhe und Platzierung in der Abschlusstabelle. Die Meister hatten in dem Betrachtungszeitraum einen durchschnittlichen Etat von 14 Millionen DM, womit der Etat des Erstplazierten fast dreimal so hoch war wie der des Letztplatzierten (4,9 Millionen DM). Der durchschnittliche Etat aller Vereine lag bei 7,3 Millionen DM.

Diagramm 3 zeigt den oben beschriebenen Zusammenhang für den Zeitraum von 1990/91 bis 1997/98. Erneut ergibt sich ein tendenziell positiver Zusammenhang von Etathöhe und sportlichem Erfolg, jedoch nahmen die Etatunterschiede relativ ab. Der Meister hatte mit 28 Millionen DM einen durchschnittlich etwas mehr als doppelt so hohen Etat wie der Letztplatzierte mit 13,7 Millionen DM. Gleichwohl stiegen die absoluten Etatunterschiede von durchschnittlich 9,1 Millionen auf durchschnittlich 14,3 Millionen DM. Gemessen an den Etats scheint die Ausgeglichenheit der Liga zugenommen zu haben.

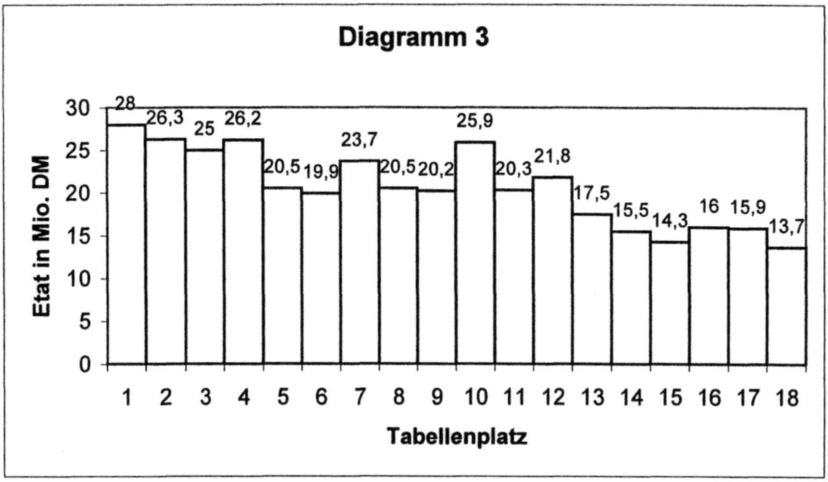

Quelle: GÖMMEL/CAVAR (1999), S.13

Die Übereinstimmung mit den Ergebnissen von KLODT ist insofern gegeben, als die Wettbewerbsintensität innerhalb der Liga im Zeitablauf nicht abgenommen, sondern eher leicht zugenommen hat. Es bleibt allerdings der Widerspruch in der Schlussfolgerung, dass die Wettbewerbsintensität in dem einen Fall trotz steigender Ungleichverteilung der Finanzkraft leicht zunahm (KLODT), in dem anderen Fall hingegen die steigende sportliche Ausgeglichenheit auf eine Nivellierung der Vereinsetats zurückzuführen ist (GÖMMEL/CAVAR).

GÖMMEL und CAVAR untersuchen weiterhin, welchen Tabellenplatz ein Verein aufgrund seines Etats (im Vergleich zu den übrigen Vereinen) im Durchschnitt hätte erreichen müssen.[310] Auch bei dieser Untersuchung ergibt sich ein leicht positiver Zusammenhang von Etathöhe und sportlichem Erfolg. Wiederum war der Zusammenhang im Zeitraum zwischen 1981/82 und 1989/90 deutlicher als seit 1990/91. Gleichwohl gab es in beiden Zeiträumen gravierende Abweichungen der tatsächlich erreichten Platzierung von der – gemessen am Vereinsetat – zu erwartenden Platzierung.

Beide Untersuchungsmethoden von GÖMMEL und CAVAR sind dahingehend zu kritisieren, dass sie Durchschnittswerte abbilden. Aussagen bezüglich des (vermeintlich) positiven Zusammenhangs zwischen Vereinsetat und Platzierung in der Saisonabschlusstabelle mit den dazugehörigen Implikationen für Determinanten des sportlichen Erfolges und Spannungsgrad der Liga wären erst dann möglich, wenn die Varianzen der Durchschnittswerte berechnet worden wären. Im Extremfall kann ein durchschnittlich erreichter fünfter Platz aus den Platzierungen 1 und 9 resultieren. Wenn der entsprechende Verein gemessen am Etat einen fünften Platz hätte erreichen müssen, so würde hier die Hypothese des erwähnten engen positiven Zusammenhanges scheinbar erfüllt sein, tatsächlich müsste die Hypothese aber zurückgewiesen werden.

6.1.3 Diskriminanz- und Regressionsanalysen

LEHMANN und WEIGAND untersuchen die Determinanten des sportlichen Erfolges mit Hilfe einer Diskriminanz- und einer Regressionsanalyse.[311] Der betrachtete Zeitraum umfasst dabei die Spielzeiten von 1980/81 bis 1995/96.

6.1.3.1 Diskriminanzanalyse

Im Rahmen der Diskriminanzanalyse werden die Determinanten des langfristigen sportlichen Erfolges untersucht. Als langfristiger sportlicher Erfolg wird von LEHMANN und WEIGAND in diesem Zusammenhang die Zugehörigkeit zur ersten Liga im Beobachtungszeitraum definiert. Um die langfristigen Erfolgsfaktoren im Profifußball bestimmen zu können, bilden die Autoren zwei Gruppen von Vereinen. Auf der einen Seite sind dies diejenigen Vereine, welche über den gesamten Zeitraum ständig in der ersten Liga spielten (10 Vereine bezeichnet als „Top 10“), auf der anderen Seite bilden die 13 Vereine eine

---

[310] Vgl. GÖMMEL/CAVAR (1999), S.12.

[311] Vgl. LEHMANN/WEIGAND (1997), S.387ff.

Gruppe (bezeichnet als „Rest"), welche im Untersuchungszeitraum nur gelegentlich (aber mindestens in vier Spielzeiten) der ersten Liga angehörten. Die so zusammengestellten Gruppen werden im Rahmen der Diskriminanzanalyse dahingehend untersucht, „...welche Unterschiede und Gemeinsamkeiten zwischen den beiden Gruppen hinsichtlich der verschiedenen sportlichen und monetären Kenngrößen bestehen."[312]

Es werden die drei Erfolgsfaktoren „Mannschaft", „Finanzkraft" und „Management" analysiert.[313] Beim Erfolgsfaktor „Mannschaft" ergeben sich die deutlichsten Unterschiede zwischen den beiden Gruppen hinsichtlich des Marktwertes des Profikaders und des jeweils teuersten Spielerzugangs („Starspieler"). Mit durchschnittlich 17,2 Millionen DM liegt der Marktwert des Profikaders bei den „Top 10" um fast zehn Millionen DM über dem durchschnittlichen Marktwert des Profikaders beim „Rest" (7,5 Millionen DM). Der Wert des „Starspielers" lag mit durchschnittlich 1,7 Millionen bei den „Top 10" ebenfalls deutlich höher als beim „Rest". LEHMANN und WEIGAND weisen jedoch darauf hin, dass der deutliche Unterschied im Marktwert der Mannschaften nicht allein auf unterschiedliche Ausgabenniveaus bei Spielerkäufen zurückzuführen ist, sondern dass ein Top-Club mit großer Publikumswirkung selbst Starspieler produziert und dementsprechend zur Wertsteigerung des eigenen Kaders beiträgt.

Beim Erfolgsfaktor „Finanzkraft" lagen sämtliche untersuchten Variablen bei den „Top 10" über den Werten vom „Rest". Sponsorengelder, Eintrittspreise, Etathöhe Transferausgaben und Transfererlöse lagen zum Teil deutlich höher. Wenngleich eine Wechselwirkung zwischen Finanzkraft und sportlichem Erfolg besteht, weisen LEHMANN und WEIGAND darauf hin, dass es keinen geschlossenen Teufelskreis gibt: „Eine Schlussfolgerung, ohne Erfolg kein Geld und ohne Geld kein Erfolg, ist jedoch verfehlt."[314]

Den geringsten Einfluss auf den langfristigen sportlichen Erfolg hat der Erfolgsfaktor „Management". Von allen untersuchten Variablen ist lediglich das Trainergehalt auffällig und in der Gruppe der „Top 10" mit knapp 30.000 DM um etwa 10.000 DM höher als beim „Rest". Die Amtszeit der Trainer ist hingegen nahezu identisch, was für eine ähnliche (Un-) Zufriedenheit des Managements mit dem Trainer spricht. Der geringe Einfluss des Erfolgsfaktors

---

[312] LEHMANN/WEIGAND (1997), S.388.

[313] Für das genaue methodische Vorgehen vgl. ebenda, S.390ff.

[314] ebenda, S.393f.

„Management" kann möglicherweise darauf zurückgeführt werden, dass über weite Strecken des Untersuchungszeitraumes das Management der einzelnen Vereine weitgehend von ehrenamtlichen Personen ohne professionellen kaufmännischen Hintergrund besetzt war.

6.1.3.2 Regressionsanalyse

Ziel der Regressionsanalyse ist es, die Determinanten des kurzfristigen (saisonbezogenen) sportlichen Erfolges zu bestimmen.[315] Als Maß für den kurzfristigen sportlichen Erfolg verwenden LEHMANN und WEIGAND die erreichte Punktequote, welche als durchschnittlich erreichte Punktzahl pro Spiel definiert wird.

Als Determinanten des sportlichen Erfolges werden der Marktwert des Profikaders, der kumulierte Marktwert der konkurrierenden Mannschaften zu Saisonbeginn, die Qualität des Trainers – gemessen in Jahren seiner Amtszeit zu Saisonbeginn – und die sportliche Erfahrung der Mannschaft – gemessen als Durchschnittsalter des Profikaders – untersucht. Folgende Aussagen lassen sich aus der Regressionsanalyse ableiten:

Die Punktequote einer Mannschaft ist um so höher, je höher der Marktwert einer Mannschaft ist. Dagegen wirkt sich ein höherer Marktwert der übrigen Mannschaften negativ auf die erreichte Punktequote des betrachteten Vereines aus. Dieses qualitativ zu erwartende Ergebnis ist quantitativ jedoch nur schwach ausgeprägt. Die Elastizität der Punktequote liegt bei 0,057, eine Verdoppelung des Mannschaftswertes erhöht die Punktequote folglich um durchschnittlich 5,7%. In Punkten ausgedrückt sind dies zwei Punkte in einer Saison.[316]

---

[315] Für Einzelheiten des methodischen Vorgehens vgl. LEHMANN/WEIGAND (1999), S.398f.

[316] Vgl. ebenda; S.399. Leider sind keine Angaben darüber zu finden, ob die Elastizität bezogen auf die Höhe des Mannschaftswertes konstant ist. Die geringe Punktequote lässt sich mit Blick auf die „Ökonomie der Superstars" teilweise erklären: Nach ROSEN (1981), S.845ff., verdienen einige wenige „Topstars" einer jeden (Unterhaltungs-) Branche exorbitante Einkommen, obwohl deren Qualitäten im Vergleich zu den „Stars" aus der zweiten Reihe oft nur marginal besser sind. Dieser Umstand gilt insbesondere im Medienzeitalter, in dem der Verbreitungsgrad bestimmter Darbietungen besonders hoch ist und sogenannte „mediale Hebel" für extreme Einkommensunterschiede bei bestimmten Berufsgruppen sorgen. Mit Blick auf den Profifußball würde dies bedeuten, dass einige „Starspieler" sehr hohe Marktwerte haben, gleichzeitig aber nur einen unwesentlich höheren sportlichen Wert für die jeweilige Mannschaft haben. Jürgen Klinsmann rechtfertigte seinen hohen Marktwert bei Bayern München beispielsweise schon durch den Verkauf des Bayern-Trikots mit

Ein leicht positiver Einfluss geht auch von der Qualität des Trainers auf den sportlichen Erfolg aus. Etwas differenzierter müssen die Aussagen bezüglich der sportlichen Erfahrung der Spieler formuliert werden. Größere Erfahrung erhöht zwar tendenziell den sportlichen Erfolg, jedoch mit abnehmender Wirkung. Die abnehmende Grenzproduktivität der Erfahrung lässt sich mit den Effekten der „Alterung" erklären, welche in der Regressionsgleichung von LEHMANN und WEIGAND explizit erfasst werden.[317] Die genannten Ergebnisse für den Erfolgsfaktor „Erfahrung" gelten allerdings nur für die Gruppe der Top 10-Vereine, sie kehren sich ins Gegenteil, wenn sämtliche Mannschaften untersucht werden.[318]

Insgesamt kommt unter den betrachteten Determinanten dem Marktwert der Mannschaft und damit der Finanzkraft des Vereins (langfristig) die größte Bedeutung zu. Da das Bestimmtheitsmaß (R^2) für die Top 10-Vereine mit 0,23 und für die gesamten Vereine mit 0,38 recht niedrig ist[319], muss berücksichtigt werden, dass die untersuchten Determinanten zwar einen gewissen Erklärungsgehalt für den sportlichen Erfolg der Vereine haben, dass darüber hinaus aber weitere Erfolgsfaktoren sowohl den Spiel- als auch den Meisterschaftsausgang beeinflussen. LEHMANN und WEIGAND erwähnen Glück und Pech als mögliche Störgrößen.[320]

6.2 Europäische Fußball-Ligen

6.2.1 Wettbewerbsintensität im niederländischen Fußball

KONING untersucht die Wettbewerbsintensität – ausgedrückt als Ausgeglichenheit der Liga – der ersten niederländischen Liga im Zeitraum von 1955/56 bis 1996/97.[321] Dabei wird die Wettbewerbsintensität in fünf verschiedenen Weisen gemessen. Die detaillierte Darstellung der Methodik würde den Rahmen

---

seinem Namen. Zur „Ökonomie der Stars" vgl. auch FRASCATORE (1999) sowie RICHTER/SCHNEIDER (1999), S.101ff. Einen Überblick über die Determinanten der Entlohnung von Profifußballern geben LEHMANN/WEIGAND (1999), S.124ff.

[317] Vgl. LEHMANN/WEIGAND (1997), S.399.

[318] Die in den vorstehenden Absätzen genannten Ergebnisse haben sowohl für die Top 10- als auch für die Gesamtgruppe Gültigkeit.

[319] Vgl. LEHMANN/WEIGAND (1997), S.400.

[320] Vgl. ebenda, S.399.

[321] Vgl. KONING (1999).

dieser Arbeit sprengen, daher werden nachfolgend lediglich die Ergebnisse der Untersuchung wiedergegeben.[322]

KONING untersucht die Änderung der Wettbewerbsintensität in dem genannten Zeitraum und widmet sich insbesondere der Frage, ob es im Zeitablauf einen klar erkennbaren Trend gab. Er kommt dabei zu folgendem Ergebnis:[323] Von 1955 bis Mitte der Sechziger Jahre gab es keinen systematischen Trend, die Wettbewerbsintensität nahm eine unregelmäßige Ausprägung an. In der zweiten Hälfte der Sechziger Jahre nahm die Wettbewerbsintensität deutlich ab, bevor sie in der ersten Hälfte der Siebziger wieder spürbar anstieg. Seit Mitte der Siebziger Jahre ist wieder kein eindeutiger Trend zu erkennen. Besondere Aufmerksamkeit schenkt KONING der Saison 1981/82, weil vor Beginn dieser Spielzeit die Trikotwerbung in den Niederlanden erlaubt wurde. Damals wurde argumentiert, die Trikotwerbung würde zu einer weiteren Ungleichverteilung der Finanzkraft unter den Vereinen führen und folglich würde die Ausgeglichenheit der Liga abnehmen. Empirisch lässt sich die erwartete Entwicklung jedoch nicht nachweisen:

„The fact that some teams had better sponsoring deals than other teams resulted in a more unequal distribution of income of the teams. This bigger income inequality supposedly led to a decrease of competitive balance, but we do not find any evidence for this hypothesis. Smaller teams use the same arguments these days to oppose television contracts that give large teams more proceeds than smaller teams using the same arguments as they did when they opposed shirt sponsoring: an unequal distribution of television revenues will lead to an unequal distribution of quality and this leads to a decrease of general interest in soccer. However, competetive balance has not decreased significantly since the introduction of shirt sponsoring.“[324]

6.2.2 England, Italien, Spanien: Verhaltens- und spielbeeinflussende Faktoren: Spielerisches Potential, Taktik und Leidenschaft

PALOMINO et al. untersuchen Fußballspiele, um die Adäquanz spieltheoretischer Verhaltensannahmen zu überprüfen. Es geht um das Verhältnis von Fähigkeit, Strategie und Leidenschaft eines Spielers als Determinanten des Spielverhaltens. Um eine empirische Bestimmung der drei Faktoren zu ermöglichen, werteten PALOMINO et al. insgesamt 2885 Fußballspiele der Profiligen

---

[322] Für Einzelheiten vgl. ebenda, S.9ff.

[323] Vgl. ebenda, S.12ff.

[324] ebenda, S.12.

in England, Spanien und Italien im Zeitraum von 1995 bis 1998 aus.[325] Die Autoren erfassen die Wahrscheinlichkeit für beide Mannschaften, einen Treffer zu erzielen, für jeden Moment der Spiele.[326] Nachfolgend werden die Ergebnisse der empirischen Untersuchung vorgestellt:[327]

Wie erwähnt geht es darum, die Einflussfaktoren spielerisches Potential/ spielerische Fähigkeiten („Skill"), Taktik („Strategy") und Leidenschaft/ Einsatzbereitschaft („Passion") zu quantifizieren. Unter den Begriff „Skill" fallen dabei die technischen Möglichkeiten, welche sich aus der Qualität der Spieler und des Trainers ergeben. Als „Strategy" wird die Wahlmöglichkeit der Mannschaft aufgefasst, abhängig vom aktuellen Spielstand zu attackieren oder zu verteidigen. „Passion" umfasst die das Spiel begleitenden psychologischen und emotionalen Faktoren.[328] Gemessen wurde nun, wie stark jeder der drei Faktoren die Wahrscheinlichkeit des Torerfolges beeinflusst.

Obwohl die Werte für die drei betrachteten Länder leicht voneinander abweichen, zeigt sich, dass „Skill" und „Passion" einen etwas stärkeren Einfluss haben als „Strategy", wobei der Einfluss aller drei Faktoren deutlich spürbar ist. Im Einzelnen:

- Unterschiede hinsichtlich des spielerischen Potentials multiplizieren die Trefferwahrscheinlichkeit mit einem Faktor zwischen 1,5 und 2,1;
- Strategieunterschiede multiplizieren die Trefferwahrscheinlichkeit mit einem Faktor zwischen 1,1 und 1,5;
- Die Leidenschaft bzw. die Motivation multipliziert schließlich die Trefferwahrscheinlichkeit mit einem Faktor zwischen 1,6 und 2,2.

Zusammengefasst kommen PALOMINO et al. zu dem Ergebnis, dass neben dem spielerischen Potential und der Taktik, welche von finanzkräftigen Vereinen tendenziell „eingekauft" werden können, motivationalen Faktoren, welche weitgehend unabhängig von der Finanzkraft sind, spielentscheidende Bedeutung zufällt.

---

[325] Vgl. PALOMINO et al. (1999), S.4.

[326] Exemplarisch sei erwähnt, dass untersucht wird, wie sich ein Gegentreffer bei der einen Mannschaft auf deren Taktik und deren Leidenschaft, aufgefasst als kämpferische Trotzreaktion, auswirkt. Für die genaue Methodik vgl. ebenda.

[327] Hierzu und zum Folgenden vgl. PALOMINO et al. (1999), S.2ff.

[328] „Passion" wird von PALOMINO et al. u.a. durch den Heimvorteil gemessen, welcher daraus resultiert, dass die Mannschaft vor den eigenen Fans spielt.

6.3 Zusammenfassung

Die zitierten empirischen Arbeiten bestätigen die Vermutung, dass neben der Finanzkraft der Vereine weitere bedeutende Determinanten des sportlichen Erfolges existieren. Dies gilt sowohl für die Fußball-Bundesliga als auch für andere europäische Fußballligen. Es ist somit der Frage nachzugehen, welche Determinanten dies im Einzelnen sind (soweit in den zitierten Untersuchungen noch nicht hinreichend geschehen) und wie die Implikationen für die Vermarktungsform der Fernsehrechte aussehen.

7. Determinanten des sportlichen Erfolges

7.1 Finanzkraft

Die Ergebnisse empirischer Arbeiten zeigen, dass die Finanzkraft eines Vereines spürbaren Einfluss auf den sportlichen Erfolg hat.[329] Wenngleich auf Basis der zitierten Arbeiten kein abschließendes Urteil darüber gefällt werden kann, zu welchem Prozentsatz sportlicher Erfolg auf die Finanzausstattung zurückgeführt werden kann, ist eindeutig, dass keine vollständige Positivkorrelation zwischen den beiden Größen „Finanzkraft" und „sportlicher Erfolg" vorliegt.

Während also verschiedene andere Faktoren verhindern, dass ein zu großes Finanzgefälle zwischen den Vereinen zum Erliegen der Spannungsgeladenheit einer Liga führt, ist davon auszugehen, dass die finanzielle Kluft zwischen „kleinen" und „großen" Vereinen bei einer Umstellung von Zentral- auf Einzelvermarktung niedriger ausfallen würde, als oft vermutet. Die Annahmen, welche einem natürlichen Monopolisierungsprozess zu Grunde liegen, sind in jedem Fall unrealistisch! Entgegen der modelltheoretischen Betrachtung sind Fußballspiele in der Realität nämlich nicht homogen. Neben der erwarteten Spielqualität, welche sich aus der – wie auch immer ermittelten – Qualität der Einzelspieler der beteiligten Mannschaften ergibt, ist die vereinsgebundene Sympathie der Fans von herausragender Bedeutung.

Die Präferenzen der Konsumenten sind besonders wichtig für die Erlöspotentiale der Vereine. Es sind regelmäßig räumliche, sachliche und persönliche Präferenzen der Nachfrager gegenüber den Vereinen zu erwarten:

[329] Vgl. Kapitel 6.

Räumliche Präferenzen sind aufgrund des „Lokalpatriotismus“ und wegen der – in Abwesenheit von Fernsehübertragungen – Unmöglichkeit des (regelmäßigen) Stadionbesuches auswärtiger Mannschaften zu erwarten. Der „Lokalpatriotismus“ dürfte jedoch abnehmen, wenn die Mannschaften überwiegend aus Spielern unterschiedlicher regionaler oder gar nationaler Herkunft sind, mithin der Heimverein nicht mehr aus einer Auswahl der besten Spieler der Heimatregion besteht. Darüber hinaus werden die räumlichen Präferenzen mit der Einführung von Fernsehübertragungen schwinden, denn es wird dann möglich sein, regelmäßig die Spiele auswärtiger Mannschaften zu verfolgen.

Sachliche Präferenzen beziehen sich auf das Gut selbst, also auf das angebotene Fußballspiel. Sicher sind die Spiele verschiedener Mannschaften in den Augen der Konsumenten nicht als homogen anzusehen. Die Konsumenten werden Präferenzen bezüglich der Spielweise haben. Dabei sind Offensivstärke, Kampfgeist und technische Beschlagenheit Kriterien, die größeren Zuschauerzuspruch bewirken als ausgefeilte Defensivtaktiken und ähnlich unattraktive Spielweisen. Damit lässt sich erklären, dass sogenannte „graue Mäuse“ weder im Stadion noch bundesweit via Fernsehen große Zuschauerresonanz erfahren.[330]

Persönliche Präferenzen entstehen durch Sym- bzw. Antipathien gegenüber Spielern, Trainern und Funktionären der einzelnen Vereine. Derartige Präferenzen basieren häufig auf dem Auftreten und dem Verhalten der erwähnten Personen in der Öffentlichkeit. So wird das Image des Vereins und deren Angestellten zu einem wichtigen Wettbewerbsfaktor. Um in diesem Bereich Kundenbindung erzielen zu können, ist es vermutlich vorteilhaft, Kontinuität sowohl in die Vereinsführung (Management) als auch in die Mannschaft zu bringen. Eine hohe Fluktuation dürfte hingegen zu schwindender Identifikation mit dem jeweiligen Verein führen!

Abschließend sei als Besonderheit des Fußballmarktes nochmals erwähnt, dass es nicht nur Präferenzen für einen speziellen Verein gibt, sondern dass regelmäßig auch ausgeprägte „Dis-Präferenzen“ (besonders starke Antipathien) gegenüber anderen Vereinen damit einhergehen. Folglich ist es unwahrscheinlich, dass die Bundesligavereine untereinander als Substitute fungieren und ggf.

---

[330] Im Ansehen der Fußballinteressierten werden als graue Mäuse der Liga VFL Wolfsburg, MSV Duisburg und VFL Bochum gesehen, keine dieser Mannschaften ist in den Top 10 der Vereine mit den meisten Fans vertreten (vgl. UFA SPORTS GMBH (1998), S.138 und S.158). Während Wolfsburg als Bundesliganeuling (zum Zeitpunkt der Erhebung) einen Ausnahmefall darstellt, können Bochum und Duisburg als Beispiele für die oben formulierte These gelten.

preispolitische Maßnahmen der Vereine zu spürbaren Substitutionseffekten zwischen den Vereinen führen.

Es kann zusammenfassend davon ausgegangen werden, dass die in der Fußball-Bundesliga dominierende Marktform die der monopolistischen Konkurrenz ist. Das Interesse am Fußball – und damit die Nachfrage der Fußballfans – ist zu einem großen Teil vereinsgebunden. Die vereinsgebundene Zahlungsbereitschaft der Konsumenten sorgt dafür, dass kleinere Vereine auch bei sportlicher Unterlegenheit Nachfrage attrahieren und sich einer finanziellen Grundausstattung sicher sein können. Bei der gegebenen Präferenzkonstellation können die großen Vereine nicht die Zahlungsbereitschaft des Gesamtmarktes abschöpfen, eine gewisse finanzielle Ausgeglichenheit würde auch unter dem Regime der Einzelvermarktung gewährleistet sein.

Hinzu kommt die Tatsche, dass jeder Verein einmal pro Spielzeit jeden (vermeintlichen) Spitzenverein als Gast begrüßen darf und dieses Spiel vermarkten kann. Daraus resultiert eine weitere finanzielle Grundausstattung für die „kleinen" Vereine. Die Auswertung der Fernsehübertragungen zeigt, dass Vereine mit vergleichsweise geringem Fanpotential bei einer Begegnung mit einer Spitzenmannschaft höhere Einschaltquoten erzielen kann, als eine Mannschaft mit sehr großem Fanpotential. So hatte die Begegnung Eintracht Frankfurt - Bayern München am 18.09.1999 5,85 Mio. Zuschauer, während die Partie Borussia Dortmund - Hertha BSC Berlin am 19.12.1999 von lediglich 5,14 Mio. Zuschauern verfolgt wurde. Vier der fünf live ausgestrahlten Partien in der Saison 1999/2000 fanden unter Beteiligung des FC Bayern München statt, im Durchschnitt verfolgten 6,85 Mio. Zuschauer diese Begegnungen. Dabei entfielen auf das einzige Heimspiel der Bayern (Bayern München - Borussia Dortmund) „nur" 6,22 Mio. Zuschauer, deren Auswärtsspiele stießen dagegen auf größeres Publikumsinteresse. Selbst das DFB-Pokalspiel zwischen dem Zweitligisten Waldhof Mannheim – Bayern München erzielte eine Einschaltquote von 6,16 Mio. Zuschauern.[331]

Eine detailliertere Analyse zeigt, dass die Einschaltquoten von vermeintlich uninteressanten Spielen bei weitem nicht so stark von vermeintlich „herausragenden" Spielen abweichen, wie vermutet werden könnte: Die Spiele der Champions-League (1999/2000) mit deutscher Beteiligung incl. Finale wurden im Durchschnitt von 4,28 Mio. Zuschauern verfolgt, die entsprechenden UEFA-Pokal-Spiele von durchschnittlich 4,07 Mio. Zuschauern und die Top-Spiele der

---

[331] Vgl. zu diesen Zahlen UFA Sports GmbH (2000a).

zweiten Liga immerhin noch von im Schnitt 1,45 Mio. Zuschauern. Weiterhin zeigt sich, dass ein Zweitligaspiel zweier Traditionsmannschaften ähnliche oder gar bessere Einschaltquoten erreichen kann, als Spiele europäischer Wettbewerbe. So verfolgten 2,45 Mio. Zuschauer die Zweitligapartie 1.FC Köln – Borussia Mönchengladbach. Kaum mehr Zuschauer erreichte die Champions-League-Begegnungen von Hertha BSC Berlin gegen den spanischen Renommierclub FC Barcelona mit diversen Weltstars wie etwa Rivaldo (2,89 bzw. 2,76 Mio. Zuschauer). Mit weniger Zuschauern als das besagte Zweitligaspiel mussten sich die UEFA-Cup-Partien Werder Bremen – Olympique Lyon (1,61 Mio.) und Atletico Madrid – VFL Wolfsburg (2,18 Mio.) zufrieden geben. Rein sportliche Aspekte können somit nicht der einzige Erklärungsfaktor für die Zuschauerresonanz sein. Vielmehr zeigt sich, dass auch temporär wenig erfolgreiche Mannschaften erhebliches Erlöspotential haben können.

7.2 Der Einfluss des Managements auf den sportlichen Erfolg

In diesem Abschnitt wird der Einfluss der kaufmännischen Leitung respektive des Managements eines Vereines auf dessen sportlichen Erfolg genauer untersucht. LEHMANN und WEIGAND weisen in ihrer empirischen Analyse nur einen geringen Einfluss des Managements auf den langfristigen sportlichen Erfolg aus.[332] Als langfristiger Erfolg wird von den Autoren die Ligazugehörigkeit aufgefasst, so dass die Aussagekraft ihrer Ergebnisse nur begrenzt ist. Es soll hier daher untersucht werden, ob sich ein positiver Zusammenhang von sportlichem Erfolg und Managementqualität hinsichtlich der Platzierung innerhalb der ersten Liga zeigen lässt.

Die Suche nach einem geeigneten Indikator für die Managementqualität ist schwierig. Eine Möglichkeit bestände darin, die Entwicklung monetärer Kennzahlen wie den Umsatz, den Gewinn o.ä. heranzuziehen. Die Verwendung monetärer Kennzahlen scheitert bereits an der mangelhaften Verfügbarkeit aussagekräftiger Daten, darüber hinaus ergeben sich aber auch gravierende konzeptionelle Schwierigkeiten. Da die Orientierung am wirtschaftlichen Erfolg des Managements die Finanzkraft eines Vereines zur wesentlichen Erklärungsgröße des sportlichen Erfolges machen würde – es wird dann nämlich lediglich gemessen, inwieweit das Management in der Lage wäre, die „natürliche" Finanzkraft zu korrigieren –, soll nachfolgend der eher „psychologische" Einfluss des

---

[332] Vgl. dazu die Zusammenfassung der Ergebnisse von LEHMANN/WEIGAND (1997) im Abschnitt 6.1.

Managements untersucht werden. Man könnte daher auch von der Bedeutung des „Umfeldes“ für die sportlichen Leistungen sprechen.[333]

7.2.1 Vorgehensweise

Als Indikator für die Managementqualität wird nachfolgend die Loyalität des Managements zu dem unter Vertrag stehenden Trainer herangezogen. Die zugrunde liegende Überlegung ist folgende: Analog zu der Aufgabe des Trainers, eine Mannschaft so zusammen- und einzustellen, dass sie den größtmöglichen sportlichen Erfolg erzielt, ist es die Aufgabe des Managements, für den sportlichen Bereich einen Trainer zu verpflichten, der im Rahmen der Möglichkeiten des betreffenden Vereins den maximalen sportlichen Erfolg mit der Mannschaft erreicht. Andersherum: Genau wie ein Trainer für Fehlentwicklungen in der Mannschaft und für Fehleinkäufe verantwortlich ist[334], ist das Management für die (fehlende) Qualität des Trainers verantwortlich. Die Entlassung eines Trainers soll daher nachfolgend als Fehler – und somit als negatives Qualitätsmerkmal – des Managements gewertet werden.

Ein naheliegender Einwand könnte lauten, Trainerentlassungen zur rechten Zeit sind gerade Ausdruck von starker Managementleistung und folglich positiv zu bewerten. Dem ist allerdings allenfalls kurzfristig so, denn es müssen zwei Situationen unterschieden werden: Im ersten Fall ist die Trainerentlassung sachlich ungerechtfertigt[335], so dass sie als Fehlentscheidung negativ zu werten ist. Mit der Fehlentscheidung als solcher, gehen einige Folgewirkungen einher: Einerseits können zukünftige Trainer sich nicht der bedingungslosen Rückendeckung

---

[333] Interessanterweise untersucht der KICKER für Prognosen des Saisonverlaufs regelmäßig das Umfeld der einzelne Vereine, worunter der nicht-sportliche Teil des Vereins zu verstehen ist.

[334] Es ergeben sich hier nicht unerhebliche Zurechnungsprobleme. So ist oftmals der Trainer nicht allein verantwortlich für die Zusammenstellung des Spielerkaders. Gleichwohl wird der Trainer häufig zur Verantwortung gezogen, wenn sich der erwünschte sportliche Erfolg nicht einstellt.

[335] Sachlich gerechtfertigt wäre die Entlassung, wenn der Trainer **dauerhaft** nicht in der Lage ist, die Mannschaft ihr durchschnittliches Leistungspotential ausschöpfen zu lassen. In der Terminologie der Produktionstheorie würde die Mannschaft langfristig unterhalb der Transformationskurve produzieren. Dabei ist zu berücksichtigen, dass es natürliche Schwankungen um das mittlere Leistungspotential gibt und somit eine Mannschaft temporär quasi „naturgegeben" unter ihrem Niveau spielt. Auch kann wegen der Faktoren Glück und Pech die Mannschaftsleistung gelegentlich nicht in Punkte umgesetzt werden, weil im Fußball nur Tore zählen und nicht – wie etwa beim Eiskunstlauf – der Gesamteindruck.

des Managements sicher sein und müssen ihre Arbeitsweise am kurzfristigen Erfolg orientieren, was gegebenenfalls langfristigen Erfolg verhindert. Andererseits wird der Mannschaft ein Alibi geliefert, weil die kaufmännische Leitung mit einer Trainerentlassung signalisiert, dass der sportliche Erfolg ganz wesentlich von der Leistung des Trainers abhängt und nur in Grenzen von der Leistung der Spieler.[336]

Im zweiten Fall ist die Trainerentlassung dagegen sachlich gerechtfertigt, weil die sportliche Misere tatsächlich überwiegend dem Trainer anzulasten ist.[337] Obwohl das Management in der betreffenden Situation folglich eine richtige Entscheidung trifft, ist ihm der Vorwurf zu machen, dass ein Fehler zeitlich vorgelagert begangen wurde. Die Verpflichtung des Trainers ist eine Entscheidung, die nur relativ selten zu treffen ist. Da Trainer bei sportlichem Misserfolg häufig schnell entlassen werden, scheint das Management den Einfluss eines Trainers auf die sportliche Leistung sehr hoch einzuschätzen. Entsprechend sorgfältig sollte die Auswahl des Trainers ausfallen. Die vorzeitige Kündigung ist somit ein Signal dafür, dass das Management bei einer eminent wichtigen Personalentscheidung Fehler begangen hat und dessen Qualität daher vergleichsweise gering einzuschätzen ist.[338]

Empirisch scheint die erste Situation größere Relevanz zu besitzen, demnach ist eine Trainerentlassung in den meisten Fällen die falsche Entscheidung. BREU-

---

[336] BREUER/SINGER (1996), S.41f., führen dazu aus: „Die Entlassung des Trainers wird daher als eine Art 'rituelles Opfer' angesehen: Der Trainer wird zum 'Sündenbock' erklärt und 'geopfert'. Dies ist ein bequemer, angstreduzierender Akt, den die Teilnehmer an der 'Zeremonie' als ein Mittel zur Verbesserung der Leistung ansehen, obwohl – und dies geben manche Beteiligte in ruhigeren Momenten durchaus selbst zu – eine tatsächliche Verbesserung in erster Linie nur durch langfristige Maßnahmen und Entscheidungen der Vereinsführung bewirkt werden kann. Die an dem Akt Beteiligten haben ein starkes Interesse daran, den 'Mythos' von der Verantwortlichkeit des Trainers aufrechtzuerhalten. Wenn der Trainer seine Verantwortlichkeit für die Misserfolge des Teams selbst in Zweifel zieht, schwächt er seinen Anspruch, für die eventuellen Erfolge des Teams verantwortlich zu sein. Für die Vereinsführung und die Spieler gibt er eine gute Entschuldigung ab für etwas, wofür eigentlich sie verantwortlich sind. Und schließlich können die Fans der wenig erfolgreichen Mannschaft durch diesen einfachen 'rituellen Akt' besänftigt und ihre Hoffnungen auf zukünftige Erfolge neu belebt werden."

[337] Welche der beiden Situationen tatsächlich vorliegt, lässt sich – wenn überhaupt – meist erst ex post feststellen.

[338] Zu berücksichtigen ist in diesem Zusammenhang auch, dass mit einer Trainerentlassung üblicherweise hohe Abfindungen verbunden sind, so dass auch aus finanzieller Perspektive ein Trainerwechsel oft zu einem Verlustgeschäft wird.

ER und SINGER haben sämtliche Trainerwechsel von 1963/64 bis 1994/95, die während einer laufenden Saison durchgeführt wurden (insgesamt 229)[339], statistisch ausgewertet. Sie kommen zu dem Ergebnis, „...dass sich die Leistungsentwicklung von Fußball-Mannschaften, die während der Saison ihren Trainer wechselten, nach diesem Ereignis weder kurz- noch längerfristig (bis zum Ende der betreffenden Saison) von der Leistungsentwicklung von Mannschaften unterscheidet, die sich zum entsprechenden Zeitpunkt in einer den Trainerwechsel-Mannschaften vergleichbaren Ausgangslage befanden und den Trainer nicht wechselten."[340]

Lediglich sehr kurzfristig (insbesondere an den drei Spieltagen nach dem Trainerwechsel) stellt sich ein „Strohfeuereffekt" ein.[341] Nach BREUER und SINGER ist dieser Effekt allerdings nicht auf den Trainerwechsel zurückzuführen, vielmehr handelt es sich um eine statistisch normale „Reaktion", die auch bei Mannschaften zu beobachten ist, welche den Trainer in einer vergleichbaren Situation nicht gewechselt hat: Trainerwechsel werden nämlich im Regelfall nach einer Niederlagenserie durchgeführt, denen meistens – mit oder ohne Trainerwechsel – eine Serie mit überdurchschnittlicher Punkteausbeute folgt. Dies ist schon deshalb zu erwarten, weil sich die arithmetisch gemittelte Punkteaus-

---

[339] Kurzfristige Interimslösungen wurden nicht berücksichtigt.

[340] BREUER/SINGER (1996), S.45. Zu ähnlichen Ergebnissen kamen SINGER und WAGNER (1979) in einer älteren Studie für die Bundesliga und die Regionalliga Süd. Vgl. auch die Literaturverweise bei BREUER/SINGER (1996), S.41. Den Einfluss des Trainers auf die Leistung der Mannschaft im amerikanischen Basketball untersuchen CLEMENT und McCORMICK (1989). BREUER und SINGER (1996), S.41, stellen weitergehend die These auf, dass der Einfluss des Trainers auf den sportlichen Erfolg „naturgemäß" – entgegen der üblichen Meinungen – nicht groß sein kann, weil „...die Unterschiede zwischen den eingesetzten Trainern hinsichtlich ihrer berufsspezifischen Kenntnisse und Fertigkeiten schon aufgrund des vorgeschriebenen Lizenzwesens mitsamt den vorgeschriebenen Ausbildungsgängen so gering seien, dass ihnen keine Bedeutung zukommt." Außerdem würden bei Trainerwechseln immer wieder die gleichen Trainer gehandelt, welche ihrerseits meist bereits mehrfach von anderen Vereinen „gefeuert" wurden, deren Qualität somit nicht übermäßig gut sein dürfte.

M.E. ist diese Vermutung im Ergebnis zu rigoros, denn es dürften bedeutende zwischenmenschliche Merkmale eine Rolle spielen, die einerseits unabhängig von fachlicher Ausbildung i.e.S. sein dürften, andererseits vereinsindividuell unterschiedlich sind. Nicht selten wird zur Erklärung von Erfolg und Misserfolg von der sogenannten „Chemie" gesprochen, die zwischen Trainer und Mannschaft stimmt, oder eben nicht stimmt. So ist es zumindest theoretisch möglich, dass ein Trainer gut zu einer bestimmten Mannschaft passt, der mit anderen Mannschaften überhaupt nicht harmonierte.

[341] Vgl. BREUER/SINGER (1996), S.44f.

beute aus Abweichungen nach oben und nach unten ergibt. Einer Phase unterdurchschnittlicher Punkteausbeute muss langfristig statistisch zwangsläufig eine Phase überdurchschnittlicher Punkteausbeute folgen.[342]

Zusammenfassend kann festgehalten werden, dass bei jedem vorzeitigen Trainerwechsel das Management eine (Mit-) Schuld trifft. Im weiteren soll und kann nicht zwischen den beiden oben erwähnten Situationen unterschieden werden, ein vorzeitiger Trainerwechsel wird pauschal als Malus für das Management gewertet. Um den Einfluss der kaufmännischen Leitung auf den sportlichen Erfolg darzustellen, werden nachfolgend die Platzierungen ausgewählter Vereine und vorzeitige Trainerwechsel im Zeitablauf gegenübergestellt.[343]

7.2.2 Daten

Für den empirischen Teil werden die Daten von Bundesligavereinen untersucht, die im Zeitraum von 1963/64 und 1997/98 mindestens 30 Jahre der ersten Liga angehört haben. Es sind dies Bayern München, Borussia Mönchengladbach, Eintracht Frankfurt, der 1. FC Köln, VFB Stuttgart, Hamburger SV, Werder Bremen, der 1. FC Kaiserslautern, Borussia Dortmund und Schalke 04. Relevant sind alle Trainerwechsel, die während der Saison stattgefunden haben. Kurzfristige Interimslösungen werden nicht berücksichtigt. Wegen fehlender weiterer Informationen werden Trainerentlassungen als solche eingestuft, wenn die Amtszeit eines Trainers nicht zum 30.Juni (offizieller Saisonschluss) eines Kalenderjahres endete.[344] Diese Vorgehensweise kann zu Ungenauigkeiten führen, weil vorzeitige Trainerwechsel auch auf persönliche Gründe des Trainers zurückzuführen sein können, die nicht nur vorgeschoben, sondern selbst bei genauerer Betrachtung privater Natur sind.[345] Da keine exakte Untersuchung der

---

[342] In der Realität ergeben sich hierbei für das Management deshalb Probleme, weil ex ante nicht sicher ist, welche durchschnittliche Punktzahl über den Saisonverlauf „normal" ist, in der Folge kann es daher zu Fehlentscheidungen kommen.

[343] Es ergeben sich dadurch Ungenauigkeiten, dass die Bundesliga-Plazierungen als einzige Nutzengröße der Vereine in die Analyse eingehen. Um präzisere Ergebnisse zu erhalten, müsste weitergehend das Abschneiden im DFB-Pokal und gegebenenfalls im Europapokal berücksichtigt werden.

[344] Zu den genauen Daten vgl. KICKER SPEZIAL (1998), S.44f.

[345] So war meines Wissens das Amtszeitende von Udo Lattek bei Borussia Dortmund am 10.05.1981 auf den Tod seines Sohnes zurückzuführen.

genauen Gründe für die Trainerwechsel mehr erfolgen kann, müssen etwaige Ungenauigkeiten hingenommen werden.[346]

7.2.3 Ergebnisse

Gemäß den Ergebnissen der Studie von WEIGAND und LEHMANN[347] und gemäß der in dieser Arbeit unterstellten Hypothese, dass der sportliche Erfolg von verschiedenen Faktoren determiniert wird, ist eine schwache Positivkorrelation von Managementqualität und sportlichem Erfolg zu erwarten.[348] Vielfache vorzeitige Trainerwechsel sollten dementsprechend nicht mit sportlichem Erfolg, verstanden als gute Platzierung, vereinbar sein. Hinsichtlich der Platzierung ist zweierlei zu unterscheiden: Zum einen der erreichte Rang des Vereins in Relation zu den Platzierungen anderer Jahre, zum anderen der erreichte Rang im Vergleich zu der Platzierung der übrigen Vereine.

Weiterhin ist zu erwarten, dass sich Trainerwechsel mit einem gewissen timelag negativ auswirken, weil die langfristigen Planungen und Konzepte gestört werden und die Spieler das vom Management gelieferte Alibi langfristig eventuell in eine eben solche Alibi-Spielweise umsetzen.

Die Diagramme 1 bis 10 im Anhang zeigen die graphische Gegenüberstellung von Trainerentlassungen und Platzierungen der genannten zehn Vereine im Zeitraum von 1964 bis 1998, für alle Jahre der Bundesligazugehörigkeit. Schon auf den ersten Blick zeigt sich, dass keine starke Negativkorrelation von Trainerwechselhäufigkeit und sportlichem Erfolg vorliegt, mithin hat das Management einen eher geringen Einfluss auf den sportlichen Erfolg.[349] Bei genauerer Betrachtung ergeben sich jedoch einige interessante Einblicke.

Eine besondere Auffälligkeit weisen die Zahlen von Borussia Mönchengladbach aus: Gemessen an allen Faktoren, die gewöhnlich für sportlichen Erfolg

---

[346] M.E. sind Fälle wie der von Udo Lattek aber Sonder- bzw. Einzelfälle, so dass keine großen Verzerrungen durch deren unterlassene Ausblendung auftreten.

[347] Vgl. LEHMANN/WEIGAND (1997).

[348] Eine exakte Hypothese könnte lauten: Der sportliche Erfolg eines Vereines ist ceteris paribus umso größer, je seltener der Verein seine Trainer entlässt. Da die sonstigen Umstände selten gleich sind, ist die Überprüfung der Hypothese mit dem gewählten Verfahren äußerst schwierig. Dennoch können einige Tendenzaussagen abgeleitet werden.

[349] Auch hier ergibt sich das Problem, welche die erklärende und welche die abhängige Variable ist. Die Diskussion des Ursache-Wirkung-Zusammenhangs folgt weiter unten.

als relevant erachtet werden, hätte dieser Verein mittel- und langfristig kein Spitzenclub sein dürfen. Das Stadion gehörte und gehört mit einem Fassungsvermögen von 34.500 Zuschauern (vgl. Tabelle 1) zu den kleinsten der Liga. Die Stadtgröße und die Randlage an der niederländischen Grenze sowie starke Konkurrenz in der unmittelbaren Umgebung (Fortuna Düsseldorf, 1. FC Köln) sorgen zudem für ein vergleichsweise kleines Einzugsgebiet. Dem Weimann-Modell zufolge ist es zweifelhaft, ob unter den gegebenen Bedingungen Mönchengladbach überhaupt eine Chance hätte, eine Erstligamannschaft zu stellen. Auch der in Abschnitt 7.4 untersuchte Erfolgsfaktor Zufall scheidet als langfristige Erklärung aus, weil er über mehrere Jahre hinweg an Bedeutung verlieren sollte. Trotzdem ist Borussia Mönchengladbach nach Bayern München – gemessen an der durchschnittlichen Platzierung in der Bundesliga-Abschlusstabelle – die erfolgreichste Mannschaft der Liga.

Noch weniger erklärbar sind die sportlichen Ergebnisse Mönchengladbachs in den Siebziger Jahren, einem Jahrzehnt, in dem die Eintrittsgelder einen deutlich höheren Stellenwert als heutzutage hatten.[350] Mit fünf deutschen Meistertiteln war Borussia Mönchengladbach die erfolgreichste Vereinsmannschaft des Jahrzehnts. Auffällig ist der Sachverhalt, dass seit dem Aufstieg 1966 bis zum Jahr 1990 kein einziger Trainer entlassen wurde, auch nicht in den sportlich schwächeren Jahren Anfang der Achtziger Jahre. Dies ist ein Zeichen von Solidität und Kontinuität im Management. In den Neunziger Jahren glich sich das Management von Borussia Mönchengladbach mit sechs vorzeitigen Trainerwechseln (bis 1998) den übrigen Vereinen an und erlebte im gleichen Zeitraum die sportlich schwächste Phase der Bundesligazugehörigkeit. Am Ende stand 1999 eine weitere Trainerentlassung mit dem darauffolgenden Abstieg aus der ersten Liga.

Zusammenfassend lässt sich festhalten, dass die sportlich mäßigste Zeit bei Mönchengladbach mit der Phase der zahlreichen Trainerentlassungen zusammenfällt. Wenngleich hiermit noch kein hinreichender Beweis dafür vorliegt, dass die Trainerentlassungen Ursache und nicht Folge des sportlichen Misserfolges sind, kann festgestellt werden, dass gemäß der oben dargestellten Methodik dem Management eine Mitschuld zugewiesen werden muss.

---

[350] Für die genauere Entwicklung vgl. Institut der deutschen Wirtschaft (1997), S.7.

Tabelle 1
Vereinszahlen 1964-1998

Verein	durchschn. Platzierung	durchschn. Trainerent- lassungen p.a.	Fassungsvermögen des Stadions (Stand 1998)
Bayern München	3,15	0,27	69 000
Bor. M´gladbach	6,18	0,15	34 500
1. FC Köln	6,3	0,37	54 000
VFB Stuttgart	6,93	0,33	53 100
HSV	7,2	0,26	63 000
Werder Bremen	7,56	0,26	35 300
Bor. Dortmund	7,7	0,35	69 000
Eintr. Frankfurt	7,96	0,42	61 100
1. FC K´lautern	8,52	0,35	42 000
FC Schalke 04	13,6	0,56	62 000

Eine weitere Auffälligkeit weist die sportliche Bilanz von Werder Bremen auf: Nachdem die Zeit vor dem Abstieg aus der Bundesliga (1964-1980) bei insgesamt sieben Trainerentlassungen sportlich mäßig verlaufen ist, setzte nach dem Aufstieg im Jahr 1981 der sportliche Aufschwung zu einer (europäischen) Spitzenmannschaft ein. Bis 1993 wurden zwei deutsche Meisterschaften und drei Vizemeisterschaften erreicht, wobei die schlechteste Platzierung ein neunter Rang war. Gleichzeitig waren sowohl die sportliche als auch die kaufmännische Leitung durch ein Höchstmaß an Solidität und Kontinuität gekennzeichnet, denn in diese Zeit fiel kein einziger Trainerwechsel. Erst nachdem der Trainer Otto Rehhagel den Verein verlassen hatte, folgte die Zeit der Trainerwechsel und der sportlichen Mittelmäßigkeit.

Auch die Entwicklung von Borussia Dortmund zeigt einen positiven Zusammenhang von sportlichem Erfolg und Managementqualität im oben definierten Sinn. Bis 1988 hatte der Verein eine sportlich mittelmäßige Bilanz wie viele andere Vereine auch. Es gab bessere und schlechtere Zeiten mit einem vierjährigen Gastspiel in der zweiten Liga. Gleichzeitig wurden insgesamt 11 Trainer vorzeitig entlassen (allein zu Zeiten der Bundesligazugehörigkeit), was auf ein mittelmäßiges Management schließen lässt. Seit 1988 gab es allerdings keine vorzeitigen Trainerwechsel mehr und Borussia Dortmund stieg langsam zu einer internationalen Spitzenmannschaft auf, was sich in zwei deutschen Meistertiteln und dem Gewinn der Champions-League niederschlug.

Bei den übrigen Vereinen zeigt sich kein so deutlicher Zusammenhang zwischen Managementqualität und sportlichem Erfolg. Zwar gibt es auch hier Phasen, in denen die Treue zum Trainer mit sportlich erfolgreichen Phasen einhergeht, doch vermittelt das Gesamtbild den Eindruck, dass in diesen Fällen der sportliche Erfolg die Ursache und die Treue zum Trainer lediglich die daraus resultierende Wirkung ist.

Auffällig ist der vereinsübergreifende Vergleich: Es besteht ein positiver Zusammenhang zwischen durchschnittlichem sportlichen Erfolg und der Managementqualität der Vereine. Dieser Zusammenhang ist dann besonders deutlich, wenn die Stadionkapazität, welche lange Zeit als wesentlicher Erfolgsfaktor galt, berücksichtigt wird. Werden etwa die Vereine mit einer Stadionkapazität von über 60.000 Zuschauern zu einer Gruppe zusammengefasst, die nach dem Weimann-Modell ähnliche sportliche Erfolgsaussichten haben, ergibt sich eine fast vollständig positive Korrelation von Managementqualität und sportlichem Erfolg. Lediglich der FC Bayern München fällt aus der Reihe, weil er mit durchschnittlich 0,27 Trainerentlassungen pro Saison knapp hinter dem HSV hätte liegen müssen. Für diesen statistischen Ausreißer kann allerdings mindestens eine Erklärung herangezogen werden: Die Stadionkapazität lag über weite Teile des Beobachtungszeitraums deutlich über 70.000 und damit bei weitem über dem Stand von 1998. Mit der ursprünglich höheren Stadionkapazität kann auch partiell erklärt werden, dass der 1.FC Köln trotz mittelmäßiger Managementleistungen und einem Fassungsvermögen von nur 54.000 Zuschauern im Jahr 1998 die drittbeste durchschnittliche Platzierung erreichen konnte. Bis vor wenigen Jahren lag das Fassungsvermögen des Müngersdorfer Stadions bei über 60.000.

Auch Vereine mit kleineren Stadien (Bremen, Mönchengladbach) konnten in die Phalanx der „Großen" einbrechen. Auffällig ist, dass der Wert der durchschnittlichen Trainerentlassung bei beiden Vereinen sehr niedrig lag. Spitzenreiter dieser Tabelle ist Borussia Mönchengladbach mit 0,15, gefolgt von Werder Bremen und dem HSV mit jeweils 0,26. Dagegen landeten Traditionsvereine wie Eintracht Frankfurt und Schalke 04 mit sehr großen Stadien weit hinten in der Platzierungstabelle. Es fällt auf, dass sie mit 0,42 und 0,56 über die höchsten Trainerentlassungsquoten verfügen.

Insgesamt zeigt sich ein (leicht) positiver Zusammenhang von Managementqualität und sportlichem Erfolg. Im nächsten Abschnitt wird nun auf das Problem von Ursache und Wirkung der Trainerentlassungen eingegangen.

7.2.4 Kritik der Ergebnisse

Zunächst ist zu kritisieren, dass die vorgestellte Methodik hinsichtlich der verschiedenen Determinanten des sportlichen Erfolges nicht trennscharf ist. Die Platzierungsunterschiede können grundsätzlich auch auf andere Faktoren als die Managementqualität zurückzuführen sein. Wird jedoch berücksichtigt, welche Determinanten des sportlichen Erfolges generell, und in dieser Arbeit speziell, als relevant angesehen werden, hat das vorgestellte Verfahren doch eine gewisse Aussagekraft. Nach dem Weimann-Modell, welches die Stadionkapazität (in einer Situation ohne Fernsehen) und damit die Finanzkraft als alleinige Erklärungsgröße einstuft, hätten die Platzierungen – zumindest bis Ende der Achtziger, als Erlöse aus Eintrittskarten die Vereinsfinanzen dominierten – anders ausfallen müssen. Es liegt insofern nahe, die Qualität des Managements zur Erklärung der auftretenden Diskrepanzen heranzuziehen.

Aber auch ein Modell mit mehreren Erfolgsdeterminanten lässt Raum für die vorgestellte Methodik. Im Rahmen dieser Arbeit sind die wesentlichen Bestimmungsfaktoren des sportlichen Erfolges die vereinsindividuelle Finanzkraft, der Zufall, die mannschaftliche Geschlossenheit und die Managementqualität. Wenngleich im Kapitel 7.4 der Zufall als wesentliche und charakteristische Größe des Fußballs dargestellt wird, ist dessen Einfluss bei einer Betrachtung, die einen Zeitraum von über 30 Jahren erfasst, nahezu unbedeutend.[351] Die Finanzkraft bzw. die Erlöspotentiale werden durch die Fassungsvermögen der Stadien berücksichtigt, so dass als Erklärung für die Platzierungsunterschiede nur die mannschaftliche Geschlossenheit und die Managementqualität bleiben. Auch wenn der Einfluss der Managementqualität auf den sportlichen Erfolg nicht isoliert und exakt quantifiziert werden kann, wird die anfangs geäußerte

---

[351] In einem solchen Zeitraum sollten sich die Zufallseinflüsse ausgleichen. Trotzdem kann nicht ausgeschlossen werden, dass ein einmaliger Zufallserfolg die Vereinsentwicklung nachhaltig verändern kann. So ist es möglich, dass eine Außenseitermannschaft, welche in einer Saison die deutsche Meisterschaft gewinnt, aufgrund ihrer „underdog"-Merkmale große Sympathien auf sich zieht, dadurch das Fanpotential und die Erlöse steigert. Gleichzeitig ist ein in europäischen Wettbewerben vertretener Verein unabhängig von seinen finanziellen Möglichkeiten für Spitzenspieler interessant, die auf internationaler Ebene aktiv sein möchten. Ein einziges, durch Zufall begründetes erfolgreiches Jahr kann somit der „big push" sein, der zur sportlichen Entwicklung notwendig ist. Zu dem aus der Entwicklungstheorie stammenden Begriff des „big push" vgl. TIMMERMANN (1982); S.124f.

Vermutung erhärtet, dass das Management zumindest in Grenzen Einfluss auf die sportliche Leistung hat.[352]

Es bleibt die Frage, ob Trainerentlassungen Ursache oder Wirkung von sportlichem Misserfolg sind. Zunächst ist festzustellen, dass Trainer im Regelfall nur dann entlassen werden, wenn die sportlichen Ziele verfehlt werden oder im Saisonverlauf kaum noch erreichbar scheinen. Üblicherweise werden Trainer daher nur dann entlassen, wenn schlechte Tabellenplätze belegt werden.[353] Ist also eine Mannschaft sportlich aus anderen Gründen als dem der hohen Managementqualität erfolgreich, wird dem Management bei dem angewandten Verfahren wegen fehlender Trainerentlassungen gute Qualität attestiert, obwohl bei anderem Saisonverlauf auch das amtierende Management zum Instrument der vorzeitigen Kündigung gegriffen hätte. Der Qualitätstest kann insofern nur dann vollzogen werden, wenn der Verein (vorübergehend) schlechtere sportliche Ergebnisse erzielt. Die weiter oben erwähnten drei Positivbeispiele können dahingehend untersucht werden, weil in die Zeit ohne vorzeitige Trainerwechsel auch sportlich schwächere Phasen fielen.

Borussia Mönchengladbach überstand die weniger erfolgreiche Phase zwischen 1979 und 1983 ohne Trainerentlassung und fand den Weg zurück zum Erfolg. Der sportliche Niedergang mit dem Abstieg aus der Bundesliga fiel in die Zeit der zahlreichen Trainerwechsel. Werder Bremen musste sich auch unter Otto Rehhagel mit Platzierungen weit ab von den UEFA-Cup-Rängen zufrieden geben, nahm aber trotzdem Abstand von einem vorzeitigen Trainerwechsel und erzielte später wieder beachtliche Erfolge. Und auch die Spitzenmannschaft der Neunziger Jahre, Borussia Dortmund, musste nach Zeiten größter Erfolge und mit dem höchsten Etat der Bundesligavereine 1998 einen zehnten Platz akzeptieren. Weder zu diesem Zeitpunkt, noch in der Krise 1999 wurde der Trainer entlassen. Dass Anfang 2000 die Trennung von dem erfolglosen Michael Skib-

---

[352] Dies gilt umso mehr, wenn berücksichtigt wird, dass vereinsübergreifend ähnliche Managementqualitäten diese Determinante als statistisch unauffällig erscheinen lassen müßte. Wenn sich ein Verein hinsichtlich der Managementqualität jedoch deutlich von seinen Ligakonkurrenten abhebt, sind entsprechende Erfolge/Misserfolge erzielbar.

[353] Was als schlechte Platzierung aufgefasst wird, ist vereinsabhängig. Bei Bayern München kann schon ein dritter Tabellenplatz Anlass für eine Trainerentlassung sein, bei anderen Vereinen ist das Verpassen eines UEFA-Cup-Ranges als sportlich schlechtes Abschneiden zu werten, bei Abstiegsgefahr hingegen ziehen die meisten Vereine die Notbremse und wechseln den Trainer aus.

be dann doch erfolgte, kann so interpretiert werden, dass die Erkenntnis gereift ist, ein früher begangener Fehler müsse nun korrigiert werden.[354]

Die geschilderten Erfahrungen zeigen, dass ein gutes Management vermeidet, durch vorzeitige Trainerwechsel zusätzliche Unruhe in den Verein zu bringen. Unter Berücksichtigung des empirischen Befundes, nämlich der weitgehenden Wirkungslosigkeit von Trainerentlassungen, kristallisiert sich heraus, welches Management krisenfest und damit solide ist.

7.3 Der Arbeitsmarkt für Fußballspieler

Nachfolgend wird der Arbeitsmarkt für Fußballspieler dahingehend untersucht, welche Einflüsse von dessen Gegebenheiten auf die sportliche Ausgeglichenheit zwischen den Vereinen ausgehen. Dabei wird vom Ideal eines freien Faktormarktes ausgegangen, die Vielzahl von potentiellen und (insbesondere in den USA) tatsächlichen Regulierungen auf dem Arbeitsmarkt sollen keine Beachtung finden. Damit unterscheidet sich die Analyse von der Mehrheit der Arbeiten zu den Arbeitsmärkten für Profisportler. Insbesondere in der angelsächsischen Literatur wurden unterschiedliche Regulierungen der Arbeitsmärkte, wie etwa die „reserve-rule“ oder auch das „rookie-drafting“ detailliert untersucht.[355] Arbeitsmarktregulierungen werden regelmäßig damit gerechtfertigt, dass durch sie die sportliche Ausgeglichenheit der Liga sichergestellt wird. Es soll jedoch gezeigt werden, dass ein Minimum an sportlicher Ausgeglichenheit von Fußball-Ligen auch ohne umfassende Regulierungen gewährleistet ist, so dass auf die Untersuchung der oben erwähnten Instrumente verzichtet werden kann.

---

[354] Nicht wenige öffentlich auftretende Kritiker werfen dem Management von Borussia Dortmund vor, über ihre Beschäftigung mit dem Börsengang die eigentlichen Aufgaben im sportlichen Bereich zu vernachlässigen!

[355] Vgl. beispielsweise DALY/MOORE (1981), S.77ff., SCULLY (1974), MEDOFF (1976), SLOANE (1976), S.7ff. oder CAIRNS et al. (1986), S.27ff. WHITNEY (1993) untersucht dagegen den freien Wettbewerb auf den Arbeitsmärkten für professionelle Mannschaftssportler und weist auf potentielle Ineffizienzen des uneingeschränkten Wettbewerbs hin.

7.3.1 Abnehmende Grenzerträge als Ursache für sportliche Ausgeglichenheit

Nach dem Weimann-Modell kommt es zu einer Allokation der Produktionsfaktoren in der Form, dass sämtliche Starspieler[356] eines Landes (und später die Starspieler aller Länder) von dem jeweils reichsten Verein aufgekauft werden. Für die übrigen Vereine bleiben lediglich die weniger talentierten Fußballer übrig. In der Konsequenz des Modells käme es zu der erwähnten sinkenden Spannungsgeladenheit, weil der reichste Verein wegen seiner Starspielerakkumulation alle anderen Vereine dominieren würde. Die Akkumulation sämtlicher Starspieler bei dem reichsten Verein ist jedoch keine ökonomische Zwangsläufigkeit. Abnehmende Grenzerträge sorgen vielmehr dafür, dass die Stars einer Liga im Regelfall auf mehrere Vereine verteilt sind. Dieser Gedanke wurde zuerst von ROTTENBERG in einem Aufsatz über den Arbeitsmarkt für Baseballspieler formuliert:

> „At first sight, it may appear that the high-revenue teams will contract all the stars, leaving the others only the dregs of the supply; that the distribution of players among teams will become very unequal; that contests will become less uncertain; and that consumer interest will flag and attendance fall off. On closer examination, however, it can be seen that this process will be checked by the law of diminishing returns, operating concurrently with each team´s strategic avoidance of diseconomies of scale."[357]

Bevor die Analyse vertieft wird, ist zu klären, was genau unter dem Grenzertrag eines Fußballspielers zu verstehen ist. Zwei grundlegend unterschiedliche Interpretationen sind möglich: Die erste bezieht sich auf den sportlichen Wert des Spielers und misst den Beitrag des einzelnen Spielers auf den sportlichen Erfolg. Die zweite ist umfassender und soll daher für die weitere Betrachtung als Grundlage dienen. Es handelt sich hierbei um den ökonomischen Grenzertrag, der den Beitrag des einzelnen Spielers zu den Gesamterlösen seines Vereines angibt.[358]

---

[356] Als Starspieler sollen die Spieler gelten, welche zur – willkürlich abgegrenzten – Spitze der Leistungspyramide (beispielsweise zu den obersten fünf Prozent) gehören. Unwichtig ist dabei, ob der betreffende Spieler in der Öffentlichkeit bereits den Status eines „Stars" besitzt.

[357] ROTTENBERG (1956), S.254.

[358] Eine ähnliche Definition findet sich bei ROTTENBERG (1956), S.252. Die Vereine scheinen sich in der Praxis ebenfalls auf die von einem Spieler generierten Gesamterlöse zu konzentrieren. So verbreitete der damalige Manager von Borussia Mönchengladbach, Rolf Rüssmann, trotz seines Fünf-Millionen-Gehaltes sei Stefan Effenberg der billigste Spieler

Werden nun einige zusätzliche Annahmen getroffen, können die bisherigen Aussagen graphisch illustriert werden. Nachfolgend wird die Allokation von sogenannten Starspielern untersucht, wobei deren Fähigkeiten als homogen unterstellt werden. Es gibt somit keine graduellen Abstufungen zwischen den Spielertypen, auch soll davon abgesehen werden, dass in der Realität nicht jeder Spieler auf jeder Position einsetzbar bzw. gleich produktiv ist. Weiterhin wird unterstellt, dass das Angebot an Starspielern exogen fixiert ist, die Anzahl wird für die graphische Darstellung willkürlich auf 30 festgelegt.[359] Abbildung 9 geht von lediglich zwei konkurrierenden Vereinen aus, wobei die Menge der verfügbaren Starspieler auf der Abszisse durch die Strecke AB dargestellt wird.[360]

Abbildung 9: Allokation von „Starspielern“

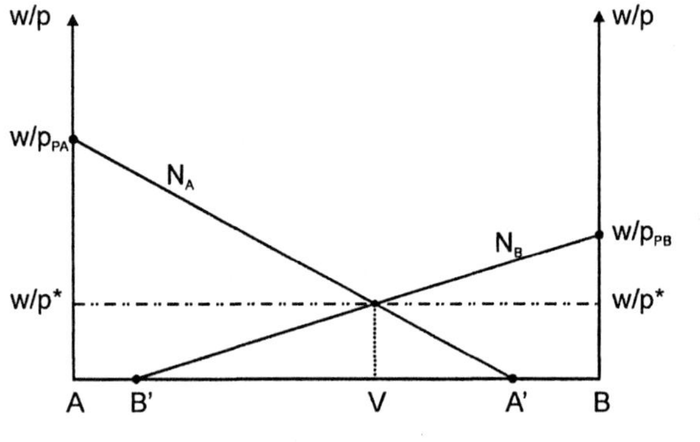

Betrachtet werden zwei Vereine mit unterschiedlichem Erlöspotential, was sich graphisch in der unterschiedlichen Lage bzw. Neigung der Nachfragekurven N_A und N_B nach Starspielern niederschlägt. Der fallende Verlauf beider Kurven bringt zum Ausdruck, dass die Grenzerträge der Starspieler abnehmen: Der erste Spieler hat den höchsten, alle weiteren einen niedrigeren Wert. N_A ist da-

des Vereines. Er bezog sich dabei auf den über die sportlichen Belange hinausgehenden Wert Effenbergs, der hohe Sponsorengelder für den Verein ermöglichte und damit sein Gehalt rechtfertigte.

359 Diese modelltheoretischen Annahmen ändern mit Blick auf die Realität nichts an der qualitativen Aussage.

360 Die Abbildung orientiert sich an der aus der Umweltökonomik bekannten graphischen Darstellung der „effizienten Umweltverschmutzung“. Für eine medienökonomische Anwendung der Graphik vgl. KRUSE (1999), S.146.

bei die Nachfragekurve des erlösstärkeren Vereins, die Sättigungsmenge liegt bei AA´ und soll den numerischen Wert von 25 annehmen.

Das bedeutet, dass bei einem Preis von null keine weitere Nachfrage nach Starspielern mehr besteht. Bei dieser Zahl hätte ein Verein mehr als zwei komplette Mannschaften zusammen und wäre so gegen fast jede Form von Verletzungspech, Spielersperren und Formschwächen abgesichert. Die Verpflichtung zusätzlicher Spieler hätte keinen erkennbaren Nutzen mehr.[361] Analoges gilt für den erlösschwächeren Verein mit der Nachfragekurve N_B und der Sättigungsmenge BB`. Abbildung 9 wird für Verein A von A nach B und für Verein B von B nach A gelesen.

Wie wird nun die Aufteilung der Starspieler auf die beiden Vereine aussehen? Offensichtlich kommt es nicht zu der viel befürchteten vollständigen Akkumulation der Starspieler bei einem einzigen Verein. Der erlösstärkere Club wird zum gleichgewichtigen Marktpreis von w/p^* Spieler im Umfang von AV verpflichten, der erlösschwächere Verein bindet dagegen Spieler im Umfang BV vertraglich an sich.

Die tatsächlich realisierte Spielerallokation hängt von Lage und Neigung der Nachfragekurven ab. Ändern sich die Rahmenbedingungen, kann sich auch die relativ gleichmäßige Verteilung der Starspieler auf die verschiedenen Vereine verändern. So dürfte die Reform der Champions-League mit zusätzlichen sicheren Spielen für die qualifizierten Mannschaften mindestens zu einer Drehung, wenn nicht sogar zu einer Verschiebung ihrer Nachfragekurve nach oben geführt haben. Die mit der Reform verbundene Erlössteigerung erhöht die Produktivität der Spieler und führt dadurch zu einer Drehung der Nachfragekurve nach oben. Die höhere Zahl der Spiele kann dagegen zur Verschiebung der Nachfragekurve führen, weil der Spielerkader gegebenenfalls wegen Verletzungsgefahr und Überbeanspruchung aufgestockt werden muss. Im Extremfall können tatsächlich sämtliche Starspieler von einem einzigen Verein absorbiert werden, wenn nämlich der Grenzertrag des letzten Spielers bei dem erlösstärkeren Verein über dem Prohibitivlohn w/p_{PB} des erlösschwächeren Vereines liegt.

Abnehmende Grenzerträge sorgen im Regelfall für ein Minimum an Gleichverteilung sogenannter Starspieler auf mehrere Vereine sorgen. Eine zu starke Konzentration auf einzelne Vereine oder gar einen einzigen Verein ist erst dann

---

[361] Diese Aussage gilt nur dann, wenn der Nutzen ausschließlich aus der Stärkung der eigenen Mannschaft, und nicht aus der bewussten Schwächung der gegnerischen Mannschaft besteht.

zu befürchten, wenn die Zahl der auszutragenden Pflichtspiele vereinsübergreifend sehr stark differiert, oder wenn die Anzahl der Starspieler sehr gering ist.

7.3.2 Spielerpräferenzen als Beitrag zur sportlichen Ausgeglichenheit

Neben den erzielbaren Einkommen gibt es eine Vielzahl von für den Spieler entscheidungsrelevanten Faktoren. Zunächst ist hierbei an klimatische, kulturelle und ähnliche Faktoren zu denken, so dass Vereine in Großstädten allein wegen ihrer Attraktivität für junge Fußballer einen Wettbewerbsvorteil haben. Der Wunsch der Spieler nach professionellen Vereinsstrukturen oder nach der Teilnahme an europäischen Wettbewerben stellt einen Wettbewerbsvorteil für die in der Vergangenheit bereits erfolgreichen Vereine dar und kann somit zur Zementierung sportlicher Vormachtstellungen beitragen. Dagegen können erfolgreiche Vereine jedoch auch negative Reputation aufbauen, die es verhindert, Wunschspieler zu verpflichten.[362]

In die entgegengesetzte Richtung wirkt der Wunsch der Spieler, neben der finanziellen Entlohnung auch nicht-monetäre Anerkennung zu bekommen. Der Spieler hat in dem Fall eine Nutzenfunktion, in die neben der finanziellen Entlohnung auch Prestige bzw. nicht-monetäre Anerkennung eingeht. Ein solcher Spieler wird sich im Regelfall für eine implizite Stammplatzgarantie in einem kleineren Verein und gegen das mögliche Reservistendasein in einem Spitzenclub entscheiden.[363] Es ist weiterhin zu erwarten, dass ein derart disponierter Spielertyp weniger anfällig für „Shirking“ ist, als ein ausschließlich extrinsisch durch hohe Gehälter motivierter Spieler. Dadurch ergibt sich ein weiterer spielstärkenivellierender Effekt, denn von zwei sonst gleich guten Spielern dürfte derjenige den größeren Output liefern, welcher sich besser motivieren kann. Die spezielle Präferenz der Spieler, zu spielen und nicht nur Mitläufer zu sein, führt im Ergebnis systematisch zu einer relativ gleichmäßigen Verteilung der Starspieler auf die Vereine.

---

[362] So antwortete der damalige Nationalspieler Rudi Völler in den Achtziger Jahren auf die Frage nach seinen Wechselabsichten zum FC Bayern München: „Bevor ich zum FC Bayern gehe, beende ich meine Karriere lieber in Saudi-Arabien.“ Solche Prinzipientreue scheint in jüngerer Vergangenheit jedoch deutlich abzunehmen. Als Beleg dafür mag der Wechsel des ehemaligen Schalker Torwarts Jens Lehmann zum ungeliebten Lokalrivalen Borussia Dortmund gewertet werden.

[363] Es kann für manchen Spieler interessanter sein, in einem kleineren Verein als Häuptling zu wirken, als in einem Spitzenverein lediglich den Indianer abzugeben.

7.3.3 Finanzielle Anreizwirkungen und sportliche Ausgeglichenheit

Neben den bisher geschilderten Argumenten für eine relativ ausgeglichene Verteilung der Starspieler auf die einzelnen Vereine sind die Anreizwirkungen der (potentiellen) Einkommen von Bedeutung. Dabei sind zwei mögliche Wirkungsweisen zu unterscheiden: Einerseits kann ein Spieler vorübergehend bei einem kleineren Verein bleiben, um seine Qualitäten dauerhaft als Eigenwerbung unter Beweis zu stellen und um so seinen Marktwert zu erhöhen. Andererseits kann die Realisierung eines Millionen-Vertrages bei einem Spitzenverein moral hazard-Verhalten bei dem Spieler induzieren.

Nach KLODT „...können Spitzenspieler, die ihren langfristigen Marktwert erhöhen wollen, durchaus bereit sein, vorübergehend für geringes Gehalt bei einem finanzschwachen Verein zu spielen, um sich als erster in der Provinz gegenüber den zahlreichen Zweiten in Rom profilieren zu können."[364] Ein Spielertyp, der temporär für ein geringeres Gehalt spielt, um auf sich aufmerksam zu machen, spielt für geraume Zeit bewusst für einen kleineren Verein, obwohl er mit seinen Fähigkeiten bei einem anderen Verein bereits ein höheres Einkommen erzielen könnte.[365] Im Ergebnis verfügen die vermeintlich schwächeren Vereine über aufstrebende Starspieler und sind somit in der Lage, ihre sportliche Leistungsfähigkeit gegenüber den Spitzenclubs sicherzustellen.[366]

---

[364] KLODT (1998), S.112.

[365] Dieses Kalkül greift selbstverständlich nur dann, wenn der durch die erwähnte Strategie erwartete Einkommensvorteil den momentanen Einkommensverzicht übersteigt.

[366] Prominentes Beispiel ist der Nationalspieler Sebastian Deisler. Bereits im Alter von 16 Jahren hatte Deisler ein Angebot von Real Madrid. Deisler wechselte aber von seinem Heimatverein FC Lörrach zu Borussia Mönchengladbach und zog damit einen Verein vor, der ihm für seine langfristige Entwicklung vorteilhafter erschien. Nach seinem Bundesliga-Debüt und dem Abstieg von Borussia Mönchengladbach in die zweite Liga wiederholte sich der Vorgang: Zahlreiche internationale Spitzenvereine wie Inter Mailand und Bayern München versuchten, Deisler zu verpflichten. Dieser wählte mit Hertha BSC Berlin wiederum einen (zum betreffenden Zeitpunkt) international eher unbedeutenden Verein, um die Wahrscheinlichkeit eines Stammplatzes zu erhöhen und damit mehr Spielpraxis zu bekommen. Vgl. auch KICKER Nr. 10 vom 29.01.2001, S. 12f. Hier erklärt der Spieler des SC Freiburg, Tobias Willi, dass er ein lukratives Vertragsangebot des FC Bayern München ausschlug, weil er in Freiburg die besseren persönlichen Entwicklungsmöglichkeiten gesehen hat.

7.3.3.1 Moral hazard als spielstärkenivellierendes Phänomen

Nachfolgend wird das oben zitierte, durch Millionen-Gagen induzierte moral hazard-Verhalten mit Hilfe der Agency-Theorie präzisiert.[367]

7.3.3.1.1 Theoretische Grundlagen

Ausgangspunkt der Überlegungen ist die Nutzenfunktion eines jeden Spielers, in die neben der individuellen finanziellen (erwarteten) Entlohnung auch der Müßiggang eingeht.[368] Damit hängt der individuelle Nutzen positiv von der Entlohnung und negativ von der eigenen Anstrengung ab. Im Sinne seiner Nutzenmaximierungsstrategie versucht nun jeder Spieler, seine Anstrengung soweit zurückzunehmen, bis der Grenzvorteil des Müßigganges (in monetärer Bewertung) dem dadurch induzierten Einkommensverlust entspricht.[369] In einem einperiodigen Modell mit vertraglich garantiertem Fixgehalt resultierte daraus der maximal mögliche Müßiggang des Spielers.[370]

Ist das Modell hingegen mehrperiodig, so hat der Spieler die Wirkung des Müßigganges auf die Entwicklung seines zukünftigen Einkommens zu berücksichtigen. Das Vermeiden der größtmöglichen Anstrengung hat in einem mehrperiodigen Modell gravierende finanzielle Auswirkungen für den Spieler, weil seine gegenwärtig erbrachte Leistung Signalfunktion für den aktuellen und auch für potentielle Arbeitgeber hat. Gemäß der Agency-Theorie hängt der Output (y) eines Agenten von seiner Anstrengung (a) sowie von Zufallseinflüssen (θ) ab und nimmt somit folgende Form an:[371]

---

[367] Vgl. zur Agency-Theorie in Verbindung mit professionellem Mannschaftssport auch FRICK (2000), S.53ff.

[368] Zunächst soll ein Spielertyp modelliert werden, der sich ausschließlich an der finanziellen Entlohnung und nicht an nicht-monetären Entlohnungen orientiert.

[369] Ähnlich äußern sich FRICK und KLEAREN (1997), S.1120, zur Entscheidungssituation von Marathonläufern.

[370] Soweit der Vertrag entsprechende Regelungen enthält, kommt es jedoch nicht zur vollständigen Leistungsverweigerung, weil damit gegebenenfalls der Vertrag von Seiten des Vereines aufgelöst werden könnte und das Fixgehalt für den Spieler verloren ginge.

[371] Vgl. SPREMANN (1989), S.12. Gelegentlich wird der Output auch als Funktion von drei Variablen verstanden. Zu der oben genannten Anstrengung und der Zufallskomponente kommt dann explizit das Talent bzw. die Qualifikation des Agenten hinzu. Vgl. dazu etwa FRANCK/MÜLLER (1999), S.7. Da das Talent bzw. die Qualifikation zumindest kurzfristig eine Fixgröße ist, kann im diskutierten Zusammenhang auf die explizite Berücksichtigung verzichtet werden.

$$y \quad = \quad f(a, \theta) \qquad (5)$$

Formalisiert ergibt sich für den Spieler/Agenten folgender Nutzen U:

$$U(a,s) = \quad s(f(a, \theta)) - c(a) \qquad (6)$$

wobei s das vertraglich bestimmte Entlohnungsschema des Spielers/Agenten darstellt und c(a) den negativen Nutzen respektive die (nicht-monetären) Kosten der Anstrengung bezeichnet. Für den weiter oben dargestellten einperiodigen Fall mit vertraglich zugesichertem Fixgehalt (F) nimmt (6) folgende Form an:

$$U(a,s) = \quad s(F) - c(a) \qquad (7)$$

Da s(F) eine Fixgröße ist, kann der Spieler/Agent seinen Nutzen allein über c(a) steuern. Jede Anstrengung verringert den Nutzen, so dass das maximale Niveau des Müßiggangs gewählt wird.

Zusammengefasst ergibt sich folgende Situation: Gemäß (5) hängt der Output bzw. die Leistung des Spielers von dessen Anstrengung (a) und dem exogenen Risiko θ ab. Dieses Risiko besteht zum einen aus natürlichen, vom Spieler nicht beeinflussbaren Formschwankungen, zum anderen in Teamsportarten aus dem mehr oder minder guten Gelingen des Zusammenspiels der Mannschaftsmitglieder. Gemäß (6) hängt der Nutzen des Spielers positiv von seiner finanziellen Entlohnung und negativ von dem selbst gewählten Anstrengungsniveau ab. Wenn nun die Kombination von exogenem Risiko und eigener Anstrengung das Produktionsergebnis bestimmen, gleichzeitig der Prinzipal (das ist in diesem Fall der Verein/Arbeitgeber) das Verhalten des Agenten nicht derart beobachten kann, dass das Produktionsergebnis den Faktoren Zufall und Anstrengung zugeordnet werden kann[372], dann hat der Spieler einen Anreiz, seine Anstrengung zu minimieren. Der Faktor Zufall dient dem Spieler dabei als Alibi für das schlechte Produktionsergebnis.

Der Spieler nutzt die asymmetrische Informationsverteilung zwischen ihm und seinem Arbeitgeber aus, er praktiziert moral hazard-Verhalten. Bei der Mannschaftssportart Fußball kommt noch das Problem des moral hazard in Teams

---

[372] Glück und Müßiggang können zu dem gleichen Ergebnis führen wie Pech und Anstrengung.

hinzu.[373] Dabei geht es im Kern darum, dass jeder Spieler von dem im Team produzierten Ergebnis (z.B. Gewinn eines Spieles oder der Meisterschaftsrunde) profitieren kann, ohne bis an die eigene Leistungsgrenze zu gehen. Die Analogie zur Theorie Öffentlicher Güter liegt nahe: Weil der Ertrag auf die Allgemeinheit (die Mannschaftsmitglieder) verteilt bzw. sozialisiert wird, die Kosten der Bereitstellung hingegen von jedem einzelnen getragen werden müssen, ist es individuell rational, die Trittbrettfahrer-Option zu wählen. Damit führt individuelle Rationalität in dem einen Fall zur Unterversorgung mit Öffentlichen Gütern, im anderen Fall zu einem kollektiv ineffizient niedrigen Anstrengungsniveau der Spieler.

Sowohl im allgemeinen moral hazard-Modell als auch beim moral hazard in Teams fällt der Beobachtbarkeit der Leistung entscheidende Bedeutung zu: Je weniger die Leistung des einzelnen Agenten vom Prinzipal beobachtet werden kann, desto größer ist der diskretionäre Verhaltensspielraum für den Agenten. Darüber hinaus ist mitentscheidend, ob es sich um einzelne oder wiederholte Entscheidungssituationen handelt: Je häufiger sich ein Prinzipal-Agenten-Team in einer Situation befindet, in welcher der Agent über einen diskretionären Verhaltensspielraum verfügt, desto seltener wird dieser die moral hazard-Option einlösen können. Dauerhaft kann sich der Agent mit Blick auf schlechte Produktionsergebnisse nicht auf negative Zufallseinflüsse berufen.[374]

In der Literatur zur Problematik asymmetrischer Informationsverteilung existieren zahlreiche Vorschläge zur Begrenzung des moral hazard-Verhaltens.[375] Man spricht in diesem Zusammenhang von Kooperationsdesigns. Hinsichtlich der moral hazard-Problematik wird die Ergebnisbeteiligung des Agenten als besonders geeignet eingestuft. Durch die Beteiligung des Agenten am Produktionsergebnis werden die Interessen von Prinzipal und Agenten in die gleiche Richtung gelenkt.

---

[373] Vgl. allgemein zu moral hazard HOLMSTRÖM (1979), speziell zu moral hazard in Teams vgl. HOLMSTRÖM (1982).

[374] Die Situation ist vergleichbar mit dem Gebrauch von Ausreden: Ein notorischer Lügner wird über kurz oder lang als ein solcher entlarvt werden. Führt beispielsweise ein Angestellter sein verspätetes Erscheinen am Arbeitsplatz auf das Versagen seines Weckers zurück, so mag das Argument beim erstmaligen Gebrauch noch plausibel erscheinen. Bei wiederholter Anwendung wird der Glaube des Prinzipals an das theoretisch denkbare Pech seines Agenten jedoch schwinden. Bezogen auf den Profisport wird sich ein Sportler nicht dauerhaft auf unglückliche Rahmenbedingungen oder für ihn negative Zufallseinflüsse berufen können.

[375] Vgl. SPREMANN (1990), S.631 oder SPREMANN (1989), S.17ff.

7.3.3.1.2 Implikationen für die Fußball-Bundesliga

Auf Grund der vorgenannten Überlegungen wäre es für Fußballvereine anreizoptimal, ihren Spielern Verträge mit einer Kombination aus fixen und erfolgsabhängigen variablen Gehaltsanteilen zu geben. Mit Hilfe leistungs-bezogener Verträge lässt sich (selbst in einem einperiodigem Modell) das grundlegende moral hazard-Problem begrenzen, moral hazard in Teams wird sich dagegen auf diese Weise bei rigoros nutzenmaximierenden Spielern nur schwer verhindern lassen. Folglich sind begrenzt positive Wirkungen einer erfolgsorientierten Entlohnung zu erwarten.[376] Fraglich ist jedoch, inwieweit sich erfolgsorientierte Entlohnungsformen praktisch überhaupt durchsetzen lassen. Der Wettbewerb der Vereine um die Spieler dürfte oftmals dazu führen, dass der fixe Gehaltsanteil im Verhältnis zum erfolgsgebundenen Anteil hochkonkurriert wird und anreizoptimale Arbeitsverträge selten geschlossen werden können. Dabei wird die relative Höhe des Fixgehaltes vermutlich positiv korreliert sein mit dem Marktwert des Spielers, denn je stärker ein Akteur umworben ist, desto stärker ist seine Verhandlungsposition hinsichtlich der Vertragsgestaltung. Im Ergebnis schöpfen ceteris paribus Starspieler ihr eigenes Leistungspotential weniger aus als dies bei allen anderen Spielertypen der Fall ist. Folglich ist moral hazard-Verhalten bei den Vereinen besonders stark ausgeprägt, die über eine große Anzahl von Starspielern verfügen.

Mit Blick auf die Realität ergeben sich aus der Analyse mehrperiodiger moral hazard-Modelle jedoch wesentlich bedeutsamere Implikationen: Da das Verhalten und damit das gewählte Anstrengungsniveau der Fußballspieler zumindest in Grenzen beobachtbar ist[377] und außerdem auf Dauer das Argument der

---

[376] Grundsätzlich dürften die Anreizwirkungen um so größer sein, je höher der leistungsbezogene Gehaltsanteil ist. Eine Ausnahme muss jedoch berücksichtigt werden: Sind die leistungsbezogenen Gehaltsanteile innerhalb des Spielerkaders ungleich verteilt, besteht die Möglichkeit, dass die Mannschaft nicht mehr allein nach sportlichen, sondern auch nach wirtschaftlichen Kriterien aufgestellt wird. Ein Spieler mit hoher Auflaufprämie oder Spieler, welche vertraglich einen bestimmten Gehaltsbonus für den Fall einer mindestens absolvierten Spielezahl zugesichert bekommen haben, könnten auf Weisung der kaufmännischen Leitung des Vereines vom Trainer systematisch ignoriert werden. Da mit dieser Problematik zahlreiche Detailfragen verbunden sind (u.a. aus der Agency-Theorie), soll hier keine tiefergehende Analyse erfolgen. Hinsichtlich der Anreizwirkungen des Lohnes gilt jedoch zu berücksichtigen, wie sich unterschiedliche Entlohnungsschemata auf die Kooperationsbereitschaft der Spieler auswirken. Vgl. dazu FRICK (2000), S.53 und HARDER (1992), S.321ff.

[377] Mindestens Lustlosigkeit und lässige Spielweise sind für Zuschauer und Trainer erkennbar.

unglücklichen Rahmenbedingen von den Spielern nicht als Alibi genutzt werden kann, erfüllt die aktuell erbrachte Leistung Signalfunktion für den derzeitigen und auch für zukünftige Arbeitgeber. Mithin haben Fußballspieler einen Anreiz, ihre Arbeitsanstrengung so lange zu maximieren, wie die daraus resultierenden zukünftigen erwarteten Einkommenszuwächse die momentanen Kosten der Anstrengung übersteigen. Aus Plausibilitätsgründen kann davon ausgegangen werden, dass Fußballer im Regelfall ihre Anstrengung erst gegen Ende ihrer Karriere reduzieren, weil das Verhalten dann finanziell ohne größere Folgen für sie bleibt.

Profifußballer gehen also so lange an ihre Leistungsgrenze, wie sie um gut dotierte Verträge kämpfen. Haben sie diese abgeschlossen, senken sie ihr Anstrengungsniveau. Daraus ergeben sich wichtige Implikationen für die sportliche Ausgeglichenheit der Liga, denn üblicherweise werden Fußballer erst dann von einem der finanzkräftigen Spitzenvereine gekauft, wenn sie durch starke Leistungen in anderen Vereinen auf sich aufmerksam gemacht haben. Es ist somit zu erwarten, dass es zu einer Spielerallokation kommt, bei der die qualitativ besseren aber weniger motivierten Spieler bei den zahlungskräftigen Vereinen unter Vertrag stehen. Moral hazard-Verhalten würde demnach systematisch verstärkt bei den „reichen“ Vereinen praktiziert.

Die unterschiedlich stark ausgeprägte Leistungsmotivation bei den finanzkräftigen Vereinen auf der einen und den finanzschwächeren Vereinen auf der anderen Seite trüge somit zu einer Angleichung der Spielstärke innerhalb der Liga bei.

7.3.3.1.3 Empirischer Befund

Nach den Ausführungen im letzten Abschnitt müsste empirisch nachweisbar sein, dass Spieler an Produktivität einbüßen, wenn sie von einem „normalen“ Verein zu einem Spitzenclub wechseln. Der Produktivitätsrückgang müsste sich in einem sinkenden Marktwert niederschlagen. Als Indikator für den Marktwert käme grundsätzlich die Ablösesumme eines Spielers in Frage, seit Inkrafttreten des Bosman-Urteils sind diese jedoch weitgehend weggefallen, so dass nach alternativen Indikatoren gesucht werden muss. Anbieten würden sich die Jahresgehälter, doch sind die Zahlen darüber nicht öffentlich verfügbar. Um trotzdem die oben theoretisch abgeleiteten Ergebnisse empirisch testen zu können, müssen Hilfsindikatoren herangezogen werden.

Eine Möglichkeit besteht darin, die Bewertungen des Kicker-Sportmagazins aller Neuzugänge der Saison zu nutzen. Nach 100 Tagen der jeweiligen Saison führt der Kicker den sogenannten 100-Tage-Test für Neuzugänge durch. Dabei werden die Spieler in insgesamt sechs Kategorien eingeteilt, die für den empirischen Test mit Punktzahlen von 1 bis 5 bewertet werden sollen. Die Kategorien sind:

- Volltreffer — 5 Punkte
- Wesentliche Verstärkung — 4 Punkte
- Guter Griff — 3 Punkte
- Mitläufer — 2 Punkte
- Bisher Fehleinkauf — 1 Punkt
- Nicht zu bewerten — ohne Wertung[378]

Um den empirischen Test durchführen zu können, wird wie folgt verfahren: Für jeden Spieler in der jeweiligen Kategorie bekommt ein Verein die entsprechende Punktzahl gutgeschrieben. Die Summe der Punkte eines Vereines wird dann durch die Zahl seiner bewerteten Spieler geteilt. Da es um den Vergleich von finanzkräftigen Spitzenvereinen (nachfolgend: „Topteams") und allen anderen Clubs („Rest") geht, werden nur die Werte für die jeweiligen Aggregate ausgewiesen. Zur Gruppe der „Topteams" zählen alle Vereine, deren Einkaufspolitik im Vergleich zum Ligadurchschnitt nur durch schwache Budgetrestriktionen beeinträchtigt wird. Namentlich sind dies Borussia Dortmund, Bayer Leverkusen und der FC Bayern München. Zur Verfügung standen die Daten für alle Spielzeiten seit der Saison 1996/97.

In drei von vier Spielzeiten konnten die Vereine der „Rest"-Gruppe die bessere Punktequote erzielen als die „Topteams", lediglich einmal (1998/99) lagen die „Topteams" vorn (vgl. Tabelle 2). Dabei fiel das Ergebnis teils sehr knapp (2,98:2,93 für den „Rest"), teils recht deutlich (2,54:1,75 für den „Rest") aus. Insgesamt finden die Ergebnisse der theoretischen Analyse durch den empirischen Test leichte Bestätigung. Gleichwohl müssen die Zahlen mit einer gewissen Vorsicht gelesen werden, denn die vom Kicker durchgeführte Einstufung erfolgt nach ungefähr einem Drittel der neuen Saison und hat damit noch keinen abschließenden Aussagewert. Grundsätzlich könnten die Ergebnisse auch da-

---

[378] Diese Kategorie wird nicht berücksichtigt, weil es sonst zu Verzerrungen kommen könnte. Bei den nicht zu bewertenden Spielern handelt es sich um verletzte Spieler oder um solche, die zu kurz oder nicht mehr im Verein sind. Mit Blick auf die zu untersuchende Fragestellung hätte deren Berücksichtigung keinen Aussagewert.

hingehend interpretiert werden, dass die Vereine der „Rest"-Gruppe besser eingekauft haben als die „Topteams". Da in den meisten Vereinen das Management wesentlichen Einfluss auf die Einkaufspolitik hat, wäre die Schlussfolgerung, dass die Managementqualität der „Topteams" schlechter ist als bei den übrigen Vereinen. Die Ergebnisse des Abschnittes 7.1 in Verbindung mit der öffentlichen Wahrnehmung der Managementqualität der Vereine sprechen jedoch gegen eine derartige Interpretation der Ergebnisse.

Tabelle 2: 100-Tage-Test: Neuzugänge

1996/97[379]

	Topteams	Rest
Punkte	44	167
Anzahl Neuzugänge	15	56
Punktequote	2,93	2,98

Quelle: Kicker, eigene Berechnungen

1997/98[380]

	Topteams	Rest
Punkte	21	180
Anzahl Neuzugänge	12	71
Punktequote	1,75	2,54

Quelle: Kicker, eigene Berechnungen

1998/99[381]

	Topteams	Rest
Punkte	46	211
Neuzugänge	17	84
Punktequote	2,7	2,51

Quelle: Kicker, eigene Berechnungen

---

379 Vgl. Kicker Nr.86 vom 21.10.1996, S.8f.

380 Vgl. Kicker Nr.84 vom 13.10.1997, S.8ff.

381 Vgl. Kicker Nr.90 vom 2.11.1998, S.10ff.

1999/2000[382]

	Topteams	Rest
Punkte	43	231
Neuzugänge	18	92
Punktequote	2,38	2,51

Quelle: Kicker, eigene Berechnungen

Für eine zweite empirische Überprüfung und um das Problem der zu frühen Bewertung der Neuzugänge zu umgehen, kann ein weiteres Verfahren angewandt werden. Dabei wird wiederum auf Zahlenmaterial des Kicker-Sportmagazins zurückgegriffen. Seit der Saison 1995/96 bietet das Magazin seinen Lesern alljährlich (Ausnahme: 1997/98) das Kicker-Managerspiel an. Bei diesem Spiel erhält jeder Spieler fiktiv DM 50 Millionen (inzwischen 60) und kann damit einen Spielerkader zusammenstellen. Ziel des Spieles ist, eine möglichst hohe Punktzahl zu erreichen. Punkte (positive und negative) werden vergeben für die nach jedem Bundesligaspiel vom Kicker veröffentlichten Spielernoten, für erzielte Tore und für rote sowie gelb-rote Karten.[383] Die Sieger des Spieles erhalten wertvolle Geldpreise, so dass sie einen monetären Anreiz haben, ihren fiktiven Etat effizient in Spieler zu investieren. Die Preise der Fußballspieler orientieren sich an deren tatsächlichen Marktwerten (MW), welche vom Kicker geschätzt werden. Die Schätzungen des Kickers sind m.E. sehr gut, denn der stichprobenartige Vergleich mit anderweitig veröffentlichten Schätzungen der Marktwerte führt zu sehr ähnlichen Ergebnissen. Insbesondere die Wertentwicklung der einzelnen Spieler im Laufe der Saison ist m.E. treffend nachvollzogen.

Um nun zu testen, ob Fußballer ihr Anstrengungsniveau reduzieren, wenn sie einen hochdotierten Vertrag bei einem der Spitzenteams erhalten haben, werden die Entwicklungen ihrer Marktwerte mit denen der Spieler verglichen, die zu einem Verein der „Rest"-Gruppe gewechselt sind.[384] Auf Grund der theoretischen Überlegungen ist zu erwarten, dass sich die Marktwerte der Spieler, wel-

---

[382] Vgl. Kicker Nr.92 vom 15.11.1999, S.6ff.

[383] Die ausführlichen Spielregeln sind nachzulesen im Kicker, Sonderheft Bundesliga 1999/2000, S.218f.

[384] Grundsätzlich könnten auch alle anderen Spieler zum Vergleich herangezogen werden (also auch diejenigen, welche nicht den Verein gewechselt haben), doch erscheint mir das angewandte Verfahren besser geeignet, weil so wechselbedingte Besonderheiten in beiden Vergleichsgruppen gleichermaßen vorhanden sind.

che zu einem „Rest"-Verein gewechselt sind, besser entwickelt haben als die Marktwerte der Spieler, welche zu einem Spitzenteam transferiert wurden. Zum Vergleich wurden die im Kicker veröffentlichten jeweiligen Marktwerte vor der betreffenden und vor der darauffolgenden Saison herangezogen. Da das Managerspiel für die Saison 1997/98 nicht angeboten wurde, fehlen die entsprechenden Werte, so dass ein Vergleich nur für die Spielzeiten 1995/96[385] und 1998/99[386] möglich ist.

Die Ergebnisse bestätigen die theoretische Erwartung:[387] In der Saison 1995/96 sank der Marktwert der zu den Spitzenclubs transferierten Spieler von 50 Mio. DM auf 44,8 Mio. DM, was einem Wertverlust von 10% entspricht (vgl. Tabelle 3). Gleichzeitig stieg der Marktwert der zu einem „Rest"-Verein gewechselten Spieler von knapp 69 Mio. DM auf rund 78 Mio. DM, was einer Wertsteigerung von 13,4% entspricht.

Tabelle 3: Vergleich Spitzenteams vs. Rest 1995/96

	Spitzenteams	Rest
MW Saisonbeginn 1995/96 in Mio. DM	50	68,65
MW Saisonende 1995/96 in Mio. DM	44,8	77,85
Differenz in Mio. DM	-5,2	+9,2
Differenz in %	-10,4	+13,4

Quelle: Kicker, eigene Berechnungen

Die Zahlen für die Saison 1998/99 sind noch deutlicher: Während der Marktwert der neuen Spieler der Spitzenteams von 85 Mio. DM auf 82 Mio. DM um 3,5% sank, stieg der Marktwert der Neuverpflichtungen der „Rest"-Vereine von gut 71 Mio. DM um über 47% auf knapp 105 Mio. DM (vgl. Tabelle 4).[388]

---

[385] Vgl. dazu vom Kicker die Sonderhefte Bundesliga 1995/96, S.172, und 1996/97, S.228.

[386] Vgl. dazu vom Kicker die Sonderhefte Bundesliga 1998/99, S.220, und 1999/2000, S.220.

[387] Die Werte für jeden einzelnen Spieler finden sich im Anhang in den Tabellen A6 und A7.

[388] Eine Preisbereinigung der ausgewiesenen Werte ist nicht notwendig, weil es nicht um absolute Veränderungen, sondern um relative Unterschiede zwischen den Gruppen geht.

Tabelle 4: Vergleich Spitzenteams vs. Rest 1998/99

	Spitzenteams	Rest
MW Saisonbeginn 1998/99 in Mio. DM	85	71,3
MW Saisonende 1998/99 in Mio. DM	82	104,9
Differenz in Mio. DM	-3	+33,6
Differenz in %	-3,5	+47,12

Quelle: Kicker, eigene Berechnungen

Zusammenfassend kann festgehalten werden, dass die Ergebnisse beider Verfahren die theoretische Erwartung, Fußballer würden nicht mehr an ihre Leistungsgrenze gehen, sobald sie bei einem Spitzenverein unter Vertrag stehen, bestätigen. Durch das ungleich intensive Vorkommen von moral hazard-Verhalten unter den Vereinen wird die ligainterne Spielstärkeverteilung nivelliert.

7.3.4 Mannschaftliche Geschlossenheit

Unabhängig von den gerade dargestellten motivationalen Faktoren kommt der Zusammenstellung der Mannschaft spielentscheidende Bedeutung zu. KRUSE spricht von der mannschaftlichen Formierung als einem wichtigen Erfolgsfaktor.[389] In die gleiche Richtung argumentiert KLODT, indem er unterstellt, dass die Spielstärke einer Mannschaft nicht unmittelbar aus den addierten Spielstärken der einzelnen Spieler resultiert.[390] Vielmehr verhindern komplexe Komplementaritäten und Substitutionalitäten zwischen den Spielern die exakte Planbarkeit des Erfolges. Der Kauf eines vermeintlichen Starspielers muss nicht zur faktischen Erhöhung der spielerischen Qualität einer Mannschaft führen, wenn dieser z.B. nicht mit den übrigen Spielern harmoniert, seine Fähigkeiten nicht komplementär zu dem Rest der Mannschaft sind. Die Transferierbarkeit des Humankapitals eines Fußballspielers zwischen Vereinen scheint nur bedingt gegeben zu sein.[391] Es handelt sich hier um Fragen der Produktionseffizienz einer Mannschaft.[392]

---

[389] Vgl. KRUSE (1998), S.39.

[390] Vgl. KLODT (1998), S.112f.

[391] Nahezu vollständige Transferierbarkeit des Humankapitals wird von FRICK (2000), S.46, unterstellt. In der Realität gibt es immer wieder Beispiele dafür, dass die Leistungen eines Fußballers wesentlich von seinen unmittelbaren Mitspielern bzw. dem Umfeld als solchem abhängen. Als Beispiel mag das sogenannte „magische Dreieck“ des VFB Stuttgart, bestehend aus den Spielern Krassimir Balakov, Freddie Bobic sowie Giovanne Elber, dienen. Nach dem Verkauf von Giovanne Elber zu Bayern München konnte von den Dreien

7.4 Zufall

In diesem Abschnitt wird die quantitative Bedeutung des Zufalls für den Ausgang von Fußballspielen untersucht. Sollte Zufall tatsächlich erheblichen Einfluss auf einzelne Spiele oder die Meisterschaftsrunde als Ganzes haben, dann ist auch bei wirtschaftlich ungleicher Leistungsfähigkeit der Vereine von spannungsgeladenen Partien und Wettbewerben auszugehen, permanente Alleingänge einzelner Mannschaften werden unwahrscheinlicher. „Eine gewisse Unkalkulierbarkeit des Ausgangs eines Spiels oder einer Meisterschaft sind bekanntlich sportspezifische Produkteigenschaften und machen den ökonomischen Wert des Unterhaltungsproduktes 'Fußball' mit aus.“[393]

---

lediglich Elber sein Leistungsniveau halten. Eine hypothetische Addition der Leistungen dieser drei Spieler während sie zusammen spielten und nachdem sie getrennt wurden, würde sicher zu sehr unterschiedlichen Werten führen. Dies ist zwar noch kein Beweis für Komplementaritäten, weil der Leistungsabfall z.B. auch auf fortschreitendes Alter zurückgeführt werden könnte. Gleichwohl gibt es zahlreiche Beispiele für Fußballer, die nur in einer bestimmten Mannschaft Höchstleistungen brachten, andere wiederum erreichten in bestimmten Vereinen niemals ihre Leistungsgrenze. So musste etwa Michael Preetz viele Jahre als Profi in verschiedenen Mannschaften mit mittelmäßigem Erfolg hinter sich bringen, bevor er im Alter von 31 Jahren bei Hertha BSC Berlin Torschützenkönig und Nationalspieler wurde. Der schwedische Nationalspieler Martin Dahlin konnte nur bei einem einzigen Verein überzeugen, nämlich Borussia Mönchengladbach. Nach seinem Verkauf in die italienische Liga fand Dahlin nie auch nur annähernd zu seiner bisherigen Stärke, so dass er zu Möchengladbach zurückwechselte und auch leistungsmäßig wieder an alte Zeiten anknüpfen konnte. Sein späteres Gastspiel in der englischen Liga und auch das beim Hamburger SV verliefen ähnlich erfolglos wie jenes in Italien. Aber auch der umgekehrte Fall hat Gültigkeit: Spieler, die sich bei bestimmten Vereinen nicht zurechtfinden, obgleich sie bei vielen anderen Vereinen Spitzenleistungen erbrachten und erbringen. Als Beispiel hierfür mögen Thomas Häßlers Zeit bei Borussia Dortmund oder Andreas Herzogs Zeit beim FC Bayern München gelten.

[392] WILHELM (1997) versucht die Produktionseffizienz in der Basketball-Bundesliga mit Hilfe von Produktionsfunktionen zu ermitteln und kommt mit Hilfe verschiedener Modelle zu Effizienzwerten von bis zu 99,9%. Vgl. ebenda, S.4ff. Wenngleich die Basketball-Vereine damit sehr produktionseffizient arbeiten, heißt das nicht, dass immer die Mannschaft mit den besten Spielern gewinnt, denn WILHELM untersucht mehrere erklärende Variable.

[393] FRANCK/MÜLLER (1998), S.128. Es mag eingewendet werden, dass auch andere Güter und Dienstleistungen einer gewissen Unsicherheit unterliegen (etwa Dienstleistungen mit asymmetrischer Informationsverteilung zwischen den Kooperationspartnern) und es sich entsprechend um keine sportspezifische Besonderheit handelt. Dem muss jedoch entgegnet werden, dass die Unkalkulierbarkeit beim Sport ein Qualitätsmerkmal darstellt und gerade deshalb stark nachfragesteigernd, bei „normalen“ Produkten hingegen eher nachfragemindernd wirkt.

7.4.1 Definition und Wirkungsmöglichkeiten des Zufalls

7.4.1.1 Begriffsdefinition und -abgrenzung

Umgangssprachlich wird unter Zufall ein Umstand verstanden, der ex ante nicht vorhersehbar war, bzw. ein Zustand, dessen Realisation keiner Gesetzmäßigkeit folgte. In einem solch allgemeinen Verständnis ist das Ergebnis eines jeden Fußballspieles vom Zufall abhängig, für diese Arbeit soll daher eine andere Definition gewählt werden: Der Begriff Zufall beschreibt all jene Umstände eines Fußballspieles, die bis zum Spielbeginn in keiner Weise bekannt bzw. prognostizierbar sind! Der so verstandene Zufall kann in mindestens zwei Unterkategorien aufgeteilt werden: Glück und Tagesform.

7.4.1.1.1 Glück

Unter den Begriff „Glück" (und für die andere Mannschaft als Gegenstück „Pech") können sämtliche spielbeeinflussenden Ereignisse eingeordnet werden, die nicht auf die eigene (beabsichtigte) Leistung bzw. Anstrengung der vom Glück profitierenden Mannschaft zurückzuführen sind. Exemplarisch seien genannt: Fehlentscheidungen der Schiedsrichter, witterungsbedingte Einflüsse, Unebenheiten des Platzes, Ausfälle wichtiger Spieler kurz vor oder während des Spieles oder aber Tore in der Nachspielzeit.[394] Oder wie HEIMANN formuliert:

> „In jedem Spiel, auch bei haushoch überlegenen Mannschaften, gibt es immer wieder Aktionen, von denen im nachhinein niemand sagen kann, warum das ausgerechnet so lief und nicht ganz anders. Ein Fußballplatz ist keine Alchimistenküche, da wird keine Geheimwissenschaft kultiviert. Was kann denn so großartiges Verdienst sein oder Versagen, wenn der Ball im Spiel zweimal vom Pfosten ins Feld zurückspringt. Wäre er um Millimeter nach der einen Seite an den Pfosten geknallt, wäre er ins Netz gesprungen."[395]

Zu beachten ist dabei, dass das so verstandene Glück zwar ex ante gleichverteilt ist, mithin können beide Mannschaften gleichermaßen vom Glück profitieren, ex post ist es jedoch im Regelfall ungleich verteilt. Schiedsrichter bevorzugen durch ihre Fehlentscheidungen nicht gleichermaßen beide Mannschaften, Verletzungspech trifft regelmäßig nicht alle Vereine gleichstark etc. Die ex post-

---

[394] In diesem Zusammenhang ist etwa an folgende, empirisch bereits widerlegte Vermutung zu denken: „In Kaiserslautern lässt der Schiedsrichter so lange spielen, bis der 1. FC Kaiserslautern gewonnen hat." Ursache dieser Vermutung ist die Tatsache, dass der 1. FC Kaiserslautern schon häufig in der Nachspielzeit spielentscheidende Tore erzielt hat.

[395] HEIMANN (1998), S.43.

Ungleichverteilung gilt sowohl für das einzelne Spiel als auch – in abgeschwächter Form – für die gesamte Saison.[396]

Langfristig lassen sich einige der oben genannten Glücksumstände theoretisch beseitigen. Von Seiten der Vereine ist es bei besserer Finanzkraft möglich, Rasenheizungen, überdachte Stadien o.ä. zu bauen und damit das Wetter als Einflussfaktor zu beseitigen. Von Verbandsseite können zusätzliche Schiedsrichter, Torkameras etc. eingesetzt oder das Regelwerk geändert werden, um Fehlentscheidungen der Schiedsrichter zu reduzieren. Andere Glücksumstände wie die erwähnten Pfostentreffer lassen sich dagegen kaum einschränken. Da einerseits der Wille, andererseits die finanziellen Möglichkeiten derzeit nur begrenzt vorhanden sind, solche Änderungen vorzunehmen, soll die Quantifizierung des Faktors Glück auf Basis der bisher vorhanden Glücksumstände vorgenommen werden.

7.4.1.1.2 Tagesform

Die zweite spielbeeinflussende Zufallskomponente ist die Tagesform. Umgangs-sprachlich wird unter der Tagesform die an einem Spieltag erreichte Spielqualität einer Mannschaft verstanden. Vonnöten wäre eine engere und präzisere Definition, welche jedoch Probleme aufwirft.

Eine Möglichkeit besteht darin, Tagesform als Standardabweichung von der langfristig durchschnittlich erzielten Spielqualität zu verstehen. In dem Falle würde als Referenzqualität die in der willkürlich abgegrenzten Vergangenheit durchschnittlich erzielte Spielqualität dienen. Das erste Abgrenzungsproblem stellt sich bei der Definition des Beobachtungszeitraumes. Möglich wäre eine Saison aber auch zwei oder mehr Spielzeiten. Der Vorteil längerer Zeiträume besteht in der größeren Datenbasis, nachteilig wirkt die Veränderung des Spielerkaders, welche unabhängig von Formschwankungen die Qualität des Spiels verändern. Spielerkäufe und -verkäufe wirken sich positiv oder negativ aus, aber auch ein Kader ohne personelle Veränderung ist mittel- bis langfristig nicht qualitätsneutral. Wird der bestehende Kader als einziger Produktionsfaktor betrachtet, ergibt sich gemäß der Produktions- und Wachstumstheorie das Problem des technischen Fortschritts. Einerseits veraltet der Kapitalstock in Form abnehmender körperlicher Belastbarkeit, andererseits ergeben sich „learning by

---

[396] Eine Saison ist in diesem Zusammenhang die längste relevante Periode, denn für den Spannungsgrad der Liga ist eine Meisterschaftsrunde entscheidend. Bei längeren Zeiträumen (über mehrere Jahre) würde sich vermutlich allmählich die ex post-Ungleichverteilung abbauen.

doing"-Effekte durch zunehmende Erfahrung und Routine. Innerhalb des bestehenden Kaders können Substitutionsmöglichkeiten durchgeführt werden, indem die bisher beste „Elf" partiell durch jüngere Spieler ersetzt wird. Ob die Folgen der Überalterung oder aber „learning by doing"-Effekte überwiegen, ist a priori offen. Dies in der jeweiligen Situation zu beurteilen, obliegt dem sportlichen Leiter. Eindeutig – und für die Bildung des „Qualitätsmittelwertes" relevant – ist allerdings der Sachverhalt, dass Abweichungen von der Durchschnittsqualität nicht ausschließlich formbedingt sind.

Ungeachtet der Probleme der zeitlichen Abgrenzung können die Formschwankungen erst ex post festgestellt werden, denn zuvor muss ein langfristiges Mittel der Spielqualität gebildet werden. Mit anderen Worten ist in diesem Kontext am ersten Spieltag – oder zu Beginn des Beobachtungszeitraumes – noch keine Aussage darüber möglich, ob eine Mannschaft gut in Form war oder nicht. Dies zu bewerten ist erst rückblickend möglich. Weiterhin ergeben sich praktische Schwierigkeiten, die Tagesform objektiv einzuschätzen.

Alternativ zur Möglichkeit, die Tagesform als Standardabweichung von der langfristig durchschnittlich erzielten Spielqualität zu verstehen, kann die Tagesform als Standardabweichung von einem geschätzten Qualitätspotential definiert werden. Es würde dann die tatsächliche Spielqualität mit der (subjektiv geschätzten) potentiellen Durchschnittsqualität[397] verglichen werden. Das Qualitätspotential würde dann anhand von bestimmten Faktoren wie etwa Kaderzusammensetzung und Trainerqualität geschätzt. Während dieser Ansatz Schätzfehler provoziert birgt er m.E. einen wichtigen konzeptionellen Vorteil: Liegt die Spielqualität einer Mannschaft während des gesamten Beobachtungszeitraumes über oder unter ihrem Qualitätspotential, wird dies als Formstärke oder Formschwäche ausgewiesen.[398] Bei dem ersten Ansatz dagegen würde die

---

397 Die subjektiv geschätzte potentielle Spielqualität eines Vereins kann auf mehreren Wegen ermittelt werden. So kann sich z.B. jeder Interessierte ein eigenes Bild vom Qualitätspotential machen. Sinnvoll erscheint mir die Übernahme von gewichteten veröffentlichten Experteneinschätzungen (z.B. Sportjournalisten, ehemalige Trainer und Spieler).

398 Es mag eine Geschmacksfrage sein, ob Formschwäche über eine gesamte Spielzeit noch als solche bezeichnet werden kann, oder ob das spielerische Potential nicht tatsächlich so gering ist. In der Realität ist häufig zu beobachten, dass eine personell weitgehend unveränderte Mannschaft in zwei unterschiedlichen Spielzeiten ihr Leistungspotential sehr unterschiedlich ausschöpft. Oft wird auch eine gute Hin- und eine schlechte Rückrunde gespielt. Es spricht m.E. einiges dafür, dass Fußballmannschaften auch über sehr lange Zeiträume nicht ihre Normalform erreichen. Als Ursachen mögen die Motivation oder die Ruhe/Unruhe im Mannschaftsumfeld herhalten.

chronische Formstärke oder -schwäche als „wahres“ Leistungspotential ausgegeben. Nachfolgend soll die Tagesform als Standardabweichung vom geschätzten Qualitätspotential verstanden werden.

7.4.1.2 Wirkungsmöglichkeiten des Zufalls

Die Auswirkungen des Zufalls auf den Spielausgang können höchst unterschiedlich sein. Im einfachsten Fall hat der Zufall keinen Einfluss auf das Ergebnis: Ein unberechtigter Elfmeterpfiff in letzter Spielminute eines Punktspiels für eine Mannschaft, die beispielsweise 0:4 zurückliegt, ist zwar als Glück für diese zu werten, doch ist es aller Wahrscheinlichkeit nach unbedeutend. Auch kann die gute Tagesform einer Mannschaft durch die ebenso gute Tagesform des Gegners oder dessen Glück (über-) kompensiert werden, so dass das auf Grund der unterschiedlichen Potentiale erwartete Spielergebnis tatsächlich eintritt.

Die zweite Erscheinungsform des Zufalls kann bestehende Ergebnisunterschiede vergrößern, verringern oder umkehren. Es handelt sich hier um isolierte Zufallsmomente, d.h. es bestehen keine Interdependenzen zwischen Glück und Tagesform und vice versa sowie keine intertemporalen Interdependenzen. So hätte etwa eine Fehlentscheidung des Schiedsrichters keinerlei Einfluss auf den weiteren Spielverlauf.[399]

Besonders interessant sind jedoch die Zufallsmomente mit Interdependenzen zwischen Glück und Tagesform oder auch solche intertemporaler Natur. Ein glücklicher Umstand zu einem relativ frühen Zeitpunkt des Spiels kann sich positiv auf die Tagesform bzw. das Engagement des bevorteilten Teams auswirken oder den Spielverlauf dahingehend beeinflussen, dass die Taktik zu Gunsten des „glücklichen“ Teams geändert werden kann. Bekommt beispielsweise eine defensivstarke und offensivschwache Mannschaft frühzeitig einen unberechtigten Elfmeter zugesprochen und verwandelt diesen, kann sie sich fortan auf ihre ureigenen Qualitäten, nämlich das Verteidigen bzw. „Zerstören“ verlegen und so den Vorsprung über die Zeit bringen. Ohne die Fehlentscheidung wäre die Mannschaft möglicherweise chancenlos gewesen, weil sie beim eigenen Bemühen, ein Tor zu schießen, die Abwehr hätte öffnen und so mehrere Gegentore hätte hinnehmen müssen. Die intertemporalen Interdependenzen müssen sich allerdings nicht auf ein einzelnes Spiel beschränken sondern können ganze

[399] Die hier vorgenommene Einteilung ist lediglich als gedankliche Unterscheidung zu verstehen, denn praktisch ist ja nicht bekannt, wie das Spiel ohne Fehlentscheidung ausgegangen wäre.

Glücks- oder Pechsträhnen verursachen.[400] Siege stärken und Niederlagen reduzieren das Selbstvertrauen für künftige Spiele.

Die Erklärung des Zufalls durch den französischen Mathematiker POINCARÉ bringt die zuletzt geschilderten Zusammenhänge auf den Punkt:

„Eine sehr kleine Ursache, die uns verborgen bleibt, verursacht einen beträchtlichen Effekt, den wir nicht übersehen können, und dann sagen wir, dieser Effekt sei zufallsbedingt... Es kann vorkommen, dass kleine Differenzen bei den Anfangsbedingungen zu sehr großen Differenzen bei den endgültigen Phänomenen führen ... Die Vorhersage wird unmöglich, und wir haben eine zufällige Entscheidung."[401]

Zusammenfassend bleibt festzuhalten: Schwankungen in der Tagesform und das Auftreten von Glück können – soweit sich nicht alle Umstände gegenseitig aufheben – entweder dazu führen, dass ungleiche Paarungen noch ungleicher werden und die Siege der überlegenen Mannschaft höher als bei jeweiliger Normalform ausfallen oder dass ein vermeintlich schwächeres Team die prinzipiell stärkere Mannschaft im günstigsten Fall besiegt. Der Tagesform und dem Glück kommt in jedem Fall spannungssteigernde Bedeutung zu, denn ex ante ist nicht bekannt, welche Mannschaft stärker vom Zufall profitiert. Damit wird ein Stück Ergebnisoffenheit gewonnen.

7.4.2 Die Theorie effizienter Märkte

Vor dem Hintergrund der Hypothese der effizienten Informationsverarbeitung auf Finanzmärkten bietet es sich an, den Faktor Zufall mit Hilfe von Wettquoten zu quantifizieren. Wenn auf Wettmärkten alle Informationen in den Quoten enthalten sind, müsste es zumindest in Grenzen möglich sein, das Maß an Zufall direkt aus den Wettquoten abzulesen. Nachfolgend soll zunächst die Theorie der effizienten Finanzmärkte dargestellt werden.

---

[400] In diesem Zusammenhang wird häufig von der Bedeutung eines guten Saisonstarts für den weiteren Verlauf der Punktspielserie gesprochen.

[401] POINCARÉ (1914), zitiert nach SEILER (1994), S.563.

7.4.2.1 Effiziente Finanzmärkte

Die These, dass Finanzmärkte alle verfügbaren Informationen zu jeder Zeit effizient verarbeiten, geht auf FAMA zurück.[402] „A market in which prices always 'fully reflect' available information is called 'efficient'."[403] Die so verstandene Effizienz liegt vor, wenn folgende (hinreichende) Bedingungen erfüllt sind:

1. Es existieren keine Transaktionskosten auf den Finanzmärkten.
2. Alle Marktteilnehmer haben kostenlosen Zugriff auf sämtliche verfügbaren Informationen.
3. Alle Marktteilnehmer stimmen hinsichtlich der Implikationen der aktuellen Informationen für die derzeitige und zukünftige Preisbildung auf den Finanzmärkten überein.

In der Realität werden nicht alle drei Punkte gleichzeitig erfüllt sein. Die Bedingungen sind jedoch nur hinreichend, nicht aber notwendig für Markteffizienz. So stellen sich nicht zwangsläufig Ineffizienzen ein, wenn etwa die Ansichten der Marktteilnehmer bezüglich der Implikationen der vorhandenen Informationen für die Preise differieren. Erst wenn einzelne Marktteilnehmer systematisch bessere Prognosen liefern können als es die momentanen Preise erwarten lassen, liegt Ineffizienz vor.[404]

Da die Zukunft nicht mit Sicherheit bekannt ist, werden Kauf- und Verkaufsentscheidungen unter Unsicherheit getroffen. Dementsprechend fällt der Erwartungsbildung eine besondere Bedeutung zu. Die einzelnen Wirtschaftssubjekte basieren ihre Entscheidungen rational auf ihren ökonomisch gebildeten subjektiven Erwartungen, sie haben rationale Erwartungen.[405] Unter der Voraussetzung homogener Erwartungen der Marktteilnehmer stimmen der vom Markt bestimmte und der von dem repräsentativen Wirtschaftssubjekt gebildete Erwartungswert überein. In dieser Situation können keine systematischen Erwartungsfehler mehr auftreten, im Durchschnitt treten die Prognosen ein.[406] Daraus

---

[402] Vgl. die grundlegende Arbeit von FAMA (1970), aber auch die späteren Werke: FAMA (1991) und FAMA (1998).

[403] FAMA (1970), S.383.

[404] Vgl. ebenda, S.387f.

[405] Vgl. FUHRMANN (1988), S.548 und NEUMANN/KLEIN (1982), S.168f. Zur Theorie rationaler Erwartungen vgl. die grundlegende Arbeit von MUTH (1961).

[406] Vgl. FUHRMANN (1988), S.548. Dies gilt nur dann, wenn sich das Modell der Marktteilnehmer mit der Realität deckt. Bei unterstellten homogenen Erwartungen sollte davon

folgt, dass Informationsgewinnung zu keinen zusätzlichen Profiten führen kann,[407] nicht jedoch, dass der erwartete Kurs/Preis auch tatsächlich eintritt. Auf Grund exogener Störungen kann sich eine andere als die erwartete Realisation ergeben, dies geschieht jedoch nur zufällig und nicht systematisch. Oder anders formuliert: Die tatsächlichen Periodenertragsraten weichen nur zufällig von den seitens des Marktes erwarteten Ertragsraten ab, und das nur auf Grund von neu auftretenden, noch nicht verarbeiteten, Informationen.

Wird die – praktisch ohnehin nicht haltbare – Modellannahme der homogenen Erwartungen aufgegeben, so lassen sich m.E. außerordentliche Gewinne damit erzielen, dass die der Erwartungsbildung eines Wirtschaftssubjektes zugrunde liegende Modelltheorie besser ist als die des durchschnittlichen Marktteilnehmers. Derartige Profite hätten systematischen Charakter und würden ein gewisses Maß an Marktineffizienz anzeigen. Gleichwohl würden die Transaktionen der „besser Informierten" ihren Niederschlag in den Marktpreisen finden, so dass die Ineffizienz partiell beseitigt würde. Verantwortlich dafür ist die permanente Suche aller Marktteilnehmer nach unausgeschöpften Gewinnpotentialen.[408]

---

allerdings ausgegangen werden, denn sonst müssten sämtliche Wirtschaftssubjekte (inklusive der ausgewiesenen Experten) eine falsche Vorstellung von der ökonomischen Wirklichkeit haben.

[407] An dieser Stelle ergibt sich das sogenannte Informationsparadoxon: Wenn die derzeitigen Preise sämtliche Informationen widerspiegeln und sich ein weiterer Ressourceneinsatz zur Informationsgewinnung nicht lohnt, wie können dann die Preise die Informationsmenge beinhalten und widerspiegeln? Vgl. dazu FUHRMANN (1988), S.548 und grundlegend GROSSMAN/STIGLITZ (1980). NEUMANN/KLEIN (1982), S.169, betonen, dass das Konzept in dieser Hinsicht nicht anfechtbar ist, weil es nach FAMA keine aktive Informationssuche gibt. Die Informationen fließen den Marktteilnehmern kostenlos zu.

[408] Bei unbegrenzter Verschuldungsmöglichkeit würde der „besser Informierte" – bei optimistischerer Bewertung als der der übrigen Marktakteure – die Ineffizienzen durch entsprechende Käufe vollständig beseitigen, denn er würde so lange kaufen, bis der Marktpreis dem von ihm erwarteten Preis entspricht. Ist seine Bewertung hingegen pessimistischer, dann kann er sein „Wissen" maximal soweit einbringen, wie er über verkaufbare Wertpapiere verfügt. Hält er im ungünstigsten Fall keine Wertpapiere, wird sein „Wissen" vom Markt unberücksichtigt versickern. Sind z.B. die Marktteilnehmer überwiegend keynesianisch eingestellt, so wird eine Geldmengenexpansion und die damit verbundene Inflation die Aktienkurse (temporär) steigen lassen. Ein monetaristisch orientierter Akteur ohne Aktienbesitz wird seine Erwartungen der angemessenen niedrigen Aktienkurse am Markt nicht äußern können, daher spiegeln die Aktienkurse nicht alle verfügbaren Informationen wider. Entspricht die monetaristische Sicht der Realität, wären systematische Kursgewinne – etwa durch Termingeschäfte – zu erzielen. Fraglich ist allerdings, wie lange sich eine falsche Vorstellung der ökonomischen Wirkungsmechanismen am Markt halten kann. Mit der The-

Die empirische Überprüfung der Effizienzmarkthypothese erfolgte durch Tests der schwachen, mittelstrengen und strengen Informationseffizienz:[409]

Schwache Informationseffizienz: Alle bereits zentral veröffentlichten Informationen, also Informationen aus der Vergangenheit, deren Beschaffungsgrenzkosten nahe null liegen, sind vollständig in den Kursen/Preisen enthalten.

Mittelstrenge Informationseffizienz: Zusätzlich zu den zentral veröffentlichten Informationen sind auch alle dezentral (z.B. über Informationsdienste) veröffentlichten Informationen in den Kursen enthalten, ihre Beschaffungsgrenzkosten sind positiv.

Strenge Informationseffizienz: Hierbei sind zusätzlich die (noch) monopolisierten Informationen (das sogenannte Insiderwissen), welche nur zu sehr hohen Beschaffungsgrenzkosten erhältlich sind, in den gegenwärtigen Preisen enthalten.

Die Ergebnisse der empirischen Untersuchungen lassen sich wie folgt zusammenfassen: Die Hypothesen der schwachen und mittelstrengen Informationseffizienz lassen sich nicht zurückweisen, strenge Informationseffizienz liegt hingegen nicht vor.[410] Somit sind zentral und dezentral veröffentlichte Informationen in den Preisen bzw. Kursen der Finanzmärkte enthalten, während das sogenannte Insiderwissen nicht berücksichtigt ist.[411] Etwaige Abweichungen sind zufällig, Über- bzw. Unterreaktionen der Märkte sind nicht geeignet, schwache und mittelstrenge Effizienzhypothesen zurückzuweisen.[412] Diese Ergebnisse

---

orie rationaler Erwartungen lässt sich jedenfalls ein Szenario mit heterogenen Modellansichten vereinbaren. Rationale Erwartungen setzen lediglich die korrekte Umsetzung der Modellerwartung in Markttransaktionen voraus.

[409] Vgl. FAMA (1970), S.388ff. FAMA verwendet die Begriffe „weak-form tests“, „semi-strong-form tests“ und „strong-form tests“. In seiner Arbeit von1991 ändert er die Begrifflichkeit in „tests for return predictability“, „event studies“ und „tests for private information“. NEUMANN/KLEIN (1982) wählen aus methodologischen Gründen ebenfalls eine andere Terminologie: Sie unterscheiden zentral veröffentlichte, dezentral veröffentlichte und vorübergehend monopolisierte Informationen und leiten daraus die Hypothesen schwacher und starker Informationseffizienz ab. Hier soll der ursprünglichen und am weitesten verbreiteten Sprachregelung gefolgt werden.

[410] Vgl. FAMA (1970), FAMA (1991), FUHRMANN (1988), S.552. Für kritische Bemerkungen vgl. NEUMANN/KLEIN (1982).

[411] Vgl. dazu schon JAFFE (1974).

[412] Vgl. FAMA (1998).

gelten zumindest für den amerikanischen Kapitalmarkt. Der deutsche Aktienmarkt muss hingegen differenzierter betrachtet werden: Schwache Informationseffizienz ist gegeben, mittelstrenge Informationseffizienz liegt jedoch offenbar nicht vor, denn die Informationen werden nicht vollständig verarbeitet und die Preisanpassungen erfolgen nicht umgehend.[413]

7.4.2.2 Anwendung: Wettmärkte

Wenn Finanzmärkte die Tests auf schwache und mittelstrenge Informationseffizienz bestehen, dann liegt es nahe, dass auf Wettmärkten alle Informationen mit Ausnahme des „Insiderwissens" in den Wettquoten, verstanden als Preise der Wettmärkte, enthalten sind. Da – im Gegensatz zu Finanzmärkten – der „wahre" Wert eines Zukunftstitels mit der Realisation des Wettereignisses offenbart wird, erfreuen sich die unterschiedlichsten Wettmärkte großer Beliebtheit bei empirischen Überprüfungen der Effizienzmarkthypothese.

„The ongoing nature of securities markets means that there exists no point at which an objective fundamental value can be observed and compared with actual prices. In contrast, the point spread market offers an objective, though uncertain, game outcome to decide the end-of-horizon payoff."[414]

Von den Wettbüros werden vorwiegend Sportereignisse angeboten, doch auch auf den Ausgang politischer Wahlen oder gesellschaftlicher Ereignisse wie die Oscar-Verleihung kann gewettet werden. Im angelsächsischen Raum existiert umfangreiche Literatur mit empirischen Tests der Effizienz von Sportwettmärkten. Im deutschsprachigen Raum und für deutsche Wettmärkte liegt bislang m.W. noch keine derartige Literatur vor. Im Rahmen dieser Arbeit ist es nicht möglich, die Effizienz des deutschen Wettmarktes für Fußballspiele zu untersuchen. Da aber keine grundsätzlichen bzw. systematischen Unterschiede zwischen amerikanischen, englischen oder deutschen Wettmärkten existieren, sollen die Ergebnisse ausländischer Studien als Grundlage für die Effizienz/Ineffizienz deutscher Märkte übernommen werden. Auch macht es keinen grundsätzlichen Unterschied, ob der Markt für Pferderennen, Baseball oder Fußball untersucht wird, denn für den Grad der Informationsverarbeitung ist die

---

[413] Vgl. den Überblick über die entsprechenden empirischen Arbeiten bei KOPP (1996), S.104ff.

[414] GANDAR et al. (1988), S.995.

Sportart prinzipiell irrelevant.[415] Allen gemeinsam ist die Tatsache, dass auf effizienten Wettmärkten die Gewinnerwartungswerte für alle Wetten übereinstimmen müssen.[416] Gäbe es Abweichungen, würden diese durch entsprechende Wettabschlüsse eingeebnet.

Die Art der angebotenen Quoten unterscheidet sich teilweise zwischen den verschiedenen Sportarten. Bei Pferderennen ist etwa der Sieger und gelegentlich der Zweit- und Drittplazierte zu prognostizieren. Im Basketball werden Punktdifferenzen zwischen den gegnerischen Mannschaften vom Buchmacher vorgegeben, Mannschaft A schlägt beispielsweise Mannschaft B mit einer Differenz von 5 Punkten, der Wettnehmer (das ist der Wettgegner des Buchmachers) kann daraufhin Wetten abgeben, ob diese Punktdifferenz über- oder unterboten wird.

Beim Boxen kann auf den Sieger gewettet werden, doch auch Voraussagen der K.O.-Runde werden von den Buchmachern angeboten. Bei Fußballspielen sind einerseits Ergebniswetten möglich, das Ergebnis muss dann exakt vorhergesagt werden, andererseits kann nur die „Tendenz“ (Sieg, Unentschieden, Niederlage) als Wette abgeschlossen werden.

Die letztgenannte Art der Wette wird Gegenstand der unten folgenden empirischen Untersuchung sein. Es soll darauf verzichtet werden, die mathematische Technik der Quotensetzung exakt darzustellen.[417] Entscheidend für das Vorliegen von Informationseffizienz – und damit existierte ein Gleichgewicht auf dem Wettmarkt – ist Folgendes: Die Wettquoten müssen so kalkuliert sein, dass der Gewinnerwartungswert für jede Wette gleich ist, entsprechend sind die im Gleichgewicht gesetzten Geldbeträge für alle angebotenen Wetten identisch.[418] Unter dieser Voraussetzung sind keine systematischen Gewinne realisierbar. „In

---

[415] Die Aussage bedarf jedoch einer gewissen Einschränkung, wenn nämlich hinsichtlich des Ausmaßes der Insiderinformationen spürbare Unterschiede zwischen den Märkten bestehen.

[416] Vgl. SNYDER (1978), S.1110. Für die exakte Definition des Gewinnerwartungswertes vgl. Abschnitt 7.3.4.2.2.

[417] Vgl. dazu etwa VERGIN/SCRIABIN (1978), S.809f. oder POPE/PEEL (1989), S.326f.

[418] Vgl. dazu CAMERER (1989), S.1258. Es existieren zwei grundsätzlich unterschiedliche Wettvarianten: Bei der einen wird vom Buchmacher ein erstes Wettangebot gemacht, anschließend passen sich die Quoten automatisch und permanent an die Umsätze der Wettnehmer an. Diese Variante entspricht am ehesten der Kursermittlung an den Börsen. Bei der anderen Variante werden vom Buchmacher feste, von den Wettnehmern nicht mehr veränderbare Quoten angeboten. Auf die damit einhergehenden Probleme wird weiter unten noch näher eingegangen.

the strict sense, market inefficiency requires that trading strategies can exploit biases to earn consistent profits."[419]

Übersicht 1 gibt einen Überblick über wichtige empirische Arbeiten zur Effizienz von Wettmärkten. Mit Ausnahme der Studie von BROWN und SAUER[420] wird von allen Autoren untersucht, ob es Wettstrategien gibt, welche systematische Gewinne zur Folge haben. Die Testverfahren beziehen sich auf mittelstrenge Informationseffizienz, mithin auf die Frage, ob alle zentral und dezentral veröffentlichten Informationen mit maximal geringen Beschaffungsgrenzkosten in den Quoten enthalten sind.

Neun der insgesamt 14 Studien kommen zu dem Ergebnis, dass die untersuchten Wettmärkte informationseffizient sind. Vier Arbeiten weisen Ineffizienzen nach, deren drei lediglich geringe Ineffizienzen, welche jedoch systematische Gewinnmöglichkeiten eröffnet hätten. GANDAR et al. wenden zwei unterschiedliche Testverfahren an: Ein statistisches, welches Markteffizienz anzeigt und ein ökonomisches, das auf Ineffizienzen schließen lässt.

Zusammenfassend lässt sich feststellen, dass Wettmärkte offenbar alle zentral und dezentral veröffentlichten Informationen effizient verarbeiten oder dass sie den Anforderungen der Informationseffizienz zumindest sehr nahe kommen. Die nachgewiesenen Ineffizienzen fallen gering aus. Für das weitere Vorgehen soll nun vereinfachend von Markteffizienz ausgegangen werden. Bei der Interpretation der Ergebnisse werden dann die nötigen Differenzierungen und Einschränkungen vorgenommen.

---

[419] GRAY/GRAY (1997), S.1726.

[420] BROWN und SAUER gehen der Frage nach, ob Schwankungen bzw. die Volatilitäten der Wettquoten auf „viel Lärm um Nichts", also auf nicht-erklärbare Umstände zurückzuführen sind. Sie kommen zu dem Ergebnis, dass die Volatilitäten weitestgehend informationsbasiert sind.

Übersicht 1

Autor (en)	Untersuchte Sportart	Markteffizienz vorhanden?	Grad der (In-) Effizienz	Anmerkungen
ALI (1979)	Pferderennen	Ja	hoch	
BROWN / SAUER (1993)	Basketball	Ja	hoch	Erklärung der Volatilität von Wettquoten
CAMERER (1989)	Basketball	Ja	gering	Marktteilnehmer überbewerten den Einfluss von Serien
FIGLEWSKI (1979)	Pferderennen	Ja	hoch	
GANDAR et al. (1988)	Am. Football	statistisch: ja, ökonomisch: nein	hoch gering	Hängt vom jeweiligen Testverfahren ab
GOLEC / TAMARKIN (1991)	Am. Football	Nein	gering	Heimmannschaften und Underdogs werden unterschätzt
GRAY / GRAY (1997)	Am. Football	Nein	gering (Rendite: bis zu 4%) Tendenz: abnehmend	Heimmannschaften und Underdogs werden unterschätzt
POPE / PEEL (1989)	Fußball	Ja	gering	Einige geringfügige Ineffizienzen bei Unentschieden
SAUER et al. (1988)	Am. Football	Ja	hoch	
SNYDER (1978)	Pferderennen	Ja	gering	Quotenverzerrungen vorhanden, aber nicht profitabel nutzbar
THALER / ZIEMBA (1988)	Pferderennen	Ja	hoch	
WOODLAND / WOODLAND (1994)	Baseball	Ja	sehr hoch	
VERGIN / SCRIABIN (1978)	Am. Football	Nein	gering	Diverse Verzerrungen, z.B. bei Underdogs
ZUBER et al. (1985)	Am. Football	Nein	mittel	Autoren schränken die Ergebnisse selbst stark ein.

7.4.2.3 Implikationen für Fußballwetten

In Abschnitt 7.4.4.4 werden die Wochenendspiele der Fußball-Bundesliga untersucht. Dabei hat der Wettnehmer die Möglichkeit, zu festen, vom Buchmacher Intertops angebotenen Quoten auf Heimsieg, Unentschieden oder Auswärtssieg zu wetten. Es stellt sich die Frage, welche Informationen in diesen Quoten enthalten sind. Gemäß der obigen Überlegungen sind in den Quoten sämtliche, zum Zeitpunkt der Quotenfestsetzung zentral und dezentral veröffentlichten Informationen enthalten. Insiderwissen ist nur insoweit berücksichtigt, wie es Intertops zugänglich ist.[421] Spielstärke der beteiligten Mannschaften, taktische Möglichkeiten, Fähigkeiten der Trainer, Heimvorteil, die Bedeutung von Siegesserien und vieles mehr sind in den Quoten berücksichtigt. Aber auch einige Umstände, die nach der oben vorgenommen Definition unter die Rubrik Zufall eingeordnet werden müssten, können bereits in den Quoten berücksichtigt sein. Die oben erwähnte Bevorzugung des 1. FC Kaiserslautern durch sogenannte Heimschiedsrichter ist quotenwirksam, sofern sich der Sachverhalt statistisch tatsächlich nachweisen lässt bzw. von den Wettnehmern so wahrgenommen wird. Auch die häufig gemachte Äußerung, „Bayern hat doch immer nur Glück“, ist in den Quoten enthalten, sofern im Urteil der Wettnehmer empi-

---

[421] Insiderwissen gibt immer wieder Anlass zu Spekulationen. So kann die Markteffizienz durch Insiderwissen auf Seiten der Wettnehmer torpediert werden. 1995 sorgte das Wettangebot für die Nachfolge des von Bayern München entlassenen Trainers Trappatoni für Aufsehen. Als vermehrt hohe Wettbeträge aus dem Münchener Raum auf den Namen Otto Rehhagel eingingen, wurde Intertops deutlich, dass offenbar Insiderwissen ausgenutzt wurde. Vgl. dazu WIPPERFÜRTH (1998), S.48. Für die in diesem Papier untersuchten Wetten auf einzelne Spielausgänge dürfte das Insiderwissen von nachrangiger Bedeutung sein, denn abgesehen von vor Spielbeginn getroffenen Absprachen der beteiligten Mannschaften über den Spielausgang sind nur die einzelnen Spieler mit Insiderwissen ausgestattet. Ein Spieler könnte sich etwa vornehmen, das Spiel zu Ungunsten der eigenen Mannschaft zu beeinflussen und im Vorwege auf eine eigene Niederlage wetten. So geschehen in den Achtziger Jahren, als ein Nürnberger Abwehrspieler in zwei aufeinanderfolgenden Spielen Eigentore erzielte. Im Nachhinein stellte sich heraus, dass weniger Pech und Unvermögen als vielmehr diverse über einen Strohmann abgewickelte Wetten für die Tore verantwortlich waren. Mehrere Gründe sprechen jedoch dagegen, dass von solcher Art Insiderwissen die Markteffizienz spürbar beeinflusst wird: Erstens ist es nicht leicht, den Spielausgang maßgeblich negativ zu beeinflussen, ohne dass die Mutwilligkeit offen zutage tritt. Zweitens muss der Spieler mittel-, vielleicht sogar kurzfristig mit persönlichen Konsequenzen rechnen, welche sein zukünftiges Einkommen mindern. Drittens sind bei den heutigen Spielergehältern sehr hohe Wetteinsätze nötig, um durch die Niederlage eventuell entfallende Punkt- und Leistungsprämien zu kompensieren. Unter Berücksichtigung der Geheimhaltungskosten dürfte ein derart unsportliches Verhalten sehr unwahrscheinlich sein.

risch gesichert ist, dass Bayern München langfristig häufiger vom Glück profitiert als andere Mannschaften.[422]

Nicht in den Quoten enthalten ist das ex ante gleichverteilte Glück und die Tagesform, denn diese Faktoren offenbaren sich erst während des Spielverlaufes, sie werden im nächsten Abschnitt quantifiziert.

7.4.3 Empirie

7.4.3.1 Daten (Bundesliga)

Die statistische Auswertung findet auf der Basis der von *Intertops Sportwetten GmbH* zur Verfügung gestellten Wettscheine statt. Da Intertops die Wettscheine nicht systematisch archiviert, waren lediglich Spielscheine der Saison 1997/98 und der Saison 1998/99 erhältlich. Berücksichtigt wurden nur die Punktspiele der ersten Bundesliga. Zur Verfügung standen in der Saison 1997/98 die Spielscheine der Wochen 37-40, 42-45, 47-49, 05-07, 11-12, 14-15 und 17, mithin konnten die Spiele von insgesamt 19 Spieltagen ausgewertet werden. Für die abgelaufene Saison lagen die Spielscheine der Wochen 33-34, 37-39, 44-51, 07-09, 10, 11, 13 und 15-21 vor, somit wurden die Spiele von 26 Spieltagen ausgewertet. Insgesamt sind für die beiden Spielzeiten 389 Spiele[423] der ersten Bundesliga ausgewertet worden.

7.4.3.2 Wettquoten, Gewinnerwartungswert und Eintrittswahrscheinlichkeiten

7.4.3.2.1 Bestimmung der Wettquoten

Der Wettnehmer hat die Möglichkeit, bis Freitag der jeweiligen Woche die Spielausgänge der Wochenendspiele der Fußball-Bundesliga zu festen Quoten

---

[422] Es mag strittig sein, ob in diesem Fall die Einordnung in die Kategorie Glück noch angemessen ist.

[423] Für die beiden betrachteten Spielzeiten wurden also insgesamt 45 Spieltage ausgewertet. Multipliziert mit den jeweils neun Partien eines jeden Spieltages ergäbe sich die Zahl von 405 Begegnungen. Die Differenz zu den tatsächlich nur 389 ausgewerteten Spielen lässt sich damit erklären, dass abgesagte und/oder verschobene Paarungen teilweise nicht berücksichtigt wurden. Außerdem sind einige Spiele offenbar bewusst nicht angeboten wurde, weil es für eine der beteiligten Mannschaften „um nichts mehr ging". Auf dem Wettschein 20/1999 fehlten etwa die Spiele von Bayern München und Borussia Mönchengladbach, weil Bayern bereits als Meister, Mönchengladbach bereits als Absteiger feststanden.

zu tippen. Diese Quoten werden bereits am Freitag der vorigen Woche veröffentlicht, so dass der Wettnehmer einen Informationsvorsprung von bis zu einer Woche hat. Intertops macht beispielsweise das Wettangebot (1,90/3,10/2,90) für ein beliebiges Spiel. Für jede eingesetzte Mark erhält der Wettnehmer bei einem Heimsieg DM 1,90, bei einem Unentschieden DM 3,10 und bei einem Auswärtssieg DM 2,90, sofern er den Spielausgang korrekt vorhergesagt hat.[424] Auf einem normalen Markt würden sich auf Grund der getätigten Wettabschlüsse die Quoten (die relativen Preise) verändern, bis ein Gleichgewicht erreicht ist. Da Intertops für die Wochenendspiele Festquoten anbietet, müssen die Quotenmacher versuchen, die Transaktionen der Marktteilnehmer zu antizipieren. Die Festquoten erfordern vom Buchmacher somit die Lösung zweier Probleme: Einerseits muss die subjektive Wahrscheinlichkeitsschätzung des Buchmachers mit der durchschnittlichen Wahrscheinlichkeitsschätzung der Marktteilnehmer übereinstimmen,[425] andererseits muss sich der Buchmacher gegen den Informationsvorsprung der Wettnehmer absichern.

Das erste Problem lässt sich durch hinreichend große Erfahrungswerte in Grenzen halten, zumal Intertops für Wochentagsspiele das gleiche Wettprinzip mit variablen Quoten anbietet. Daraus und aus den Wettabschlüssen der Wochenendspiele lassen sich die Einschätzungen und Verhaltensweisen der Wettnehmer verhältnismäßig gut ableiten.[426] Gegen den Informationsvorsprung der Wettnehmer kann sich der Buchmacher durch höhere Gewinnmargen absichern.[427]

Voraussetzung für Markteffizienz ist, dass die Quoten so kalkuliert sind, dass die Auszahlungsbeträge der drei möglichen Ereignisse gewichtet mit den Eintrittswahrscheinlichkeiten zu identischen Gewinnerwartungswerten führen.

---

[424] Im Anhang sind in den Tabellen A2 und A4 sämtliche relevante Quoten aufgeführt. Insgesamt ist die Bandbreite der angebotenen Wettquoten noch weitaus größer, doch waren im Beobachtungszeitraum bei den relevanten Spielen nicht alle Quoten im Angebot. Die höchste mir bekannte Quote liegt bei (1,03/7,00/25,00), derart ungleiche Spielpaarungen finden jedoch nicht in der Bundesliga, sondern nur bei Pokal- oder Länderspielen statt.

[425] Vgl. POPE/PEEL (1989), S.325.

[426] Vgl. auch die Ausführungen des Quotenmachers Veit Becker von Sportwetten Gera bei WIPPERFÜRTH (1998), S.46.

[427] Vgl. POPE/PEEL (1989), S.326. Hier finden sich auch konkrete Ausführungen zur Quotensetzung.

7.4.3.2.2 Ermittlung von Gewinnerwartungswert und Eintrittswahrscheinlichkeiten

Der Gewinnerwartungswert muss nicht nur für die drei möglichen Ausgänge eines einzelnen Spieles übereinstimmen, sondern ebenso zwischen den verschiedenen Spielen. Andernfalls gäbe es für bestimmte Spiele größere Gewinnerzielungsmöglichkeiten, so dass die Wettnehmer ihre Abschlüsse auf die Spiele mit höheren Gewinnerwartungswerten konzentrieren würden, was wiederum gegen die Interessen der Buchmacher verstieße.

Der Gewinnerwartungswert (μ) errechnet sich mit Hilfe der Formel

$$\mu_j = p_{1j} \cdot q_{1j} + (1-p_{1j}) \cdot q_{2j} \qquad (8)$$

mit
p_{1j} = Eintrittswahrscheinlichkeit des Zustandes 1 bei Spiel j,
$(1-p_{1j})$ = entsprechende Gegenwahrscheinlichkeit
q_{1j} = Auszahlungsbetrag bei Zustand 1 und Spiel j,
q_{2j} = Auszahlungsbetrag bei Zustand 2 (ist immer 0).

Zustand 1 beschreibt dabei das Eintreten des Erfolgsfalles (gewonnene Wette), Zustand 2 den Misserfolg (verlorene Wette). Da $(1-p_{1j}) \cdot q_{2j}$ immer 0 ist, reduziert sich die Gleichung des Gewinnerwartungswertes auf

$$\mu_j = p_{1j} \cdot q_{1j} \qquad (9)$$

Für den Fall homogener Erwartungen sind der Markterwartungswert und die individuellen Erwartungswerte der Marktteilnehmer identisch. Andernfalls muss unterschieden werden zwischen dem durchschnittlichen Erwartungswert, welcher die Wettquote bestimmt, und dem subjektiv gebildeten, individuellen Erwartungswert der Marktteilnehmer. Für die Quotensetzung ist der Markterwartungswert, der gewichtete Erwartungswert aller Marktteilnehmer, relevant.

Aus den angebotenen Wettquoten lässt sich der Gewinnerwartungswert näherungsweise bestimmen. Ausgehend von der Quote (2,50/2,60/2,50) für Spiele ohne Favoriten lassen sich folgende Berechnungen anstellen: Da $p_1=p_3$ und $2{,}5p_1=2{,}6p_2$ (umgeformt zu $p_1=1{,}04p_2$) ergibt sich

$$1{,}04p_2+p_2+1{,}04p_2 = 1 \qquad (10)$$

p_2 beträgt damit 0,324675324 oder ca. 32,47%. Entsprechend liegen die Wahrscheinlichkeiten p_1 und p_3 bei ca. 33,77%. Durch Einsetzen in (9) ergibt sich μ=0,844155844, der Gewinnerwartungswert liegt damit zwischen 84,4 und 84,5 Pfennigen pro eingesetzter Mark. Intertops zahlt im Schnitt pro eingenommener Mark einen Gewinn von knapp 84,5 Pfennigen aus. Mit Hilfe des Gewinnerwartungswertes lassen sich nun die einzelnen Eintrittswahrscheinlichkeiten berechnen:

Gemäß (9) muss gelten: $p_{1j} \cdot q_{1j} = 0{,}844155844 \qquad (11)$

Da q_{1j} von Intertops vorgegeben und damit bekannt ist, können die jeweiligen Wahrscheinlichkeiten mit Hilfe der Gleichung (12) errechnet werden:

$$p_{1j} = 0{,}844155844 / q_{1j}. \qquad (12)$$

Mit dieser Formel kann jedem angebotenen Auszahlungsbetrag seine Eintrittswahrscheinlichkeit zugeordnet werden. Wie sich später zeigen wird, ist es für die Quantifizierung des spielentscheidenden Zufalls lediglich notwendig, bei Spielen mit einer favorisierten Mannschaft deren Siegwahrscheinlichkeit und die entsprechende Gegenwahrscheinlichkeit (Unentschieden oder Sieg des Außenseiters) zu berechnen. Bei Spielen ohne Favoriten ist die Wahrscheinlichkeit des Unentschiedens maßgeblich, die Wahrscheinlichkeiten von Siegen der beteiligten Mannschaften können zusammengefasst werden. Die genauen Zahlen finden sich im Anhang in Tabelle A3.

An dieser Stelle muss noch der Frage nachgegangen werden, warum überhaupt Wettabschlüsse getätigt werden, wenn der Gewinnerwartungswert einer eingesetzten Mark bei DM 0,845 liegt. Zwei Möglichkeiten müssen dabei unterschieden werden:

1. Marktteilnehmer, deren Erwartungen bezüglich der Eintrittswahrscheinlichkeiten mit der durchschnittlichen Markterwartung übereinstimmen, werden nur bei risikofreudiger Präferenzfunktion Wetten eingehen. Ihre Risikoeinstellung ist dadurch gekennzeichnet, dass das Sicherheitsäquivalent oberhalb des Erwartungswertes liegt.

2. Der Wettnehmer hat eine vom Marktdurchschnitt (repräsentiert durch die angebotenen Wettquoten) abweichende Erwartung. Seine Wahrscheinlichkeitsschätzung weicht hinsichtlich des Spielausganges von jener der übrigen Marktteilnehmer ab, er glaubt, das bessere Wissen als der durchschnittliche

Marktteilnehmer zu haben. In diesem Fall kann der Wettabschluss mit allen drei Risikoeinstellungen (Risikofreude, -neutralität oder -scheu) zu vereinbaren sein.

7.4.3.3 Methodik

Der These, sportlicher Erfolg sei (vollständig) käuflich, liegt eine (streng) positive Korrelation von vereinsindividueller Finanzkraft und sportlichem Erfolg zugrunde. Demnach führte eine weitere Ungleichverteilung der vereinsübergreifenden Finanzkraft zu einer noch stärkeren Verfestigung der tabellarischen Rangfolge und zur noch sichereren Prognostizierbarkeit der Spielausgänge, entsprechend würde der Spannungsgrad der Spiele und der Liga als Gesamtheit mit den bekannten negativen Auswirkungen sinken. In einer Situation, in der die Finanzkraft[428] der einzelnen Vereine so wie heute bereits stark differiert, spricht allein schon die Existenz von Märkten für Fußballwetten dafür, dass sportlicher Erfolg nicht sicher käuflich ist und auch sichere Prognosen der Spielausgänge nicht möglich sind.[429]

Eine (Fußball-) Wette ist ein Zahlungsversprechen der beteiligten Wettsubjekte für ein unsicheres, in der Zukunft liegendes Ereignis, sofern die eigene Prognose nicht eintritt. Wäre das Spielergebnis im Sinne der erwähnten Positivkorrelation sicher prognostizierbar, fände sich kein Gegenspieler als Wettpartner. Es gibt neben der Mannschaftsqualität weitere spielentscheidende Einflussfaktoren. Exemplarisch sei hier der Heimvorteil der gastgebenden Mannschaft oder auch die Taktik erwähnt. Ebenso kann die Belastung durch Europapokalspiele in der Wochenmitte das Leistungspotential einer Mannschaft senken, so dass die gegnerische Mannschaft einen Wettbewerbsvorteil daraus zieht. Die Aufzählung ließe sich deutlich verlängern, entscheidend ist eines: Diese und andere Faktoren sind vor Spielbeginn bekannt und damit ließe sich prinzipiell die Qualitätsdifferenz der beiden Mannschaften (subjektiv) ermitteln.[430] Würde immer

[428] Aus der Finanzkraft ergibt sich eine bestimmte Mannschaftsqualität, so dass nachfolgend als Synonym der Begriff Mannschaftsqualität benutzt wird. Der reichste Verein kann sich die Mannschaft mit der höchsten fußballerischen Qualität zusammenstellen, der zweitreichste Verein die zweitbeste Mannschaft und so weiter.

[429] Voraussetzung dafür sind die modelltypischen rationalen Wirtschaftssubjekte, die keine sicheren Verluste zu machen bereit sind.

[430] Es mag strittig sein, ob die Taktik vor Spielbeginn bekannt ist. Entscheidend ist allerdings nicht, welche Taktik die beteiligten Mannschaften konkret haben, ausschlaggebend ist vielmehr die Frage, welche Mannschaft über das größere taktische Potential verfügt und welcher Trainer seine Mannschaft taktisch besser einzustellen weiß. Wenn diese taktischen

die Mannschaft mit dem so ermittelten größeren Potential siegen, würden keine Wettabschlüsse getätigt, denn der Spielausgang wäre sicher. Gemäß (10) gilt $p_{ij} \cdot q_{ij} = 0{,}84$, bei sicheren Ereignissen ist $p = 1$ und damit gilt $q_{ij} = 0{,}84/1$. Das Wettangebot für ein sicheres Ereignis wäre eine Quote von 0,84:1, der Wettnehmer würde einen sicheren Verlust von 16 Pfennigen je eingesetzter Mark machen (was den Kosten inklusive kalkulatorischem Gewinn des Wettbüros entspricht) und die Wette nicht annehmen.

Fraglich ist nun, warum trotzdem Wetten getätigt werden. Die Antwort darauf lautet, dass die Spielausgänge nicht sicher prognostizierbar sind. Sind Fußballspiele jedoch nicht sicher prognostizierbar, dann müssen während des Spieles unvorhersehbare Unwägbarkeiten auftreten können, die für einen ex ante offenen Spielausgang sorgen. Diese Unwägbarkeiten sind der – in Abschnitt 7.4.1.1 definierte – aus Glück und Tagesform zusammengesetzte Zufall, welcher seinen Niederschlag in der von 0,84:1 verschiedenen Quote findet.[431] Je geringer die von Intertops angebotene Quote, je näher der Wert mithin an 0,84 liegt, desto überlegener ist die auf Grund theoretischer Erwägungen favorisierte Mannschaft und desto mehr Zufall wird benötigt, um den erwarteten Sieg des Favoriten in Gefahr zu bringen. Sind zwei Mannschaften annähernd gleichstark, genügt schon eine leicht bessere Tagesform oder ein geringer Glücksumstand, um die leicht favorisierte Mannschaft um ihren Sieg zu bringen. Sind schließlich beide Mannschaften unter Berücksichtigung aller Umstände theoretisch gleichstark, dann kann lediglich die Tagesform oder das Glück verhindern, dass das Spiel mit einem Unentschieden endet. In diesem Fall sind die Siegquoten für beide Mannschaften identisch. In den meisten Fällen lauten die Quoten dann (2,50/2,60/2,50), seltener (2,40/2,85/2,40) und einmal (2,30/3,05/2,30). Hieraus ist bereits ersichtlich, dass Zufallsentscheidungen eine große Rolle spielen, denn obwohl beide Mannschaften vor Spielbeginn als gleichstark gelten und eigentlich unentschieden gespielt werden müsste, ist mit einem Tipp auf Unentschieden am meisten Geld zu verdienen. Entsprechend gering ist offenbar die Wahrscheinlichkeit für ein Remis.

Dinge systematischen Charakter haben, sind sie vor Spielbeginn bekannt. So werden die taktischen Kniffe eines Ottmar Hitzfeld bei der Qualitätsermittlung von Bayern München Berücksichtigung finden. Aus der Reihe fallende positive oder negative taktische Maßnahmen sind dagegen zufälliger Natur und ergeben sich erst während des Spieles. Sie können dann in die Kategorie „Tagesform" eingeordnet werden.

[431] Es ist theoretisch auch denkbar, dass es sich hier teilweise um den unerklärten Rest, quasi um das Residuum handelt. Zu denken ist dabei an Determinanten des sportlichen Erfolges, die den Wettnehmern nicht bekannt sind. Die Bedeutung dürfte m.E. jedoch nicht allzu groß sein.

Den Tabellen A2 und A3 im Anhang sind die jeweiligen Wahrscheinlichkeiten zu entnehmen. Die Quote (1,20/4,50/8,00) sagt beispielsweise aus, dass der Favorit mit einer Wahrscheinlichkeit von 70,35% das Spiel gewinnt, ein Unentschieden eine Wahrscheinlichkeit von 18,76% aufweist und ein Außenseitersieg mit nur 10,89% sehr unwahrscheinlich ist. Andersherum: Bei 29,65% der Spiele mit einer solchen Quotierung gelingt es der Außenseitermannschaft mit Glück und/oder einer hervorragenden Tagesform, den theoretischen Nachteil wettzumachen und eine Niederlage abzuwenden.

7.4.3.4 Ergebnisse (Bundesliga)

In der Saison 1997/98 wurden 53,8% der 163 Spiele durch Zufall spielentscheidend geprägt, es gewann somit nicht diejenige Mannschaft, die auf Grund aller vor Spielbeginn bekannten Sachverhalte hätte siegen müssen.[432] Der Außenseiter konnte durch glückliche Umstände oder wegen der Tagesform mindestens ein Unentschieden erreichen.[433] In der Saison 1998/99 wurden 53,2% der 226 Spiele vom Zufall spielentscheidend beeinflusst, insgesamt wurden folglich 53,45% der Spiele durch Zufall mitentschieden. Der leichte Rückgang der Bedeutung des Zufalls von der letzten zu dieser Saison kann auf eine zu kleine Stichprobe, auf Zufall oder auf eine steigende Ungleichverteilung der sportlichen Stärke zurückzuführen sein. Präzisere Aussagen darüber wären erst mit Hilfe von längeren Beobachtungszeiträumen möglich. Der Vergleich aller Quoten lässt jedenfalls keinen eindeutigen Trend in Richtung niedrigerer Siegquoten erkennen.

Bei der Analyse der einzelnen Siegquoten fällt auf, dass die hohen Siegwahrscheinlichkeiten von 73,4% bis zu 60,3% sehr selten vorkommen. Erst bei einer Quote von DM 1,45 oder einer Siegwahrscheinlichkeit von 58,22% tritt eine gewisse Häufung auf, die sich bis zur Quote von DM 2,40 hinunterzieht. Mit

---

[432] Vgl. Tabelle A3 im Anhang. Die Aussage ist sprachlich und inhaltlich missverständlich, denn ob der Favorit tatsächlich das Spiel gewonnen hat, wird im Rahmen dieser Arbeit nicht überprüft. Da Markteffizienz unterstellt wurde, ist ein Vergleich von Wettquote und tatsächlichem Spielausgang nicht nötig, denn die Quoten geben ja die Siegwahrscheinlichkeiten korrekt wieder. Wird einem Heimsieg etwa die Wahrscheinlichkeit von 60% zugeordnet, bedeutet dies, dass langfristig 60% der Spiele mit einem derartigen Spielstärkeverhältnis von der Heimmannschaft gewonnen werden. Aus Gründen der sprachlichen Einfachheit wird also unterstellt, dass die Spielausgänge tatsächlich den von den Quoten ausgedrückten Siegwahrscheinlichkeiten entsprachen.

[433] In diesen Zahlen enthalten sind auch die Spiele ohne Favoriten. Bei ihnen ist der Zufall spielentscheidend, wenn eine der Mannschaften die Begegnung für sich entscheiden konnte.

anderen Worten lässt sich der Spielausgang nur selten einigermaßen sicher prognostizieren. Selbst die höchste Siegwahrscheinlichkeit von 73,4%, welche im gesamten Beobachtungszeitraum nur einmal auftrat, birgt aus der Sicht des Favoriten ein mehr als 25-prozentiges Punktverlustrisiko.

Sollte sich eine Einzelvermarktung der Fußballspiele via Ungleichverteilung der Finanzkraft dahingehend auswirken, dass der spielentscheidende Zufall an Bedeutung verliert, so bietet sich ein Vergleich der Wettquoten mit denen von Ländern mit bereits praktizierter Einzelvermarktung an. Hierfür kommt derzeit nur die spanische Liga in Frage (vgl. Abschnitt 7.4.4.6).[434]

Insgesamt scheint der Spielausgang von Bundesligaspielen weit weniger sicher zu sein als häufig vermutet, damit ist auch ein hohes Maß an Spannung garantiert.

7.4.3.5 Kritik

Die Ergebnisse müssen mit einigen Einschränkungen gelesen werden. Zunächst wurde aus Gründen der Einfachheit unterstellt, der Markt für Fußballwetten sei vollkommen effizient. Der Überblick über verschiedene Wettmärkte hat gezeigt, dass dies nicht unbedingt der Fall sein muss. Die Berechnungen des Zufallseinflusses bis auf zwei Stellen hinter dem Komma suggerieren vermutlich eine zu große Präzision der Zahlen.[435] Auch ein stichprobenartiger Vergleich der Quoten von Intertops mit denen von *Gera Sportwetten* ergab, dass die Quoten in der Tendenz zwar übereinstimmen, jedoch geringfügige Unterschiede bestehen. Dies ist ein Indiz für Marktineffizienz.[436] Weiterhin ist die Festquotenproblematik zu berücksichtigen. Da die Quoten gut eine Woche und damit meist einen Spieltag vor dem jeweiligen Spielbeginn festgelegt werden, bleiben gegebenenfalls wichtige Informationen unberücksichtigt. Verletzungsbedingte oder durch Sperren ausgelöste Ausfälle von Schlüsselspielern hätten möglicherweise andere Quoten erfordert. Wenngleich auch hier ex ante von einer Gleichverteilung der Risiken auszugehen ist, so werden aller Wahrscheinlichkeit nach nicht beide

---

[434] Vgl. WISKOW (1999), S.17.

[435] Es bleibt allerdings zu berücksichtigen, dass vorliegende Marktineffizienzen den Zufallseinfluss sowohl nach unten als auch nach oben verfälschen können, eine potentielle Verzerrung mithin den Einfluss des Zufalls nicht unbedingt überzeichnen muss.

[436] Theoretisch denkbar, wenn auch recht unwahrscheinlich, ist die Möglichkeit, dass die Intertops-Quoten im Gegensatz zu den Quoten von *Gera Sportwetten* informationseffizient sind, weil bei Intertops die Wettnehmer mit dem größeren Fußball-Sachverstand Wetten abschließen.

Mannschaften in der Woche vor dem Spiel gleichermaßen von Verletzungen oder Sperren betroffen sein.

Die von Intertops zur Kosten- und Gewinndeckung einbehaltenen 15 Pfennige je eingesetzter Mark wirken für den Wettnehmer wie Transaktionskosten. Da Wetten jedoch nur dann getätigt werden, wenn der Wettabschluss unter Berücksichtigung aller Kosten (erwartungsmäßig) rentiert, werden weniger Wetten als bei Abwesenheit von Transaktionskosten abgeschlossen. Somit gehen einige Informationen nicht in die Quoten mit ein.

In Abschnitt 7.4.1 wurden die Wirkungsmöglichkeiten des Zufalls aufgezählt. Dabei wurden die Konstellationen geschildert, dass entweder die ohnehin schon favorisierte Mannschaft vom Zufall profitiert oder dass sich Glück und Tagesform insgesamt kompensieren. Auch kann die Mannschaft mit der Außenseiterrolle zwar vom Zufall profitieren, damit jedoch lediglich Ergebniskosmetik betreiben. In all diesen Fällen ist der Zufall nicht ergebniswirksam. Die oben ausgewiesenen Werte sind somit kein umfassendes Maß für die Existenz von Zufall im Bundesliga-Fußball, sondern lediglich für den spielentscheidenden Zufall.

Bei dem vorgestellten Verfahren muss berücksichtigt werden, dass sich der errechnete Zufallseinfluss auf einzelne Spiele und nicht auf die Meisterschaft als Ganzes bezieht. Wenn auch die unausgeglichensten Spielpaarungen zu knapp 30% vom Zufall mitentschieden werden, ist zu bedenken, dass eine Mannschaft mit systematisch höheren Siegwahrscheinlichkeiten im Schnitt am Ende der Saison die Meisterschaft gewinnt. Nur wenn dieses Team über den gesamten Saisonverlauf überdurchschnittlich unter zufallsbedingten Resultaten leidet, würde sich die Rangfolge ändern und damit die Meisterschaft als Ganzes offener gestaltet. Hierfür wären die vor Saisonbeginn ermittelten Quoten für den Meistertitel zu prüfen.[437]

Schließlich ist der Einfluss von lang anhaltender Formstärke oder -schwäche einzelner Mannschaften auf ihre Quoten zu berücksichtigen. Hat eine Mannschaft eine chronische Formstärke, wird sich diese mittelfristig quotenwirksam bemerkbar machen, so dass von den Quoten der Faktor Zufall als zu gering ausgewiesen wird. Jedoch macht es Schwierigkeiten, präzise zwischen dem „wah-

[437] Da es sich dabei um variable Quoten handelt, sind diese Werte für die Vergangenheit bei Intertops nicht erhältlich. Zudem würden sich konzeptionelle Schwierigkeiten ergeben. In Abschnitt 7.3.5 wird daher ein alternatives Konzept zur Prognostizierbarkeit des Saisonverlaufes vorgestellt.

ren" Potential einer Mannschaft und der formbedingten Stärke zu unterscheiden. Zu denken ist hierbei jedoch an Mannschaften, deren personelle Situation sich über längere Zeiträume nicht gravierend geändert hat, deren Platzierung allerdings deutlich schwankt.

7.4.3.6 Quantifizierung des Zufalls in der Spanischen Liga

In den vorstehenden Abschnitten wurde festgestellt, dass der für die deutsche Bundesliga ermittelte Zufallseinfluss hinsichtlich seiner Aussagekraft relativiert werden muss, weil eine durch die Einzelvermarktung induzierte weitere Ungleichverteilung der vereinsbezogenen Finanzkraft dazu führen kann, dass der Einflussfaktor Zufall (spürbar) abnimmt. Um diese Zweifel zu überprüfen, bietet es sich an, das Verfahren zur Quantifizierung des Zufallseinflusses auf die spanische Liga anzuwenden. In der spanischen Primera Division schließen die Vereine seit 1996 Einzelverträge über ihre Fernsehrechte ab.[438] Die Gesamterlöse der Liga betrugen für die Saison 1998/99 452 Millionen DM. Die größten Einzelbeträge erhielten Real Madrid und der FC Barcelona mit jeweils 39 Millionen DM, kleine und weniger populäre Vereine wie Valladolid oder Santander erlösen lediglich jeweils 10,4 Millionen DM. Das Erlösverhältnis zwischen den populären Spitzenvereinen und den kleineren Clubs liegt also bei etwa 4:1. Damit fällt die Ungleichverteilung der Fernseherlöse in Spanien wesentlich stärker aus als in der Bundesliga, selbst unter Berücksichtigung des neuen Verteilungssystems ab der Saison 2000/2001. Ab dieser Spielzeit werden die Fernseherlöse stärker leistungsbezogen verteilt als bisher, das Erlösverhältnis wird dann auf bis zu 2,6:1 ansteigen.[439]

7.4.3.6.1 Daten

Wiederum findet die statistische Auswertung auf Basis der von *Intertops Sportwetten GmbH* zur Verfügung gestellten Wettscheine statt. In diesem Fall standen für die Saison 1997/98 die Spielscheine der Wochen 36, 46, 04-06, 08 und 12 zur Verfügung. Für die Saison 1998/99 lagen die Spielscheine der Wochen 47, 50, 06, 07, 09, 11, 16 und 19-21 vor. Insgesamt sind für die beiden Spielzeiten 143 Spiele ausgewertet worden.[440]

---

[438] Vgl. dazu WISKOW (1999), S.17.

[439] Vgl. FRANZKE (1999e), S.41.

[440] Neben den für die Bundesliga bereits erwähnten Problemen u.a. der mangelnden Verfügbarkeit von Spielscheinen ergibt sich für die spanische Liga das zusätzliche Problem,

7.4.3.6.2 Methodik

Außer einer Besonderheit wird die oben vorgestellte Methodik für die spanische Liga übernommen: Im Gegensatz zur Bundesliga, welche aus 18 Vereinen besteht, umfasst die spanische Primera Division 20 Clubs. Auf Grund der größeren Anzahl der Ligateilnehmer liegt die Vermutung nahe, dass in der spanischen Liga auch eine größere Leistungsbreite bzw. ein größeres Leistungsgefälle existiert. Um diesen potentiell verzerrenden Effekt auszuschalten (im Ergebnis wäre ein geringerer durchschnittlicher Zufallseinfluss zu erwarten), wurden in den betrachteten zwei Spielzeiten die Spiele der jeweils beiden letztplatzierten Vereine nicht berücksichtigt.[441]

7.4.3.6.3 Ergebnisse

In der Saison 1997/98 wurden durchschnittlich 51,84% der insgesamt 57 Spiele spielentscheidend vom Zufall beeinflusst, es gewann somit bei gut der Hälfte der Spiele nicht die Mannschaft, welche auf Grund sämtlicher, vor Spielbeginn bekannter Sachverhalte hätte gewinnen müssen.[442] In der Saison 1998/99 lag der spielentscheidende Einfluss des Zufalls bei 51,37% der 86 ausgewerteten Spiele, insgesamt wurden damit 51,56% der 143 Spiele in der spanischen Liga durch den Zufall spielentscheidend geprägt. Im Vergleich mit der Bundesliga hat der Zufall in Spanien einen etwas geringeren Einfluss auf den Spielausgang (über den gesamten Betrachtungszeitraum betrug die Differenz knapp zwei Prozentpunkte).

Die Analyse der einzelnen Spielpaarungen ergibt folgendes Bild: Das Intervall der Siegquoten – und damit auch der Siegwahrscheinlichkeiten – ist in den beiden betrachteten Ligen identisch. Die Quote mit der höchsten Siegwahrscheinlichkeit (73,4%) liegt bei 1,15, dementsprechend werden auch in Spanien die am wenigsten ausgeglichenen Spiele in 26,6% der Fälle auf Grund der jeweiligen Tagesformen oder auf Grund von Glück/Pech nicht von der eigentlich überlegenen Mannschaft gewonnen.

---

dass *Intertops Sportwetten* nur vereinzelt die Spieltage der spanischen Liga in die Wettscheine aufnimmt.

[441] In der Saison 1997/98 waren dies CD Merida und Sporting Gijon, 1998/99 betraf es CD Teneriffa und UD Salamanca.

[442] Vgl. Tabelle T5 im Anhang.

Ein deutlicher Unterschied ergibt sich allerdings, wenn die Partien in Gruppen eingeteilt werden. Wird etwa die Gruppe der Spiele betrachtet, welche eine Siegquote zwischen 1,15 und 1,40 und damit eine Siegwahrscheinlichkeit des Favoriten von über 60% hat, ist der prozentuale Anteil an der Gesamtheit der Spiele in Spanien mit 16,1% deutlich höher als in Deutschland mit 6,9%. Auch die Gruppe der Spiele mit relativ gleichstarken Mannschaften – und entsprechend hohen Zufallseinflüssen ab 60% aufwärts – ist in Spanien mit einem Anteil von 27,9% quantitativ bedeutender als in Deutschland, wo der Anteil lediglich 22,9% beträgt.

Die unterschiedlichen Ergebnisse für die deutsche und die spanische Liga sowohl im Durchschnitt als auch in der Struktur können auf unterschiedliche Faktoren zurückzuführen sein. Möglich ist etwa eine zu kleine Stichprobe. Wahrscheinlicher ist m.E. jedoch ein anderer Erklärungszusammenhang: Da der durchschnittliche spielentscheidende Zufallseinfluss in der spanischen Liga mit knapp zwei Prozentpunkten nur wenig unter dem Zufallseinfluss in der deutschen Liga liegt, gleichzeitig aber in der Struktur die oben skizzierten Unterschiede zu erkennen sind, liegt die Vermutung nahe, dass eine steigende Ungleichverteilung der vereinsbezogenen Finanzkraft zu einer Polarisierung der sportlichen Stärke innerhalb der Liga führt. Die Häufung der relativ unausgeglichenen Paarungen in der spanischen Liga unterstützt diese Vermutung, denn der Einflussfaktor Zufall sollte bei steigender Ungleichverteilung der vereinsbezogenen Finanzkraft quantitativ abnehmen.

Ein lediglich scheinbarer Widerspruch dazu ergibt sich in der Häufung der relativ ausgeglichenen Begegnungen, welcher als Beleg für eine steigende sportliche Ausgeglichenheit der Liga gedeutet werden könnte. Dem muss allerdings nicht so sein. Bei einer Polarisierung der vereinsbezogenen Spielstärken sind die Spielpaarungen der finanzstarken Vereine untereinander und ebenfalls die Begegnungen der finanzschwächeren Vereine untereinander relativ ausgeglichen. Die beiden Sachverhalte zusammengenommen ergeben im Durchschnitt einen hohen Zufallseinfluss wodurch der Eindruck entstehen könnte, dass die weitere Ungleichverteilung der Finanzkraft keinen nennenswerten Einfluss auf die Ausgeglichenheit der Liga hat. Eine genauere Analyse der diskreten Zahlen führt zu einem (leicht) anderen Ergebnis.

Im Umkehrschluss zu folgern, die spanische Liga stände gemessen an der Ergebnisoffenheit deutlich schlechter da als die Bundesliga, wodurch letztlich auch das Zuschauerinteresse abnehmen würde, wäre falsch. Einerseits gibt es eine größere Zahl von relativ ausgeglichenen Partien auf hohem und auf niedrigem Niveau, andererseits ist es augenscheinlich so, dass in der Spitze der Quoten keinerlei Unterschiede zwischen Deutschland und Spanien bestehen. Die höchste Siegquote ist in beiden Ländern mit 1,15 und der daraus resultierenden Siegwahrscheinlichkeit in Höhe von 73,4% identisch. Mit anderen Worten ist auch in Spanien das Aufeinandertreffen der sportlich besten mit den sportlich schlechtesten Mannschaften für die Favoriten mit einem Punktverlustrisiko in Höhe von 26,6% verbunden. Jedes vierte dieser Spiele endet folglich nicht mit einem Sieg für die ex ante favorisierte Mannschaft. Die Ungewissheit des Spielausganges bzw. die Ergebnisoffenheit ist somit auch in Spanien trotz Einzelvermarktung gewährleistet.

Der oben vorgenommene Vergleich der spanischen Liga mit der Bundesliga liefert allerdings keinen hinreichenden Beweis für die „Unschädlichkeit" der Einzelvermarktung. Einerseits ist nicht gewährleistet, dass die Änderung der Vermarktungsform in Deutschland zu ähnlichen Ergebnissen wie in Spanien führen würde[443], andererseits wäre es vorstellbar, dass die spanische Liga unter dem Regime der Zentralvermarktung ausgeglichener oder weniger ausgeglichen war als die Bundesliga, so dass keine endgültigen Aussagen möglich sind.

7.4.4 Prognostizierbarkeit des Saisonausgangs

Grundsätzlich wäre es auch möglich, mit Hilfe von Wettquoten den Faktor Zufall für eine gesamte Saison zu ermitteln. Da die Quoten variabel und von Intertops für die Vergangenheit nicht mehr erhältlich sind, werden für die Prognostizierbarkeit des Saisonausgangs bzw. der Saisonabschlusstabelle Expertenprognosen, welche vor Saisonbeginn abgegeben wurden, der tatsächlichen Abschlusstabelle gegenübergestellt.[444]

---

[443] Es ist vorstellbar, dass etwa unterschiedliche Fanpräferenzen in den beiden Ländern zu differierenden Erlöspotentialen der Vereine führt. Dabei ist a priori nicht sicher, welche Liga zur größeren Ungleichverteilung der Finanzkraft tendiert. M.E. spricht wenig dafür, dass länderbezogene Unterschiede große Bedeutung haben, so dass es sich hier lediglich um eine theoretische Überlegung handelt.

[444] Dieses Verfahren stellt möglicherweise nur eine „second best"-Lösung dar, weil im Gegensatz zu einem kompetitiven Wettmarkt nur das Wissen bzw. die Meinungen einer kleinen Expertengruppe berücksichtigt wird. Eine größere Gruppe von „Prognostikern" würde sicher eine größere Informationsmenge zusammentragen. Vorteilhaft wirkt sich dagegen das größere Fachwissen der Experten aus, so dass a priori nicht sicher ist, welches Verfahren superior ist. Es gilt die Vorteile der besseren Informationsverarbeitung gegen die Nachteile der kleineren Informationsmenge abzuwägen. Vgl. dazu auch FIGLEWSKI (1979).

7.4.4.1 Methodik

Seit der Saison 1992/93 wird in den Kicker-Sonderheften für die jeweils kommenden Bundesliga-Spielzeiten ein sogenannter „Experten-Test" durchgeführt.[445] Dabei werden alle 18 Bundesligavereine in acht Kategorien getestet und nach dem Schulnotensystem bewertet. Folgende Kategorien werden berücksichtigt:

- Torhüter
- Defensivverhalten
- Offensivstärke
- Taktische Möglichkeiten
- Neuzugänge
- Personal gesamt
- Trainer
- Umfeld

Jeder Experte erstellt auf Basis der von ihm vergebenen Zensuren eine Prognose für die Abschlußtabelle.[446] Aus den individuellen Tabellen wird dann eine durchschnittliche Gesamt-Rangliste erstellt, welche für die weiteren Berechnungen als Grundlage dienen sollen.

Für die Bestimmung der Prognostizierbarkeit wird folgende Vorgehensweise gewählt: Die Prognosen für die einzelnen Plätze werden verglichen mit der tatsächlich erreichten Platzierung des entsprechenden Vereines am Ende der Saison. Beispielsweise wurde in der Saison 1997/98 Bayern München als Deutscher Meister prognostiziert. Tatsächlich belegten die Münchener in der Abschlusstabelle Platz 2, die Abweichung beträgt folglich -1. Als Vizemeister

---

[445] Vgl. die Kicker Sonderhefte Bundesliga 1992/93, S.19ff., 1993/94, S.19ff, 1994/95, S.12ff., 1995/96, S.12ff, 1996/97, S.16ff, 1997/98, S.74ff. und 1998/99, S.76ff. In allen Jahren wurde Hansi Müller als Experte eingesetzt, den zweiten Expertentest nahmen dreimal Hans-Peter Briegel, zweimal Erich Ribbeck und je einmal Christoph Daum sowie Jörg Berger vor. Der dritte Expertentest stammt vom Kicker Sportmagazin. Die Beurteilungen für den Kicker nahmen die den jeweiligen Verein betreuenden Redakteure vor.

[446] Hier mag sich eine gewisse Verzerrung ergeben, weil alle Kategorien gleichstark gewichtet werden. Ob ein solches Verfahren angemessen ist, müsste geprüft werden. M.E. ist es z.B. unglücklich, den Kategorien „Neuzugänge" und „Personal gesamt" die gleiche Wichtigkeit beizumessen, denn für den sportlichen Erfolg ist es wichtiger, insgesamt über gutes Personal zu verfügen, als gut einzukaufen. Spielerkäufe stellen keinen Selbstzweck dar.

sahen die Experten Borussia Dortmund, welches nur Rang 10 der Abschlusstabelle belegte, die Abweichung betrug somit -8. Aus allen so ermittelten Abweichungen lassen sich das Platzierungsintervall, die Varianz und die Standardabweichung berechnen.

7.4.4.2 Ergebnisse

Tabelle 5 gibt sämtliche Abweichungen der tatsächlichen von den prognostizierten Platzierungen an. Weiterhin enthält Tabelle 5 die Varianzen und Standardabweichungen jedes einzelnen Ranges sowie deren Platzierungsintervalle.

Die Werte der Standardabweichung reichen von 1,85 für den ersten Platz bis zu 7,53 für Platz 12. Die Tatsache, dass die tatsächliche Platzierung des erwarteten Meisters die geringste Abweichung vom Prognosewert aufweist, könnte als Hinweis auf ein geringes Maß an Ergebnisoffenheit der Meisterschaft interpretiert werden. Der geringe Wert der Standardabweichung ist aber nur teilweise auf eine hohe Trefferquote der Expertentipps zurückzuführen. Tatsächlich wurde nur in zwei von sieben Fällen (28,6%) der Meister korrekt prognostiziert. In fünf Fällen wurde ein mehr oder minder starker Außenseiter Meister.[447] Einen wesentlichen Erklärungsbeitrag leistet der Umstand, dass der prognostizierte Meister in den betrachteten sieben Spielzeiten kein wirklich schlechtes Endergebnis erzielten. Das Platzierungsintervall ist mit 1-4 von allen Intervallen das deutlich kleinste. Hinsichtlich der Spannungsgeladenheit des Meisterschaftsausganges ist die sichere Prognostizierbarkeit entscheidend. Dafür spielt aber die Trefferhäufigkeit eine größere Rolle als das Ausmaß der Zielungenauigkeit. Die ermittelten Werte verdeutlichen somit die Schwierigkeit der Meisterschaftsprognose.

[447] Wird die Standardabweichung des Prognosewertes von der später realisierten Platzierung für den tatsächlichen Meister berechnet, so ergibt sich der Wert $\sigma = 4{,}4$.

Tabelle 5: Abweichungen von der prognostizierten Abschlusstabelle

Platz[448]	Saison 92/93	Saison93/ 94	Saison 94/95	Saison 95/96	Saison 96/97	Saison 97/98	Saison98/ 99	Intervall[449]	σ^2	σ
1	-3	-3	0	-1	-2	-1	0	1-4	3,43	1,85
2	-5	-6	-4	+1	+1	-8	0	1-10	20,43	4,52
3	+1	+2	+1	-6	-8	-1	-1	1-11	15,43	3,93
4	+3	+1	0	-12	-4	+1	-1	1-16	24,57	4,96
5	-3	0	-4	-9	-7	-7	-5	5-14	32,71	5,72
6	+1	0	-2	+2	-1	+1	-5	4-11	5,14	2,27
7	+4	+5	0	-5	+5	-6	-2	2-13	18,71	4,32
8	+2	+1	-4	-2	-5	-8	-9	6-17	27,86	5,28
9	-2	-7	-1	-2	+3	-2	-5	6-16	13,71	3,70
10	-2	0	-3	-7	-7	-5	+7	3-17	26,43	5,14
11	+2	0	-6	+3	+7	+4	+3	4-17	17,57	4,19
12	-1	-3	+9	+9	+7	+11	-6	1-18	54,00	7,53
13	-3	+1	-3	+6	-2	+5	+1	7-16	12,14	3,48
14	-3	-4	+9	-4	+4	-3	-2	5-18	21,75	4,64
15	+4	+1	+1	+10	+1	-3	+2	5-18	18,86	4,34
16	+2	-1	+5	+10	0	+10	+10	6-17	47,14	6,87
17	-1	+8	+2	+4	+8	+3	+2	9-18	23,14	4,81
18	+3	+5	0	+3	0	+9	+11	7-18	35,00	5,92
Gesamt	**45**	**48**	**54**	**96**	**72**	**88**	**72**			

Quelle: Kicker, Eigene Berechnungen

Der Blick auf die übrigen 17 Plätze weist dagegen eine Nicht-Prognostizierbarkeit der Abschlusstabelle aus. Sowohl die Standardabweichungen als auch die Platzierungsintervalle machen deutlich, dass eine Prognose – sogar für ganze Tabellenregionen wie die Abstiegsränge oder UEFA-Cup-Plätze – nur sehr begrenzt möglich ist. Der prognostizierte Zweitplazierte streut von Platz 1 bis 10, der prognostizierte Tabellenletzte streut von Platz 7 bis 18 und konnte damit teilweise sogar in die Nähe der UEFA-Cup-Plätze gelangen. Die gesamte Bandbreite der Tabelle nutzte der Prognoseplatz 12. Mannschaften, welche vor Saisonbeginn gemessen am Leistungsvermögen

[448] Ein negatives Vorzeichen bedeutet, dass die tatsächliche von der prognostizierten Platzierung nach unten abwich.

[449] Hier wird das Platzierungsintervall angegeben. So belegte etwa der prognostizierte Meister in der tatsächlichen Abschlusstabelle Ränge zwischen 1 und 4.

auf Rang 12 platziert wurden, konnten teilweise Meister werden (1. FC Kaiserslautern 1997/98) oder sind als Tabellenletzter abgestiegen (Borussia Mönchengladbach 1998/99). Die Prognosen, welche Vereine aus der Bundesliga absteigen werden, trafen lediglich in fünf von 21 Fällen zu (23,8%). Häufig konnten vermeintliche Abstiegskandidaten sogar in die Nähe der UEFA-Cup-Ränge vorstoßen.

Wird die Gesamtabweichung der tatsächlichen von den prognostizierten Platzierungen als Maß für die Ausgeglichenheit der Liga genommen, so scheint der Anstieg der Finanzkraftdifferenzen zwischen den Vereinen bisher keinen negativen Einfluss zu haben. Die Gesamtabweichung stieg von 45 auf zwischenzeitlich 96 und lag zuletzt bei 72, ohne dabei einem klaren Trend zu folgen.

7.4.4.3 Kritik

Es lassen sich diverse Einwände gegen das angewendete Verfahren vortragen. Zunächst sei darauf verwiesen, dass das angewandte Verfahren möglicherweise nur eine second-best-Lösung ist. Zudem kann den Experten Subjektivität bzw. Parteinahme unterstellt werden. So können etwa die Kicker-Redakteure eine besondere Sympathie für die von ihnen betreuten Vereinen haben, so dass sie deren „wahres" Leistungspotential überschätzen. Da einerseits durch die Veröffentlichung der Prognose disziplinierende Wirkung ausgeht, andererseits für alle 18 Vereine gleiche Umstände gelten und die Kicker-Rangliste nur eine von dreien ist, sollte dieses Problem quantitativ eher unbedeutend sein. Für die Berechnung von Standardabweichungen und Varianzen ist zu berücksichtigen, dass auf Grund positionaler externer Effekte die Prognosen nicht unabhängig voneinander sind und daher möglicherweise die Nicht-Prognostizierbarkeit überzeichnet wird.

Teil D: Wettbewerbskonformes Kooperationsdesign: Finanzausgleich zwischen den Vereinen

8. Finanzausgleich zwischen Fußballvereinen

Die bisherige Untersuchung der Erfolgsdeterminanten ergab, dass die Finanzkraft eines Vereines nur einer von mehreren Bestimmungsfaktoren ist und die Spannungsgeladenheit der Liga auch dann erhalten bleiben kann, wenn sich die Finanzkraftschere unter den Vereinen weiter öffnet. Der empirische Befund bezieht sich jedoch auf die Vergangenheit der Fußball-Bundesliga und auf den Status quo. Es ist aber theoretisch denkbar, dass die Elastizität der Punktequote bei steigender Ungleichverteilung der Finanzkraft zunimmt. Mithin würde die Finanzkraft als Erfolgsdeterminante an Bedeutung gewinnen, die übrigen Bestimmungsfaktoren entsprechend an Bedeutung verlieren. Vor diesem Hintergrund ergäbe sich gegebenenfalls die Notwendigkeit eines Finanzausgleichs zwischen den Vereinen.

Neben diesem theoretischen Aspekt ist der Finanzausgleich in der Vermarktungspraxis schon lange integraler Bestandteil der Diskussion: In der Sommerpause 1999 eskalierte der Konflikt über die zukünftige Form der Fernsehvermarktung. Während der DFB weiterhin die Spiele der nationalen Ligen zentral vermarkten wollte, drohten zwei der vermeintlich erfolgreichsten Vereine (nämlich Bayern München und Bayer Leverkusen), den Paragraphen 3 des Lizenzspielerstatutes – welcher die Vermarktungsrechte dem DFB zuspricht – nicht weiter anzuerkennen. Damit wären nicht alle Bedingungen für die Lizenzerteilung erfüllt gewesen.[450] Der DFB zeigte sich vom Vorgehen der beiden Vereine unbeeindruckt und erteilte ihnen trotzdem die Lizenzen. Vorübergehend kündigte der Manager des FC Bayern München, Uli Hoeneß, an, den Fernsehsendern den Stadionzutritt für die Heimspiele des FC Bayern zu verbieten und so die Fernsehübertragungen der vom DFB zentral vermarkteten Spiele zu verhindern. Die Fronten wurden zumindest so weit aufgeweicht, dass die Aus- und Übertragungen sämtlicher Begegnungen sichergestellt waren und von Seiten des DFB ein Wechsel des Vermarktungsmodus in Aussicht gestellt wurde, wenn ein angemessenes Finanzausgleichssystem entwickelt wird.

Befürworter der Zentralvermarktung aus Theorie und Praxis haben in der Vergangenheit stets auf die wettbewerbsfördernde Wirkung der mehr oder minder egalitären Verteilung der Fernseherlöse auf die verschiedenen Profivereine hingewiesen.[451] Erlösumverteilung ist – wie auch der DFB nun anzuerkennen scheint – jedoch kein Instrument, welches ausschließlich in Form der Zentralvermarktung eingesetzt werden kann. Es ist ebenso möglich, Umverteilung bei dezentraler Vermarktung vom Verband nachzuschalten oder die Vereine etablieren ein freiwilliges Ausgleichssystem ohne Beteiligung des Verbandes. Wenn die Fernseherlöse auf diese Weise mindestens genauso gut umverteilt werden können, entfällt ein wesentliches Argument für die Zentralvermarktung.

---

[450] Vgl. FRANZKE (1999d), S.26f. und FRANZKE (1999a), S.15.

[451] Zum Verteilungsschlüssel vgl. etwa BUNDESGERICHTSHOF (1998), S.163. Der exakte Verteilungsschlüssel wird vom DFB leider geheimgehalten.

8.1 Notwendigkeit eines Finanzkraftausgleichs zwischen Bundesligavereinen

Befürworter der zentralen Vermarktung von Fußballspielen durch den DFB und der damit verbundenen Umverteilung von Fernseherlösen sehen in der Zentralvermarktung den entscheidenden Schlüssel zur Sicherstellung sportlicher Ausgeglichenheit innerhalb der Fußball-Bundesliga. Könnten die Vereine ihre Spiele selbst vermarkten, würden die bisher erfolgreichen und finanzstarken Vereine den größten Teil der Fernseherlöse auf sich ziehen, da sich das Faninteresse auf diese Vereine konzentriert. Analog zum Weimann-Modell würden die „reichen" Vereine reicher, die „armen" Vereine hingegen ärmer und auf Grund der unterstellten Positivkorrelation von Finanzkraft und sportlichem Erfolg würde die sportliche Ausgeglichenheit der Liga abnehmen. Da der Spannungsgrad der Liga und die Zuschauerzahlen positiv korreliert sind, würden – so die Befürworter der Zentralvermarktung – wegen der abnehmenden sportlichen Ausgeglichenheit die Gesamterlöse der Liga langfristig sinken. Die finanzkraftnivellierende Zentralvermarktung trägt in dieser Perspektive zur Erlösmaximierung auf der Ligaebene bei.[452]

Dass das aufgezeigte Szenario für die Fußball-Bundesliga nur sehr bedingt Gültigkeit hat, geht aus den vorigen Kapiteln hervor. Nachfolgend wird jedoch untersucht, ob bei unterstellter Gültigkeit des Szenarios unter den gegebenen institutionellen Bedingungen (freiwillige) Transferzahlungen von den „reichen" Vereinen an die „armen" Vereine zu erwarten sind.[453]

Hinsichtlich der Implementierbarkeit eines (freiwilligen) Finanzausgleichs herrscht Uneinigkeit unter Ökonomen. Auf wettbewerbspolitischer Seite wird die Möglichkeit der Einführung eines Finanzausgleichs optimistisch gesehen. Das BUNDESKARTELLAMT führte mit Blick auf die europäischen Wettbewerbe aus, dass die Erlösumverteilung nicht zwingend mittels Zentralvermarktung realisiert werden müsste:

---

[452] Ähnliche Argumentationen finden sich für die amerikanischen Sportligen. Vgl. dazu SLOANE (1971), S.124f. und S.127, SLOANE (1976), S.5f., JENNETT (1984), S.178f. und ursprünglich NEALE (1964), S.1f.

[453] Dieses Vorgehen findet seine Berechtigung darin, dass – wie bereits erwähnt – theoretisch einige der in den vorigen Abschnitten untersuchten Determinanten des sportlichen Erfolges bei steigender finanzieller Ungleichheit der Vereine an Bedeutung verlieren könnten (z.B. Zufall).

„So könnte die mit der derzeitigen Vermarktungspraxis verbundene Erlösumverteilung zwischen den für die Europapokalspiele qualifizierten Vereinen und zwischen diesen und den nicht qualifizierten Vereinen auch bei individueller Vermarktung etwa durch die Einrichtung eines aus bestimmten Erlösbeiträgen der Europapokalteilnehmer finanzierten Fonds erreicht werden, der dann jeweils nach einem geeignet erscheinenden Schlüssel verteilt werden würde."[454]

Ebenso sehen KLODT, KRUSE und PARLASCA die Möglichkeit, die Erlöse der Fernsehvermarktung mittels eines Solidarfonds zumindest in Grenzen umzuverteilen.[455] Dagegen vertreten SCHELLHAAß und ENDERLE die Position, dass die Aussicht auf eine Teilnahme an einem sogenannten europäischen „Superwettbewerb" Anreize setzt, die nationale sportliche Konkurrenz finanziell nicht zu unterstützen (weil die spannungsinduzierten Mehrerlöse niedriger wären als die erwarteten Zusatzerlöse aus einem europäischen Wettbewerb). Die Vereine würden deshalb eine Strategie der „Steuervermeidung" verfolgen.[456] Um die mit der „Steuererhebung" verbundenen Probleme bestmöglich zu umgehen, sollte demnach der Verband (DFB) als geeignete Institution Spiele auf nationaler und internationaler Ebene weiterhin zentral vermarkten und die Erlöse wie bisher praktiziert (um)verteilen.[457]

8.2 Wirkungen von Ausgleichszahlungen auf die sportliche Ausgeglichenheit

Die Wirkungen von finanzkraftnivellierenden Ausgleichszahlungen sind keineswegs eindeutig. Wird die Gültigkeit des Weimann-Modells, also der positive Zusammenhang von Finanzkraft und sportlichem Erfolg zugrunde gelegt, sollte der Finanzausgleich zur Steigerung der sportlichen Ausgeglichenheit der Liga beitragen. Es sind allerdings auch Situationen denkbar, in denen eine Erhöhung der Finanzkraft negative Auswirkungen auf den sportlichen Erfolg hat. So kann die Verpflichtung eines „Starspielers", welche erst auf Grund der Zuwendungen aus dem Finanzausgleich möglich wurde, zur Zerstörung der mannschaftlichen

---

[454] BUNDESKARTELLAMT (1995), S.173.

[455] Vgl. PARLASCA (1999), S.100ff., KLODT (1998), S.113 und KRUSE (1998), S.39. Für einen Blick auf die Umverteilungspraxis amerikanischer Profisportligen siehe ROSS (1998), S.19.

[456] Vgl. SCHELLHAAß/ENDERLE (1998a), S.296ff.

[457] Vgl. ebenda, S.297f. Der Argumentation von SCHELLHAAß und ENDERLE schließt sich FRANCK (1998), S.14, ausdrücklich an.

Geschlossenheit führen.[458] Trotzdem kann davon ausgegangen werden, dass zumindest tendenziell ein positiver Zusammenhang von Finanzkraft und sportlichem Erfolg besteht und der Finanzausgleich dementsprechend einen Beitrag zur Ausgeglichenheit der Liga leistet.

In der angelsächsischen Literatur ist die Frage der Wirkungen von Finanzausgleichszahlungen insbesondere vor dem Hintergrund gewinn-maximierender Vereine diskutiert worden. Es wurde bereits erwähnt, dass die Vereine der Fußball-Bundesliga eher das Ziel der Prestige- als das der Gewinnmaximierung verfolgen. Die Ergebnisse der Untersuchungen amerikanischer Profisportligen sollen hier daher nur kurz zusammengefasst werden.

„The sharing of winning-elastic revenues will have equal disincentive effects on all teams and, while it will effectively depress player costs, it will not affect competitive balance. One-way revenue sharing from large market to small market teams will increase competitive balance, if and only if, the revenue that is transferred is winning-inelastic."[459]

Dies ist die Kernaussage des sogenannten „Revenue Sharing Paradox".[460] Modelltheoretisch wurde von verschiedenen Autoren für die Zuschauererlöse gezeigt, dass Einnahmeteilung keine Auswirkungen auf die Ausgeglichenheit der Liga hat, wenn die Ligateilnehmer über unterschiedlich große Erlöspotentiale verfügen und die Nachfrage nach Eintrittskarten im wesentlichen von der Siegwahrscheinlichkeit der Heimmannschaft abhängt.[461] HOEHN und SZYMANSKI gehen noch einen Schritt weiter und behaupten, Erlösumverteilung würde sogar zu einem Rückgang der sportlichen Ausgeglichenheit führen, weil die mit einem geringeren Erlöspotential ausgestattete Auswärtsmannschaft ein finanzielles Interesse daran hat, dass die Siegwahrscheinlichkeit der Heimmannschaft zunimmt.

---

[458] Vgl. auch FRICK (2000), S.61ff.

[459] VROOMAN (1995), S.979.

[460] Vgl. ebenda, S.977ff.

[461] Vgl. FORT/QUIRK (1995), S.1270ff., VROOMAN (1995), S.977ff. und ursprünglich EL-HODIRI/QUIRK (1971), S.1312ff. Dagegen kommen ATKINSON et al. (1988) zu dem Ergebnis, dass unter bestimmten Bedingungen Erlösumverteilung die Ausgeglichenheit der Liga erhöht. Die Voraussetzungen dafür sind einerseits Gewinnmaximierung der Vereine (welche von ATKINSON et al. nur als bedingt zutreffend eingeordnet wird) und andererseits ständig ausverkaufte Stadien. Vgl. ATKINSON et al. (1988), S.33ff.

„Under gate sharing, teams playing away from home want their opponents to win (so long as own team winning increases home team revenues)."[462]

Ein derart rigoros gewinnmaximierendes Verhalten der Vereine geht m.E. deutlich an der heutigen Sportwirklichkeit in Europa vorbei und sollte daher allenfalls unter sehr langfristigen Gesichtspunkten bei der Konzipierung eines Finanzausgleichssystems berücksichtigt werden.

Befürworter der Zentralvermarktung verweisen oft auf die Erfahrungen amerikanischer Profisportligen mit Umverteilungsmechanismen. FRANCK bemerkt mit Verweis auf VROOMAN, dass die NFL als profitabelste Liga der Welt gilt und führt dies auf die umfangreichen Umverteilungsmaßnahmen in der NFL zurück (90% der Ligaerlöse werden gleichmäßig, d.h. rangunabhängig auf die Clubs verteilt).[463]

VROOMAN selbst äußert sich wie folgt zur Ausgeglichenheit der Liga auf Grund von Umverteilungsmaßnahmen:

„The inelastic-revenue sharing of the NFL creates a balanced economic field on which to play, and 'on any given Sunday any NFL team can defeat any other.' But is the NFL an example of successful parity-engineering or has it just become a victim of self-imposed mediocrity? Critics of free agency argue that competitive balance may be more the result of dragging a good team down than bringing a bad team into contention. This implies that free agency has a negative sum effect on the quality of talent within the league, and that 'competitive balance' is the result of two equally bad teams beating each other."[464]

BROWN kommt in einer empirischen Arbeit über den College Football zu dem Ergebnis, dass Erlösumverteilung zwar die sportliche Ausgeglichenheit fördert, der Preis dafür jedoch in abnehmender Qualität der beteiligten Mannschaften zu sehen ist:

„The empirical results support the main theoretical prediction - conferences which share revenues more, tend to have weaker teams."[465]

---

[462] HOEHN/SZYMANSKI (1999), S.220.

[463] Vgl. FRANCK (1998), S.22. Es ist jedoch zu berücksichtigen, dass aus einer gesamtwirtschaftlichen Perspektive die Profitabilität einer Sportliga keine relevante Größe ist.

[464] VROOMAN (1995), S.989.

[465] BROWN (1994), S.480.

Während in den amerikanischen Profisportligen die möglichen Konsequenzen einer suboptimalen institutionellen Ausgestaltung noch erträglich sein mögen, wären die Folgen für die Fußball-Bundesliga, welche über die europäischen Wettbewerbe in Konkurrenz mit den anderen Fußball-Ligen stehen, einschneidend negativ. Die optimale Wahl des Nivellierungsniveaus ist somit eine wichtige und schwierige Aufgabe.

8.3 Distributive und allokative Begründung für einen freiwilligen Finanzausgleich

Nachfolgend sollen mögliche Gründe aufgezeigt werden, warum die Bundesligavereine bereit sein könnten, **freiwillig** an einem Finanzausgleich teilzunehmen. Die Frage der Freiwilligkeit kann deshalb von großer Bedeutung sein, weil zumindest die Spitzenvereine der Bundesliga über eine ernstzunehmende „Exit-Option" verfügen. Sie haben gegenüber dem Verband und dem Rest der Liga ein Drohpotential, die Liga im Streitfall zu verlassen und am Spielbetrieb einer dann zu gründenden, unabhängigen Liga teilzunehmen.[466] Wenngleich die „Exit-Option" weder kurzfristig noch kostenlos einzulösen ist und eine „Superliga" dem bisherigen Modell nicht überlegen sein muss, so ist die „Austrittsoption" bei der Konzipierung von auf Dauer angelegten Finanzausgleichsregeln zu berücksichtigen.[467] Freiwilligkeit ist auch aus einem anderen Grund von Bedeutung. Skeptiker fürchten, dass ein Finanzausgleich spätestens dann nicht mehr praktikabel ist, wenn die Vereine in Aktiengesellschaften umgewandelt worden sind. Der damalige DFB-Präsident Egidius Braun äußerte sich bei einer Diskussion zum Thema „Fußball-Kapitalismus" wie folgt:

---

[466] Im Sommer 1998 versuchte eine private Investorengruppe, eine von den bestehenden nationalen und internationalen Fußballverbänden unabhängige europäische Superliga zu gründen. Teilnehmer sollten diverse europäische Spitzenvereine sein. Auf Grund der ernsthaften Bedrohung der bestehenden Ligen und internationalen Wettbewerbe wurden letztere grundlegend reformiert und den Interessen der Spitzenvereine wurde dabei Rechnung getragen. Vgl. dazu den Kicker Nr.66 vom 10.08.1998, S.21 und KIPKER/PARENSEN (1999).

[467] PARLASCA (1999), S.103 bemerkt zur Realisierbarkeit eines Solidarausgleiches, welcher vom DFB durchgeführt werden soll: „Jeder Verein, der an Wettbewerbsspielen teilnehmen will, muss sich schon immer diesen Verbandsregeln unterwerfen. Auf reine Freiwilligkeit braucht daher nicht gesetzt zu werden." Vor dem Hintergrund der „Exit-Option" gilt das Zitat nur begrenzt, nämlich nur so weit, wie ein Austritt nicht in angemessener Zeit möglich ist und/oder mögliche Transaktionskosten den Austritt verhindern. Mithin kommt es nur dann zum Austritt, wenn die „Frustrationskosten" die „Austrittskosten" übersteigen.

„Natürlich wollen wir einen Solidarpakt. Nur frage ich mich: Was wird sein, wenn wir Aktiengesellschaften haben? Die Aktionäre werden fragen: Wie kommen wir dazu, denen Geld zu geben? Wir wollen Profit!“[468]

Gibt es allerdings Gründe, die im Gewinninteresse der Aktionäre liegen, so würde ein Verein bzw. eine Fußball-Aktiengesellschaft freiwillig in das Ausgleichssystem einzahlen. Solidarität unter den Vereinen würde damit zur Vorbedingung für Gewinnmaximierung. Die Rechtfertigungsbegründungen für den Finanzausgleich zwischen den Vereinen soll daher auf der Basis von Freiwilligkeit der nutzenmaximierenden Vereine erfolgen. Damit sind die Anforderungen an das Ausgleichssystem sehr hoch, denn es muss die Interessen der potentiellen Leistungserbringer unbedingt berücksichtigen.[469]

Freiwillige Transferzahlungen erfüllen die charakteristischen Merkmale der pareto-optimalen Umverteilung, denn sie entsprechen den Präferenzen der Financiers.[470] Der Financier hat – aus altruistischen oder egoistischen Motiven – das Bedürfnis, einen Teil seiner finanziellen Mittel an andere Wirtschaftssubjekte abzugeben. Durch die Umverteilung erhöht sich dementsprechend der Nutzen von Geber und Empfänger. Pareto-optimale Umverteilung zeichnet sich dadurch aus, dass durch den Finanzkraftentzug keine Verhaltensänderung induziert wird; die von SCHELLHAAß und ENDERLE erwartete Steuervermeidungsstrategie bliebe aus.[471]

Bei der Suche nach Gründen für freiwillige Transferzahlungen ist es hilfreich, Erfahrungen aus anderen Bereichen der Verteilungspolitik zu berücksichtigen. Redistributionen der personellen Einkommensverteilung und die Regelungen des Länderfinanzausgleichs bieten sich hier besonders an.[472] Trotz aller Kritik am Länderfinanzausgleich gibt es mindestens zwei Gründe, die auch aus Sicht der Geberländer für die Durchführung eines Länderfinanzausgleiches sprechen

---

[468] BRAUN (1999), S.272.

[469] Da der Austritt aus der Liga für die Vereine nicht ohne (Transaktions-) Kosten möglich ist, wird in der Praxis das Anforderungsniveau an das Ausgleichssystem weniger hoch sein. Mit anderen Worten würde ein Verein nicht sofort die Liga verlassen, wenn die tatsächlichen Ausgleichsbeträge über den vom abgebenden Verein präferierten Beträgen liegt.

[470] Zur pareto-optimalen Umverteilung vgl. KÜLP (1994), S.193ff.

[471] Gleichwohl könnte sich eine „Trittbrettfahrer-Problematik“ ergeben. Weiter unten wird darauf näher eingegangen.

[472] Der Begriff „Länderfinanzausgleich“ soll hier vereinfachend als Synonym für das gesamte System des Finanzausgleichs zwischen den Gebietskörperschaften benutzt werden.

und sich auf die Fußball-Bundesliga übertragen lassen: Dies sind zum einen die Solidarität unter den Ländern bzw. Vereinen und zum anderen ein wirtschaftlicher Risikoausgleich.[473] Als spezielles Argument für den Profisport kommt die Förderung der sportlichen Ausgeglichenheit bzw. des Positionswettbewerbes hinzu.

8.3.1 Solidarität

Freiwillige Zahlungen aus Gründen der Solidarität können diverse Ursachen haben: Es ist möglich, dass die Sympathie für verhältnismäßig „arme" Vereine aus strukturschwachen Regionen die „reichen" Spitzenvereine dazu motiviert, Solidartransfers zu tätigen. Auch der finanzielle Beistand für traditionsreiche Mannschaften mag ein Grund für Ausgleichszahlungen sein. Die Motive sind allerdings nicht unbedingt altruistisch. Es ist vorstellbar, dass die Traditionsmannschaften mit großem Fanpotential und hohen Sympathiewerten deshalb unterstützt werden, weil Begegnungen mit diesen Vereinen hohe Zuschauerzahlen und damit hohe Erlöse garantieren. Ohne Finanzausgleich würde die Traditionsmannschaft möglicherweise absteigen und durch einen weniger attraktiven Verein ersetzt, womit die Erlöse des abgebenden Vereines sinken würden.

Imagepflege ist ein potentieller weiterer Grund für Solidarleistungen. Ein reicher Verein mit großem sozialen und solidarischen Engagement dürfte auf eine höhere Akzeptanz und auf höhere Sympathiewerte in der Öffentlichkeit stoßen. Dieses kurzfristig altruistische Verhalten würde mittel- und langfristig die egoistischen Bedürfnisse in Form von zusätzlichen Erlösen befriedigen.

In Ansätzen ist solidarisches und vermeintlich altruistisches Verhalten schon jetzt zu beobachten. Gelegentlich treten Bundesligavereine zu Freundschaftsspielen gegen Amateurmannschaften ohne Antrittsprämie an, unter anderem um ihnen finanziell zu helfen.[474]

Soll der Finanzausgleich den Kriterien der pareto-optimalen Umverteilung gerecht werden, sind Ausgleichszahlungen nötig, welche den Zahlungsbereitschaften der gebenden Vereine entsprechen. Es liegt somit nahe, die reichen Vereine gemäß ihrer Präferenzen Finanzmittel an die von ihnen ausgewählten Vereine übertragen zu lassen. Vermutlich würden sich in einem solchen System

---

[473] Vgl. dazu QUITZAU (1998), S.13ff.

[474] Deren Bedeutung ist quantitativ allerdings nicht sonderlich groß.

der totalen Freiwilligkeit die Solidarbeiträge der einzelnen Vereine voneinander unterscheiden, auch dann, wenn die gebenden Vereine über eine identische Finanzkraft verfügen.

Aber nicht nur im Niveau sondern auch in der Struktur dürften sich die Zahlungen unterscheiden. Die abgebenden Vereine haben aller Wahrscheinlichkeit nach unterschiedliche Vorstellungen über die Förderungswürdigkeit der anderen Vereine. Geht es etwa darum, mit Hilfe von Solidarbeiträgen eine Mannschaft vor dem Abstieg zu retten, werden mit Blick auf die Bedeutung von Lokalderbys die Zahlungsbereitschaften für benachbarte Vereine besonders ausgeprägt sein. Weiterhin würden die gebenden Vereine vermutlich unsolides Ausgabenverhalten bzw. Missmanagement sanktionieren und die Zahlungen an entsprechende Vereine reduzieren oder gar einstellen. Unter einem Regime der vollständigen Freiwilligkeit käme es folglich zu keinem einheitlichen Transfersystem.

Intuitiv mag ein solches System des Finanzausgleichs unbefriedigend erscheinen, denn einerseits ist für die finanzschwachen Vereine die Planungssicherheit gering und andererseits wirkt es so, als seien sie der Willkür der gebenden Vereine ausgesetzt. Dies ist jedoch der Preis für die „Exit-Option" der Spitzenvereine, wenn deren Austritt jederzeit und für sie kostenlos möglich ist.

Es könnte eingewandt werden, dass ein solidaritätsorientierter Finanzausgleich auf freiwilliger Basis wegen „Trittbrettfahrer-Verhaltensweisen" gar nicht erst zustande kommt, obwohl die Finanziers des Systems grundsätzlich eine positive Zahlungsbereitschaft für die redistributiven Maßnahmen haben. Dieses Argument ist aus der Verteilungspolitik bekannt und bezieht sich darauf, dass die Einkommensverteilung ein öffentliches Gut ist. Für den hier untersuchten Fall der Fußball-Bundesliga greift die Argumentation jedoch nicht. Zum einen ist die Gruppe der Leistungserbringer sehr klein, so dass sich der Finanzierungsbeitrag eines jeden Vereines spürbar bemerkbar macht. Im Gegensatz zu den klassischen „free-rider-Problemen" würde sich das Trittbrettfahren eines einzigen Vereines auf das Verteilungsergebnis deutlich auswirken. Zum anderen zeigen empirische Studien, dass freiwillige Umverteilung am ehesten in kleinen, nicht-anonymen Gruppen verwirklicht wird.[475] Diese Beobachtung dürfte damit zu begründen sein, dass sich der Leistungsempfänger dem Leistungserbringer bei Nicht-Anonymität verbunden fühlt und deshalb eine effiziente Mittelver-

---

[475] Vgl. POMMEREHNE (1975), S.330ff.

wendung erfolgt. Andersherum: Der Zahler ist dann bereit, freiwillig Teile seiner Finanzkraft abzugeben, wenn er Kontroll- und Sanktionsmöglichkeiten hat.

8.3.2 Risikoausgleich

Meister und Vizemeister der Bundesliga sind direkt für die Champions-League qualifiziert, die Vereine auf den Plätzen drei und vier der Abschlusstabelle nehmen an einer Qualifikationsrunde für die Champions-League teil. Die fünft- und sechstplazierten Vereine sowie der DFB-Pokalsieger spielen im UEFA-Cup.[476] Die Teilnahme an einem der Wettbewerbe ist je nach sportlichem Erfolg mit erheblichen Mehrerlösen verbunden. Der Sieger der Champions-League kann beispielsweise bis zu 39 Millionen DM an Prämien einnehmen.[477] Doch auch unabhängig von der Teilnahme an europäischen Wettbewerben sind die Erlöse platzierungsabhängig. Das Zuschauerinteresse ist über die gesamte Saison vermutlich höher, wenn eine Mannschaft mit relativ guten Leistungen am Ende auf Platz 7 landet, als wenn mit mittelmäßigen bis schwachen Leistungen Platz 13 erreicht wird. Die Höhe der zukünftigen Erlöse hängt folglich davon ab, in welcher Tabellenregion sich der Verein aufhalten wird.

Da die Abschlusstabelle vor Saisonbeginn nur schwer prognostizierbar ist, sind die zukünftigen Erlöse und damit die finanzielle Situation des Vereines über das normale Maß hinaus unsicher. Um sich gegen diese Unsicherheit zumindest partiell zu schützen, kann die freiwillige Teilnahme an einem Finanzausgleich rational sein, die Motivation wäre versicherungstheoretischer Natur. Die Zahlungen der abgebenden Vereine wären dann als Versicherungsprämie zu verstehen, mit denen sie sich Ausgleichszahlungen für den Fall der verpassten Teilnahme an einem europäischen Wettbewerb sichern oder gegen ein unerwartet schlechtes Abschneiden schützen.[478]

Wäre die Teilnahme am Finanzausgleich den einzelnen Vereinen freigestellt, würden nur die Vereine mitmachen, deren Finanzierungsbeitrag kleiner oder gleich ihrem individuellen Schadenerwartungswert unter Berücksichtigung der

---

[476] Zudem besteht die Möglichkeit, sich über den UI-Cup für den UEFA-Cup zu qualifizieren.

[477] Vgl. FRANZKE (1999a), S.15.

[478] Das Versicherungsmotiv spricht im Zusammenhang mit dem Finanzausgleich ausdrücklich auch das BUNDESKARTELLAMT (1998), S.1, an.

vereinsindividuellen Risikoneigung ist.[479] Bei rigoros nutzenmaximierendem Verhalten der Vereine ist das Finanzausgleichssystem nur dann stabil, wenn vereinsindividuelle Ausgleichsquoten festgelegt werden, welche die jeweiligen Schadenfallwahrscheinlichkeiten berücksichtigen. Bei pauschalierten Ausgleichsbeträgen werden die relativ ungefährdeten Vereine aus der Solidargemeinschaft austreten, wodurch das gesamte Ausgleichsvolumen auf weniger Vereine verteilt wird. Sukzessive werden alle weiteren Finanziers die Gemeinschaft verlassen, so dass das Finanzausgleichssystem zusammenbricht. Dieser Wirkungsmechanismus ist von verschiedenen anderen Märkten mit asymmetrischer Informationsverteilung bekannt.[480]

Ist die Informationsverteilung zwischen den Vereinen asymmetrisch, in dem Sinne dass jeder Verein über seine eigene Schadenfallwahrscheinlichkeit besser informiert ist als alle anderen Vereine bzw. der Verband und gleichzeitig jeder Verein versucht, eine geringere als die versicherungsmathematisch korrekte Prämie zu zahlen, so können keine individuellen Quoten festgelegt werden.[481] Weiterhin müssten die Prämien zu jeder Saison an die aktuelle Schadenfallwahrscheinlichkeit angepasst werden, so dass die vollkommen freiwillige Variante des Finanzausgleichs hohe administrative Kosten verursacht. Hinsichtlich dem Motiv des Risikoausgleichs spricht daher einiges dafür, den Finanzausgleich pauschaliert durchzuführen.

8.3.3 Spannungsgeladenheit und Positionswettbewerb

Das am häufigsten genannte Argument für Erlösumverteilung ist die Wahrung der sportlichen Ausgeglichenheit innerhalb der Liga. Nur wenn das Leistungsgefälle der Bundesliga so weit begrenzt werden kann, dass die ex ante-Ergebnisoffenheit zwischen dem vermeintlich schwächsten und dem vermeintlich stärksten Ligamitglied gewahrt bleibt, können die Ligaerlöse insgesamt maximiert werden. Der Positionswettbewerb ist ein eigenständiges Produkt bei der Produktion von Fußballspielen, es handelt sich um ein „Ranggut". Erlahmt der Wettbewerb um die 18 Ränge der Bundesliga in dem Sinne, dass ex ante die

---

[479] Versicherungen beinhalten regelmäßig ein moral hazard-Problem. Im Falle des Finanzausgleichs zwischen Fußballvereinen ist damit hingegen nicht zu rechnen. Vgl. die Ausführungen in Abschnitt 8.3.4.1.

[480] Vgl. AKERLOF (1970). AKERLOF beschreibt die Wirkungskette anhand des Marktes für Gebrauchtwagen. Die Existenz von Gebrauchtwagenmärkten in der realen Welt zeigt jedoch, dass modelltheoretisch abgeleitete Ergebnisse in der Realität nicht zwingend Gültigkeit haben müssen.

[481] Vgl. zu diesem Sachverhalt auch PERSSON/TABELLINI (1996), S.988ff.

Belegung der Plätze bereits prognostizierbar ist, entfällt dieses Ranggut. Die Wahrung der Spannungsgeladenheit der Spiele im Interesse der Vereine ist daher auch weitgehend unumstritten.[482] Umstritten ist dagegen, ob die Spannungsgeladenheit lediglich von der Finanzausstattung der Vereine abhängt. Der empirische Befund aus Kapitel 6 legt den Schluss nahe, dass neben der Finanzkraft noch weitere Determinanten des sportlichen Erfolges und damit der Ergebnisoffenheit existieren.

Die Bedeutung der sportlichen Ausgeglichenheit ist nicht nur dem DFB, sondern auch den Vereinen bekannt. Damit ist eine wichtige Voraussetzung für das Zustandekommen eines Finanzausgleiches gegeben. Die „reichen" Vereine haben ein Interesse daran, die sportliche Differenz zu den anderen Ligateilnehmern nicht zu groß werden zu lassen und ihnen in Grenzen finanziell zu helfen.[483]

Dass ein Finanzausgleich auf freiwilliger Basis zustande kommt, bezweifeln SCHELLHAAß Und ENDERLE mit Blick auf die europäischen Wettbewerbe,

---

[482] Allerdings hegt HORCH (1999), S.185, mit Blick auf prestigemaximierendes Verhalten der Vereine Zweifel an der erwünschten Ausgeglichenheit der Liga: „So dürfte die Vermutung, dass gewinnmaximierende Vereine an einer sportlich vergleichbar starken Konkurrenz interessiert sein müssten, auf die derzeitige deutsche Fußballbundesliga eben kaum zutreffen, weil die Voraussetzung nicht stimmt." Gegen eine solche Sicht, dass das Interesse der Vereine an einer Ausgeglichenheit der Liga bei Prestigemaximierung nicht vorhanden ist, können mehrere Argumente angeführt werden. Hier sei nur eines genannt: Auch wenn Prestigemaximierung das Vereinsziel ist, ist ein großes Zuschauerinteresse – welches durch eine ausgeglichene Liga ermöglicht wird – nötig, weil sonst eben nur die Anerkennung einer verhältnismäßig kleinen Zuschauergruppe erlangt wird.

[483] An dieser Stelle kann der Eindruck der Widersprüchlichkeit entstehen. Einerseits wurde oben darauf hingewiesen, dass der sportliche Erfolg auch wesentlich von anderen Determinanten als der Finanzkraft abhängt und folglich kein umfassender Finanzausgleich vonnöten ist, andererseits wird nun festgestellt, dass die Ausgeglichenheit der Liga mittels Transferzahlungen von den „reichen" Vereinen sichergestellt würde, weil es in deren Eigeninteresse liegt. Der kritische Leser mag einwenden, dass Finanztransfers nicht nötig sind, wenn sportlicher Erfolg gar nicht käuflich ist. Dem muss hier entgegnet werden, dass weiter oben bereits betont wurde, die übergeordnete Fragestellung der Bedeutung der Finanzkraftverteilung für die Ausgeglichenheit der Liga und den damit verbundenen Ligaerlösen solle im Rahmen dieses Kapitels nicht näher untersucht werden. Zudem ist es vermutlich unstrittig, dass die Finanzkraft auch – aber nicht ausschließlich – über sportlichen Erfolg und Misserfolg entscheidet. Dementsprechend kann ein Finanzausgleich zumindest ab einem bestimmten Punkt sinnvoll sein, nämlich dann, wenn ein Verein oder mehrere Vereine so reich sind, dass sie mit Hilfe ihrer Finanzkraft die übrigen Determinanten des sportlichen Erfolges weitgehend außer Kraft setzen können.

auch wenn das Ausgleichssystem auf nationaler Ebene im Interesse aller Vereine ist. Dieser Aspekt wird in Abschnitt 8.3.4.3 ausführlich behandelt. Schon hier sei jedoch auf das Gerichtsurteil zur Zentralvermarktung des englischen Fußballs verwiesen. Die Klage der Wettbewerbsbehörde gegen die zentrale Fernsehvermarktung wurde abgelehnt. Insbesondere die Spitzenvereine Arsenal London und Manchester United haben sich in Anhörungen für den Fortbestand der Zentralvermarktung ausgesprochen, weil sie um die Ausgeglichenheit der Liga fürchten.[484] Es zeigt sich, dass auch die finanzkräftigen Vereine ein Eigeninteresse an der sportlichen Ligaausgeglichenheit haben und dieses auch artikulieren und umsetzen.[485]

8.3.4 Relevante Rahmenbedingungen und Besonderheiten

Zustandekommen und Wirkungsweise des Finanzausgleichs hängen von mehreren Rahmenbedingungen und Besonderheiten ab, welche nachfolgend genauer dargestellt werden.

8.3.4.1 Maximierungszielgröße und Verhaltensänderungen

Sowohl im Rahmen der personellen Einkommensverteilung als auch im Rahmen des Länderfinanzausgleichs sind die Anreizwirkungen der Redistributionen von großer Bedeutung. Bei unterstelltem Nutzen-maximierungsverhalten werden durch Umverteilungsmaßnahmen Verhaltensänderungen bei den privaten Wirtschaftssubjekten bzw. bei den Entscheidungs-trägern der Gebietskörperschaften induziert. Im Privatsektor kommt es zu Substitutionsvorgängen bei der Arbeitszeit-Freizeit-Allokation, im öffentlichen Sektor zur Änderung des Einnahme- und Ausgabenverhaltens. Ursache dafür sind „disincentive"-Effekte der Redistributionspolitik. Im Rahmen des Länderfinanzausgleichs führen die Regelungen häufig dazu, dass es aus Sicht der Länder rational ist, eine expansive Ausgabenpolitik zu betreiben, entsprechend lohnt es sich auch für verschuldete Länder nicht, ihre Länderfinanzen zu konsolidieren, weil sonst Zuwendungen aus dem Finanzausgleichssystem verlorengingen.[486]

---

[484] Vgl. MARTIN (1999), S.31.

[485] Weshalb die genannten Vereine für den Fortbestand der Zentralvermarktung und nicht für einen Finanzausgleich unter einem Regime der Einzelvermarktung eintreten, bedarf einer genaueren Analyse und kann hier nicht weiter untersucht werden.

[486] Zu den Marginaleffekten des Finanzausgleichssystems vgl. HUBER/LICHTBLAU (1997).

Es liegt nahe, dass ein Finanzausgleich zwischen den Fußballvereinen ähnliche Folgen hätte. Diese Vermutung ist jedoch nur dann zutreffend, wenn Fußballvereine das Ziel der Gewinnmaximierung verfolgen. Finanzausgleichszahlungen wirken analytisch wie eine Steuer und reduzieren entsprechend die Nach-Steuer-Rendite einer Investition. Folglich wird das Investitionsniveau bei Gewinnmaximierungsverhalten so weit reduziert, bis der Grenzertrag nach Steuern den Grenzkosten einer Investition entspricht.

Vieles spricht dafür, dass Fußballvereine (derzeit) eher Prestigemaximierung als Gewinnmaximierung betreiben. Das oberste Ziel des Vereines ist ein möglichst gutes Abschneiden in der Meisterschaft. Unter dieser Voraussetzung werden vom Finanzausgleich nur bei den nicht-platzierungsabhängigen Erlösen Verhaltensänderungen induziert. So könnten z.B. die Bemühungen im Bereich des Merchandising reduziert werden. Die Besteuerung von platzierungs-abhängigen Erlösen bewirkt hingegen keine Verhaltensänderung, weil die „Nachfrage" nach guten Tabellenplätzen bei Prestigemaximierung preis-unelastisch ist. Die Vereine wären auch dann noch unvermindert bestrebt, Meister zu werden, einen europäischen Wettbewerb oder einen guten Tabellenplatz zu erreichen, wenn die damit verbundenen Zusatzerlöse deutlich geringer ausfielen als in einer Situation ohne Finanzausgleich.

Es ergibt sich folgende, für den Finanzausgleich zwischen Fußballvereinen spezielle Implikation: Der „excess burden" des Finanzausgleichs fällt dann minimal aus, wenn die Finanzierung ausschließlich aus den platzierungs-abhängigen Erlösen bestritten wird!

In Abschnitt 8.3.2 wurde festgestellt, dass Versicherungsmärkte häufig durch moral hazard-Probleme gekennzeichnet sind. Sobald der Versicherungsnehmer Versicherungsschutz genießt, lässt seine Sorgfalt hinsichtlich der Schadenvermeidung nach und die Schadenfallwahrscheinlichkeit steigt entsprechend an.[487] Bezogen auf den Profifußball hieße dies, dass auf Grund des Finanzausgleichs das Bestreben, eine möglichst gute Platzierung zu erreichen, nachlässt. Wie oben geschildert, ist dies bei prestigemaximierendem Verhalten der Vereine jedoch nicht zu erwarten.

---

[487] Vgl. NELL (1993).

8.3.4.2 Die Bedeutung der „Exit-Option"

Grundsätzlich hat jeder Ligateilnehmer die Möglichkeit, die Liga zu verlassen. Faktisch wird von der „Austritts-Option" jedoch nur dann Gebrauch gemacht, wenn es eine bessere Alternative zu der bestehenden Liga gibt. Der Vorteil des Ligaaustritts ergibt sich aus der langfristigen Erlösdifferenz zwischen der Teilnahme an den jeweiligen Ligen. Da die Koexistenz mehrerer gleichberechtigter Ligen in der Regel eine inferiore Lösung darstellen dürfte, ist nicht davon auszugehen, dass der Ligaaustritt zu jeder Zeit eine ernsthafte Alternative darstellt.[488] Es wurde jedoch bereits die reale Bedrohung durch eine unabhängige Liga dargestellt. Unabhängig davon, welche Lösung sich als langfristig optimal erweisen würde, begrenzt das Drohpotential der Spitzenvereine die Handlungsfreiheit der bestehenden Liga. Dies gilt umso mehr, je größer das strategische Interesse privater Investoren (aus dem Mediensektor) an der Bildung einer solchen unabhängigen Liga ist.

Die maximale Zahlungsbereitschaft für Übertragungsrechte ergibt sich aus

dem Erlös aus der Nutzung des Rechts
\- den Kosten aus der Programmrealisierung
\+ dem strategischen Wert des Programms
\- den Opportunitätswert der Sendezeit.[489]

Entscheidende Bedeutung kommt in diesem Zusammenhang dem strategischen Wert des Programms zu. Je höher der strategische Wert der Übertragungsrechte, desto eher können Medienkonzerne Interesse an der Vorfinanzierung einer „wilden" Liga haben und desto eher kann sich eine Situation ergeben, in der die Vereine der neu zu gründenden „wilden" Liga höhere Erlöse erzielen, als das Zuschauerinteresse als solches hergibt. Das Einlösen der „Exit-Option" könnte sich zumindest kurzfristig lohnen, auch dann, wenn das Zuschauerinteresse an einer solchen Liga vergleichsweise gering ist.

Als Reaktion auf den Versuch der privaten Investorengruppe, eine „wilde" Liga zu gründen, wurden die europäischen Wettbewerbe und insbesondere die Champions-League grundlegend reformiert. Damit wurde den Interessen der potentiellen „Exit-Kandidaten" nachgegeben und deren Erlössituation verbes-

---

[488] Vgl. zur Konkurrenz von Ligen CAIRNS et al. (1986), S.59ff. und MELZER/STÄGLIN (1965), S.133f.

[489] Vgl. PARLASCA (1993), S.26 und grundlegend KRUSE (1991), S.68ff.

sert sowie deren Planungssicherheit erhöht. Gleichzeitig wurde die Stabilität bzw. der Zusammenhalt der bestehenden Ligen gestärkt, so dass die Außenseiterkonkurrenz durch private Investoren weitgehend abgewehrt ist.

Die Transaktionskosten stellen eine „Ligaaustrittsbarriere" dar. Sie setzen sich zusammen aus den Kosten des Ligaaustritts – wie etwa einem möglichen Imageverlust – einerseits und der nicht jederzeit und umgehend möglichen Neugründung einer Liga andererseits.

Zusammengefasst müssen die Regelungen eines Finanzausgleichs um so stärker die Interessen der Spitzenclubs berücksichtigen, je geringer die Transaktionskosten des Ligaaustritts und je höher die Erlösvorteile der Teilnahme an der „wilden" Liga sind. Im Vergleich zum Vorjahr hat das Drohpotential der Spitzenvereine wegen der Reform der europäischen Wettbewerbe deutlich abgenommen, so dass derzeit die Anforderungen an einen Finanzausgleich weniger restriktiv sind und die Kriterien der vollständigen Freiwilligkeit nicht erfüllt sein müssen.

8.3.4.3 Die Bedeutung der europäischen „Superwettbewerbe"

Mit Blick auf die europäischen Wettbewerbe glauben SCHELLHAAß und ENDERLE nicht, dass es zu einer freiwilligen Einnahmeteilung der Vereine auf Grund der zu erwartenden abnehmenden Ausgeglichenheit und abnehmenden Spannung der Liga kommt:

> „Für einen wirkungsvollen Ausgleichsautomatismus über einen freiwilligen expliziten Vertrag müsste der Einnahmeausfall für die Spitzenvereine in der nationalen Liga höher sein als die zusätzlichen Einnahmen auf der internationalen Ebene, eine Situation, die relativ unwahrscheinlich ist... Es ist jedoch schwer vorstellbar, dass selbst ein eventueller Rückgang der Stadioneinnahmen in der nationalen Liga den Wert der Rechte in den europäischen Wettbewerben überkompensieren kann. Eine freiwillige Einnahmeteilung wird daher nicht im Interesse der starken Clubs sein."[490]

SCHELLHAAß und ENDERLE gehen von der – nicht realistischen – Annahme aus, dass sich Jahr für Jahr die gleichen Vereine für die europäischen Wettbewerbe qualifizieren. Weiterhin ist die Analyse statisch angelegt. Es wäre aber zu berücksichtigen, welche Langfristwirkungen ein langsamer Zerfall der nationalen Ligen hätte: In diesem Zusammenhang sind die Präferenzen der Fans ent-

---

[490] SCHELLHAAß/ENDERLE (1998), S.296.

scheidend. Sehen sie die nationalen Ligen als Herzstück des Fußballs und die europäischen Wettbewerbe lediglich als Zugabe, müsste langfristig jeder internationale Wettbewerb um seine Existenz fürchten, der an die Stelle der nationalen Meisterschaft tritt. Es würden sich mindestens die Fans, deren Fußballinteresse vereinsgebunden ist, von den europäischen Wettbewerben abwenden. Damit würden aber auch die aus diesen Wettbewerben resultierenden Erlöse (erheblich) sinken. Die international vertretenen Vereine haben deshalb langfristig ein Interesse an der Ausgeglichenheit der Bundesliga, selbst wenn die Mehrerlöse aus den europäischen Wettbewerben die Erlöseinbußen wegen fehlender Spannung in der Bundesliga kurzfristig übersteigen.

Anders stellt sich die Situation dar, wenn die Bundesliga für die Fans nur zweitrangig ist und sich das eigentliche Interesse auf europäische Wettbewerbe oder eine Europaliga richtet. In diesem Fall ist tatsächlich nicht davon auszugehen, dass ein Interesse der großen Vereine an einer Erlösumverteilung auf nationaler Ebene besteht. Allerdings ist das Scheitern des Finanzausgleichs dann auch kein Problem, denn die Konsumenten bzw. die Fans wünschen offenbar mehrheitlich keine Bundesliga in der gegenwärtigen Form mehr. Ein Austritt der besten Vereine aus den nationalen Ligen wäre wahrscheinlich und diese dienten dann nur noch der Befriedigung regionaler Nachfrage.

Marktforschungsergebnisse sprechen dafür, dass die Bundesliga derzeit im Zentrum des Interesses der Fußballfans steht und dementsprechend allen Vereinen an einer starken, relativ ausgeglichenen und damit interessanten Bundesliga gelegen sein muss.[491] Die Realisierungschancen für einen Finanzausgleich zwischen den Vereinen stehen daher gut.

8.4 Konzeption des Finanzausgleichs

In der Sommerpause 1999 wurden diverse Vorschläge für ein Finanzausgleichssystem veröffentlicht. Der Vorschlag von Wolfgang Holzhäuser, Geschäftsführer von Bayer Leverkusen, orientiert sich am „Vorbild" des Länderfinanzausgleichs.[492] Demnach sollen die gesamten Einnahmen eines Vereines – und nicht nur die Fernseherlöse – als Bemessungsgrundlage für den Finanzausgleich dienen. Ein weiteres Modell ist im Rahmen eines „Konsensge-

[491] Vgl. Abschnitt 3.5.3.4.

[492] Vgl. Handelsblatt (1999), S.47.

spräches" entwickelt worden.[493] Demzufolge sollen alle Vereine der Bundesliga zehn Prozent ihrer Fernseherlöse und Zuschauereinnahmen in einen Liga-Pool einzahlen. Auf Basis der erfolgten Zahlungen wird dann eine „Einzahlungs-Rangliste" erstellt und die Verteilung der Pool-Gelder erfolgt in umgekehrter Reihenfolge der Einzahlungen: Der Letztplatzierte erhält die Einzahlung des Erlös-Spitzenreiters und umgekehrt. Nachfolgend werden Leitlinien für die Konzipierung eines Finanzausgleichs skizziert, anhand derer die Vorteilhaftigkeit der zitierten Vorschläge geprüft werden kann.

8.4.1 Leitlinien für einen Finanzausgleich

In Abschnitt 8.3 wurde für die Begründung eines Finanzausgleichssystems auf die Erfahrungen mit dem Länderfinanzausgleich (bzw. dessen allokativen und distributiven Rechtfertigungsmöglichkeiten) und mit der Umverteilung persönlicher Einkommen zurückgegriffen. Ebenso können die Erfahrungen aus diesen Bereichen genutzt werden, um die Gestaltung eines Ausgleichssystems zu konkretisieren. Zunächst fällt auf, dass es vergleichsweise einfach ist, Ausgleichsmechanismen für die Fußball-Bundesliga zu konstruieren. Im weiteren Sinne hat der Finanzausgleich solidarisierende und homogenisierende Aufgaben zu erfüllen, so dass sich die verschiedenen Vereine einschließlich deren Anhänger zumindest ansatzweise miteinander identifizieren können.

Die Fehlentwicklungen beim Länderfinanzausgleich bieten wertvolle Einsichten für die Konzeption des Finanzausgleichs zwischen Fußballclubs. Die Kritik an den bestehenden Regelungen lassen sich in drei Kategorien einteilen:[494]

- Verteilungswirkungen
- Systemhaftigkeit
- Effizienzwirkungen.

Die Verteilungswirkungen des Finanzausgleichs sollten sich so einstellen, dass nur ein Mindestmaß an Nivellierung realisiert wird. Das Ausmaß der Nivellierung muss hierbei allerdings normativ vorgegeben werden und lässt sich nicht

[493] Vgl. FRANZKE (1999c), S.18. Teilnehmer des Konsensgespräches waren Gerhard Mayer-Vorfelder, Franz Beckenbauer, Karl-Heinz Rummenigge, Reiner Calmund, Rudi Völler und Franz Böhmert. Zwischenzeitlich hat Gerhard Meyer-Vorfelder den Bericht dementiert und betont, bei dem Modell handele es sich um eine private Idee von Reiner Calmund. Nachfolgend sollen die beiden Vorschläge als „Holzhäuser-Modell" und als „Modell-Konsensgruppe" bezeichnet werden.

[494] Vgl. QUITZAU (1998), S.18ff.

objektiv bestimmen. Grundsätzlich sind aber die Vorstellungen der Finanziers verstärkt zu berücksichtigen, weil diese am ehesten ihre „Exit-Option" einlösen könnten und damit den Finanzausgleich aushöhlen. Eine zehnprozentige Solidarabgabe dürfte von den abgebenden Vereinen nicht als übermäßige Nivellierung empfunden werden. Eine 50%ige Solidarabgabe könnte den Beteiligten hingegen als ungerechtfertigt erscheinen.

Die systematischen Aspekte eines Finanzausgleichs müssen im Bereich des Fußballs mindestens zwei Aufgaben erfüllen: Erstens darf durch die Ausgleichszahlungen die Finanzkraftreihenfolge unter den Vereinen nicht verändert werden, andernfalls würde die Akzeptanz des Systems sinken. Zweitens sollte der Ausgleichsmechanismus transparent und ohne größeren Verwaltungsaufwand durchführbar sein. Bürokratie und damit verbundene Verwaltungskosten beeinträchtigen die Akzeptanz ebenfalls negativ.

Die Effizienz- oder Anreizwirkungen des Finanzausgleichs sollten Verhaltensänderungen bei den Vereinen vermeiden. Das Verhalten der Entscheidungsträger hängt einerseits von der Höhe der Finanzausgleichsbeiträge und Finanzzuwendungen, andererseits von der Bemessungsgrundlage ab. Dementsprechend sind die Abschöpfungs- und Ausgleichsbeträge entweder niedrig zu halten (daraus resultiert das Nivellierungsausmaß) oder die Finanzierung des Finanzausgleiches wird ausschließlich aus platzierungsabhängigen Erlösen bestritten.

Zusammengefasst sind folgende Kriterien bei der Konzipierung des Finanzausgleichs zu berücksichtigen:

1. Moderate Nivellierung der Vereinsfinanzen,
2. Beibehaltung der Finanzkraftreihenfolge,
3. Transparenz,
4. Einfachheit der Mitteleinhebung,
5. Anreizkompatibilität, Finanzierung aus platzierungsabhängigen Erlösen.

8.4.2 Kritik der vorgeschlagenen Modelle

8.4.2.1 Das „Holzhäuser-Modell"

Die oben erwähnten Finanzausgleichsmodelle können mit Hilfe der genannten Kriterien beurteilt werden:

Dem Holzhäuser-Modell liegt die Idee zu Grunde, die Gesamterlöse der Vereine als Bemessungsgrundlage für den Finanzausgleich heranzuziehen:

„Er schlägt den Cash-Flow der Erst- und Zweitliga-Clubs als Beleg für ihre finanzielle Stärke vor: 'Wenn ich den über vier oder fünf Jahre aufaddiere und eine Tabelle bilde, steht oben Bayern München. Die oberen 18 bezahlen, die unteren 18 kassieren eine Abgabe in Höhe von soundsoviel Prozent. Das Geld wird nicht gleichmäßig ausgeschüttet. Die mit wenig Cash-Flow kassieren viel, die mit viel kassieren weniger.' "[495]

Obwohl das Holzhäuser-Modell vage formuliert ist, ergeben sich mehrere Kritikpunkte: Über das Niveau der Finanzkraftangleichung und damit auch über die Höhe der Abschöpfungs- und Ausgleichsbeträge wird nichts ausgesagt. In dieser Hinsicht ist das Modell zu allgemein.[496]

Die Beibehaltung der Finanzkraftreihenfolge ist nicht gewährleistet! Angenommen, der Cash-Flow des Vereines auf Platz 18 der „Finanzkrafttabelle" beträgt 50 Millionen DM und die Abschöpfungsquote 10%, dann fällt dieser Verein hinter alle Vereine zurück, die einen Cash-Flow zwischen 45 und 50 Millionen DM haben, ohne dass jene Vereine bereits Zahlungen aus dem Finanzausgleich erhalten hätten. Unter Berücksichtigung der Ausgleichsbeträge verstärkt sich der Trend noch. Die Umkehr der Finanzkraftreihenfolge muss sich jedoch nicht nur auf den Verein von Platz 18 beschränken, es können auch die davor platzierten Vereine betroffen sein.

Hinsichtlich der Transparenz wäre eine jahresbezogene Bemessungsgrundlage übersichtlicher als eine, die längere Zeiträume umfasst. Die Mitteleinhebung bereitet insofern Schwierigkeiten, als dass alle Vereine sämtliche Erlöse offenlegen müssten. Das Holzhäuser-Modell unterscheidet sich bezüglich der Offenlegungsproblematik allerdings nicht von den anderen denkbaren Modellen.

Bezüglich der Anreiz- bzw. Effizienzwirkungen ist das Modell mangelhaft. Wenn sämtliche, und nicht nur die platzierungsabhängigen Erlöse zur Bemessungsgrundlage gehören, werden in verschiedenen Bereichen die Entscheidungskalküle verzerrt. Der Produktverkauf wird so weit ausgedehnt, bis der Grenzerlös nach Steuern den Grenzkosten entspricht. Der Verkauf von Merchandising-Produkten dürfte spürbar eingeschränkt werden. Auch die „Besteue-

---

[495] o.V. (1999), S.47.

[496] Auf eine schriftliche Anfrage hin war Wolfgang Holzhäuser nicht bereit, weitere Details seines Modells, sofern sie überhaupt existieren, preiszugeben.

rung“ der Zuschauereinnahmen wird Entscheidungen verzerren: Zwar sind die Erlöse aus den Eintrittsgeldern kurzfristig platzierungsabhängig und damit prinzipiell geeignet, in den Finanzausgleich integriert zu werden, doch würden die langfristigen Entscheidungen über Stadionneu- und -umbauten sowie Stadionerweiterungen beeinflusst. Werden die Zuschauererlöse über einen Finanzausgleich umverteilt, so reduziert sich die Nach-Steuer-Rendite der Baumaßnahmen. Im Grenzfall wird der Status quo konserviert und es unterbleiben prinzipiell rentable Modernisierungen.

Hinsichtlich einer möglichst ausgeglichenen Liga erscheint es problematisch, die Vereine der ersten und zweiten Liga zusammenzufassen und einen gemeinsamen Finanzausgleich durchzuführen. In einem solchen System würde insbesondere das Leistungsgefälle zwischen der ersten und zweiten Bundesliga begrenzt werden. Die Wirkungen auf die Ausgeglichenheit der ersten Bundesliga wäre dagegen eher gering, weil die meisten Erstligavereine Teile ihrer Erlöse in das Ausgleichssystem einzahlen müssten. Eine Angleichung der Finanzkraft und damit möglicherweise auch der Spielstärke käme allenfalls dadurch zustande, dass die finanzkräftigen Vereine bei einer proportionalen Abgabe absolut höhere Ausgleichsbeträge zu zahlen hätten als die weniger finanzkräftigen Clubs.

Besser wäre es, den Finanzausgleich jeweils unter den Vereinen derselben Ligen durchzuführen. Sollen die zweite Liga und evtl. die Amateurligen an den Erlösen der ersten Liga partizipieren, könnten die Erstligavereine eine bestimmte Summe zur Verfügung stellen, die dann nach einem separaten Ausgleichssystem innerhalb der jeweiligen Liga verteilt werden.[497] Für einen Finanzausgleich, welcher nicht ligaübergreifend konzipiert wird, ist lediglich die Zuordnung der Auf- und Absteiger zu klären.

Zusammenfassend ist das Holzhäuser-Modell als stark verbesserungsfähig zu bewerten.

8.4.2.2 Modell „Konsensgruppe“

Nach dem Modell der „Konsensgruppe“ sollen alle Vereine der Bundesliga zehn Prozent ihrer Fernseherlöse und Zuschauereinnahmen in einen Liga-Pool einzahlen. Auf Basis der erfolgten Zahlungen würde eine „Einzahlungs-

---

[497] Zu berücksichtigen sind auch eventuelle Zahlungen der Vereine, die in die Jugendarbeit etc. investiert werden sollen.

Rangliste" erstellt werden und die Verteilung bzw. die Ausschüttung der Pool-Gelder erfolgte dann in umgekehrter Reihenfolge der Einzahlungen: Der Letztplatzierte erhielte die Einzahlung des Erlös-Spitzenreiters und umgekehrt.

Die vorgesehene zehnprozentige Abgabe der Vereine stellt eine nur moderate Nivellierung sicher und trägt damit zur Akzeptanz des Systems durch die (abgebenden) Vereine bei. Weiterhin ist die Transparenz des Systems positiv zu bewerten. Hinsichtlich der Mitteleinhebung gilt die generelle Problematik der notwendigen Offenlegung von Zuschauer- und Fernseherlösen.

Kritisch zu beurteilen sind hingegen die nicht sichergestellte Beibehaltung der Finanzkraftreihenfolge und die schlechte Anreizkompatibilität: Eine Ausschüttung der Pool-Gelder in umgekehrter Reihenfolge der Einzahlungs-Rangliste kann zu einer partiellen Umkehr der Finanzkraftreihenfolge führen. Insbesondere die Vereine, welche die Einzahlungen der Europapokalteilnehmer erhalten, können nach Durchführung des Finanzausgleiches über höhere Erlöse verfügen als Vereine, die ursprünglich vor ihnen standen.

Ebenso kann es theoretisch zu einem Wettbewerb um bestimmte Plätze in der unteren Hälfte dieser Rangliste kommen. Besonders anfällig für einen solchen Wettbewerb sind die Ränge von Platz 13 abwärts. Die Vereine auf diesen Rängen erhalten die Einzahlungsbeträge der sechs Erstplazierten. Es ist zu erwarten, dass auf den ersten sechs Rängen die Teilnehmer der europäischen Wettbewerbe stehen, deren Erlöse im Regelfall deutlich höher sind als die der nachfolgenden Mannschaften. Es besteht somit ein Anreiz für die mittelmäßig finanzkräftigen Vereine, sich möglichst weit hinten in der Erlös-Rangliste zu platzieren. Die dazu erforderlichen Maßnahmen reichen von „Erlöskosmetik" bis hin zur aktiven Erlösvermeidung. In der Endphase der Meisterschaft könnten etwa die Eintrittspreise drastisch gesenkt werden, um auf Grund der Mindererlöse höhere Zuwendungen aus dem Finanzausgleich zu erhalten. Die Gefahr eines Wettkampfes um die letzten Plätze der Einzahlungs-Rangliste ist um so größer, je höher der von allen Vereinen abzuführende Erlösprozentsatz, weil dementsprechend die Zuwendungen aus dem Finanzausgleich zunehmen.

Hinsichtlich der Einbeziehung der Zuschauereinnahmen in das Finanzausgleichssystem gilt die in Abschnitt 8.3.4.1 erläuterte Problematik der Entscheidungsverzerrung bei Stadionneu- und -umbauten. Kritisch anzumerken ist außerdem die ausschließliche Fokussierung auf die Belange der ersten Bundesliga. Die zweite Liga und die Amateurligen würden nicht von den Finanzausgleichsregelungen profitieren.

Schließlich ist es wenig elegant, zunächst jeden Verein in den Finanzausgleich einzahlen zu lassen und später wiederum jedem Verein Finanzzuweisungen zu gewähren. Besser wäre es, Nettobeiträge und Nettozuwendungen auszuweisen.

Zusammenfassend bleibt festzuhalten, dass das Modell der „Konsensgruppe" mehreren Anforderungen gerecht wird, jedoch Probleme bei der Anreizkompatibilität hat. Insbesondere die Einbeziehung der Zuschauereinnahmen und die nicht sichergestellte Beibehaltung der Finanzkraftreihenfolge ist zu kritisieren.

8.4.3 Vorschlag für ein einfaches Finanzausgleichssystem

Nachfolgend wird ein Finanzausgleichsmodell vorgestellt, das den Anforderungen bzw. den in Abschnitt 8.4.1 genannten Kriterien weitgehend gerecht wird: Die Anreizkompatibilität wird dadurch sichergestellt, dass als Bemessungsgrundlage für den Finanzausgleich lediglich die Fernseherlöse dienen, denn sie sind platzierungsabhängig und deren „Besteuerung" würde keine Verhaltensänderung bei den Vereinen induzieren.[498] Bei dezentraler Vermarktung würden die Fernseherlöse einen großen Teil des gesamten Ligaumsatzes ausmachen. Das kurz- bis mittelfristige Erlöspotential aus der dezentralen Fernsehvermarktung wird regelmäßig auf 600 Millionen bis eine Milliarde pro Saison geschätzt.[499] Gemessen am derzeitigen Ligaumsatz von gut einer Milliarde (incl. Erlösen aus zentraler Fernsehvermarktung) wäre damit der quantitativ wichtigste Umsatzposten die Bemessungsgrundlage des Finanzausgleiches.

Die Beibehaltung der Finanzkraftreihenfolge wird durch einen linearen Ausgleichstarif gewährleistet: Der Finanzausgleich kann idealerweise in Anlehnung an die erste Stufe des Länderfinanzausgleichs mit Hilfe von Finanzkraft- und Ausgleichsmesszahlen durchgeführt werden.[500] Die Finanzkraftmesszahl (FKMZ) entspricht dabei dem Erlös des jeweiligen Vereines aus der Fernsehvermarktung, während sich die Ausgleichsmesszahl (AMZ) als arithmetisches Mittel der Fernseherlöse aller Erstligavereine errechnet. Damit werden die Ver-

---

[498] Da den Grenzerlösen der Fernsehübertragungen nur geringe Grenzkosten gegenüberstehen, ist es fraglich, ob durch die „Besteuerung" überhaupt Verhaltensänderungen induziert würden, wenn die Erlöse nicht platzierungsabhängig wären.

[499] Vgl. beispielsweise AHLERS (1999), S.43.

[500] Vgl. Gesetz zur Änderung des Gesetzes über den Finanzausgleich zwischen Bund und Ländern vom 28.April 1995, §6 und §10.

eine in unterdurchschnittlich und überdurchschnittlich finanzkräftige Vereine eingeteilt.[501] Formal ergibt sich dann:

$$FKMZ = E_i \qquad (13)$$

und

$$AMZ = \sum E_i / i \qquad i=1\text{-}18 \text{ (Anzahl der Ligateilnehmer)} \qquad (14)$$

mit E_i = Erlös des Vereines i aus der Fernsehvermarktung.

Der Ausgleichsbetrag bzw. Finanzierungsbeitrag (x) errechnet sich aus

$$X = (AMZ - FKMZ) \cdot \lambda \qquad (15)$$

mit $0 \leq \lambda \leq 1$. λ kann als Nivellierungsparameter bezeichnet werden.

Verbal lässt sich das Ausgleichssystem folgendermaßen beschreiben: Die Erlösdifferenzen zwischen den Vereinen werden dadurch eingeebnet, dass die vereinsindividuelle Erlösabweichung von dem durchschnittlichen Ligaerlös partiell abgebaut wird. Die finanzschwachen Vereine erhalten Ausgleichsbeträge, die finanzstarken Vereine zahlen Finanzierungsbeiträge. Der Nivellierungsparameter λ ist dabei die Stellgröße für das Niveau der Finanzkraftangleichung. Er kann nicht objektiv bestimmt werden, sondern muss ausgehandelt oder vorgegeben werden. Wäre $\lambda = 0$, würde nicht umverteilt werden. Bei $\lambda = 1$ würden sämtliche Erlösdifferenzen aus der Fernsehvermarktung eingeebnet, die Verteilung wäre egalitär. Beide Varianten erscheinen wenig sinnvoll, da der erste Fall die Nichtexistenz eines Finanzausgleiches bedeuten würde, der zweite Fall hingegen bedeutete eine noch stärkere Umverteilung als bei der Zentralvermarktung. Sinnvoll wäre somit ein λ-Wert der sich deutlich von 0 und 1 unterscheidet!

Beispiel:

Anzahl der Ligateilnehmer:	4
Fernseherlöse Verein A ($FKMZ_A$):	120 Mio DM
Fernseherlöse Verein B ($FKMZ_B$):	80 Mio DM
Fernseherlöse Verein C ($FKMZ_C$):	50 Mio DM
Fernseherlöse Verein D ($FKMZ_D$):	15 Mio DM
AMZ gemäß (14):	66,25 Mio DM
λ:	0,25

[501] Zufällig kann ein Verein auch genau durchschnittlich finanzkräftig sein.

Finanzierungsbeitrag x_A:	-13,4375 Mio DM
Finanzierungsbeitrag x_B:	-3,4375 Mio DM
Ausgleichsbetrag x_C:	+4,0625 Mio DM
Ausgleichsbetrag x_D:	+12,8125 Mio DM

Erlöse Verein A nach Finanzausgleich:	106,5625 Mio DM
Erlöse Verein B nach Finanzausgleich:	76,5625 Mio DM
Erlöse Verein C nach Finanzausgleich:	54,0625 Mio DM
Erlöse Verein D nach Finanzausgleich:	27,8125 Mio DM

In dem gewählten Beispiel reduziert sich der Finanzkraftunterschied zwischen dem finanzstärksten und dem finanzschwächsten Verein von 700 Prozent auf knapp 300 Prozent. Die Erlösschere wird damit spürbar geschlossen. Sollten andere Verteilungsergebnisse gewünscht sein, braucht lediglich der λ-Wert geändert zu werden. Mit Hilfe der Festlegung dieses Wertes lässt sich die in Abschnitt 8.4.1 geforderte moderate Nivellierung herbeiführen.

Die Transparenz ist in diesem Modell gewährleistet, weil ein bestimmter Prozentsatz der überdurchschnittlichen Finanzkraft abgeschöpft bzw. der unterdurchschnittlichen Finanzkraft aufgefüllt wird. Lediglich hinsichtlich der Einfachheit der Mitteleinhebung gilt die gleiche Problematik wie für die anderen vorgestellten Modelle, nämlich die Offenlegung der Erlöszahlen aus der Fernsehvermarktung.

Schließlich sollte die zweite Liga einen bestimmten Betrag von den Erstligavereinen erhalten, um ihre sportliche Wettbewerbsfähigkeit zu erhalten. Dadurch würde gleichzeitig das Leistungsgefälle in der ersten Liga abgebaut, weil die Aufsteiger aus der zweiten Liga wahrscheinlich von Beginn an ein höheres Niveau aufweisen würden als wenn die zweite Liga nicht an den Fernseherlösen beteiligt wäre. Eine prozentuale Abgabe aller Erstligisten, deren Höhe wiederum objektiv nicht festlegbar ist, könnte die Unterstützung der zweiten Liga gewährleisten.[502]

8.5 Die Bedeutung von Vermarktungsunternehmen

Eine zusätzliche Schwierigkeit bei der Einführung des Finanzausgleichssystems kann sich dadurch ergeben, dass 14 von 18 Bundesligavereinen ihre Vermark-

---

[502] Gleiches gilt natürlich für die Unterstützung der Amateurligen, soweit dies erwünscht ist.

tungsrechte an Vermarktungsunternehmen verkauft haben, die im Gegenzug prozentual an den Erlösen der Vereine beteiligt sind.[503] Auf Grund der prozentualen Beteiligung stellt sich die Frage, welche Erlösgröße als Bemessungsgrundlage für den Finanzausgleich dienen soll, bzw. inwieweit die Abgaben der Vereine an die Vermarktungsunternehmen berücksichtigt werden müssen.

Zwei Möglichkeiten sind denkbar: Das Ausgleichssystem kann entweder an die Bruttoerlöse oder an die Nettoerlöse der Vereine anknüpfen.[504] Sollten die Bruttoerlöse als Bemessungsgrundlage dienen, ergeben sich erneut zwei unterschiedliche Varianten hinsichtlich der prozentualen Beteiligung der Vermarktungsunternehmen: Diese können entweder an den Vor-Steuer- oder an den Nach-Steuer-Erlösen beteiligt werden.[505]

Eine Anknüpfung des Finanzausgleichs an die Nettoerlöse erscheint aus pragmatischer Sicht wenig wahrscheinlich und aus theoretischer Sicht nicht sinnvoll. Es müssten hierfür nämlich die Verträge zwischen den Vereinen und den Vermarktungsunternehmen offengelegt werden. Weder die Vereine noch deren Vertragspartner dürften ihre Zustimmung dazu geben, so dass die Netterlöse als Bemessungsgrundlage für den Finanzausgleich nicht zur Disposition stehen. Neben diesem Praktikabilitätsproblem sprechen aber auch theoretische Argumente gegen die Verwendung der Nettoerlöse: Das Gleichbehandlungsgebot für die Vereine verlangt eine gleichmäßige Erfassung der Erlöse. Da vier Vereine Eigenvermarktung betreiben, dementsprechend auch keine Erlösteilung mit Vermarktungspartnern vorzunehmen haben, und die anderen vierzehn Vereine ihre Vermarktungsrechte an drei unterschiedliche Unternehmen verkauft haben, somit wahrscheinlich unterschiedliche Prozentsätze abzugeben haben, würden die Vereine ungleichmäßig entlastet. Darüber hinaus müssten die Einmalzahlungen der Vermarkter für die Vermarktungsrechte an die Vereine irgendwie berücksichtigt werden.

---

[503] Vgl. dazu FREITAG (1999a), S.12 und RÖMER (1999), S.40. Die an Vermarktungspartner gebundenen Vereine kooperieren mit folgenden Unternehmen: UFA Sports GmbH, ISPR GmbH und Sport A.

[504] Als Bruttoerlöse gelten in diesem Zusammenhang die Erlöse des Vereins einschließlich dem Erlösanteil des Vermarktungsunternehmens. Der Nettoerlös ist entsprechend der Bruttoerlös abzüglich dem Vermarkteranteil.

[505] Als Vor-Steuer-Erlös wird der Bruttoerlös vor Durchführung des Finanzausgleichs verstanden. Entsprechend ist der Nach-Steuer-Erlös der Bruttoerlös nach Durchführung des Finanzausgleichs.

Eine „Besteuerung“ der Nettoerlöse würde zudem eine Abkehr von der Erlösorientierung hin zur Gewinnorientierung bedeuten. Die prozentuale Abgabe an die Vermarktungsunternehmen stellt Aufwendungen für die Erlöserzielung dar und sind mithin als Kosten einzuordnen. Würden diese Kosten von den Erlösen abgezogen, müssten auch die Vereine, welche sich selbst vermarkten, die ihnen entstehenden (Personal-) Kosten von den Erlösen abziehen können.[506] Damit müsste eine systematische Abkehr von den Fernseherlösen hin zu einer Gewinngröße als Bemessungsgrundlage erfolgen. Insbesondere hinsichtlich der bisherigen Fernsehvermarktung und der Verteilung der daraus resultierenden Erlöse würde dies einen beachtlichen Systemwechsel darstellen.

Es ist zu erwarten, dass – wenn das Finanzausgleichssystem erst einmal implementiert ist – die Vereine eine prozentuale Beteiligung ihrer Vermarktungspartner lediglich an den Nach-Steuer-Erlösen einräumen wollen. Das Argument könnte lauten, eine Beteiligung an den Vor-Steuer-Erlösen käme einer „Doppelbesteuerung“ gleich. Auch hiergegen ist einzuwenden, dass die prozentuale Beteiligung der Vermarktungspartner lediglich als externe Kosten der Erlöserzielung zu verstehen sind. Vereine ohne Vermarktungspartner haben dagegen interne Personalkosten, welche sie ebenfalls aus den Brutto-Erlösen bezahlen müssen.

Als Bemessungsgrundlage kommen somit lediglich die Bruttoerlöse in Frage und die Beteiligung der Vermarktungsunternehmen sollte an den Vor-Steuer-Erlösen erfolgen.

---

[506] Abgesehen von den Problemen der korrekten Ermittlung dieser Kosten ergibt sich zusätzlich das aus der Steuertheorie bekannte Problem, ob lediglich die tatsächlich erzielten Erlöse oder auch Erlöserzielungspotential besteuert werden sollte. Die Klärung dieser Frage ist jedoch akademischer Natur.

9. Zusammenfassung und abschließende Bemerkungen

Im Rahmen der vorliegenden Arbeit wurde die vom Bundeskartellamt beanstandete Zentralvermarktung der Fernsehübertragungsrechte durch den DFB und die Alternative der Einzelvermarktung einer ökonomischen Analyse unterzogen. Um die unterschiedlichen Thesen zu den Auswirkungen einer Umstellung von zentraler auf dezentrale Vermarktung beurteilen zu können, war es notwendig, drei ökonomische Teilbereiche zu untersuchen: Zunächst waren dies die Preis- und Mengenwirkungen der beiden Vermarktungsformen und die daraus resultierenden wohlfahrtsökonomischen Implikationen. Weiterhin wurde dargestellt, welcher Einfluss von der Fernsehrechtevermarktung auf die Konzentration des Medienmarktes ausgeht, da Fußballübertragungsrechte einen wichtigen Input- und damit Wettbewerbsfaktor für die Sender bedeuten. Schließlich wurden die sportökonomischen Auswirkungen einer dezentralen Rechtevergabe herausgearbeitet, da beide Vermarktungsformen die Vereinsfinanzen in sehr unterschiedlicher Weise beeinflussen, wodurch die Wettbewerbsintensität innerhalb einer Liga verändert werden kann.

Die Analyse des sportökonomischen Bereiches hat gezeigt, dass sehr unterschiedliche Determinanten des sportlichen Erfolges existieren. Entgegen der weit verbreiteten Meinung, sportlicher Erfolg sei käuflich und „am Ende würden immer die reichen Vereine gewinnen", führten sowohl die theoretische Analyse als auch der empirische Befund zu einem anderen Ergebnis. Die Finanzkraft ist nur eine unter mehreren Bestimmungsgrößen. Allen voran sei hier der Zufall, verstanden als Glück und/oder Tagesform, genannt. Knapp über 50% der Bundesligaspiele wurden in der Vergangenheit durch Zufallsmomente spielentscheidend beeinflusst. Weder der Ausgang des einzelnen Spieles noch der Meisterschaftsverlauf in seiner Gesamtheit sind prognostizierbar, so dass die Spannungsgeladenheit des Ligabetriebes gewährleistet ist. Ein Vergleich mit der spanischen Liga, welche bereits dezentral vermarktet wird, ergab, dass auch die Spiele dieser Liga ergebnisoffen geblieben sind. Die Bedenken derjenigen, welche ausschließlich oder überwiegend die (wirtschaftlichen) Interessen des Sportsektors bzw. des Fußballs verfolgen, sind insofern meist überzogen.

Doch selbst wenn überwiegend die Finanzkraft den sportlichen Erfolg bestimmen würde, gäbe es einen Weg, spannende Meisterschaften zu gewährleisten, ohne auf das Instrument der Zentralvermarktung zurückgreifen zu müssen. Es ist möglich, einen Finanzausgleich zwischen den Vereinen durchzuführen. Die finanzkräftigeren Vereine würden dabei Finanzierungsleistungen erbringen, wogegen die finanzschwächeren Vereine Ausgleichsbeträge erhielten. In Kapitel 8 wurden sowohl die Grundlagen eines Finanzausgleichssystems dargestellt, als auch ein konkretes System entwickelt.

Bei aller Diskussion um die gleichmäßige Verteilung der Finanzmittel darf nicht vergessen werden, dass eine ausschließlich durch Zufall entschiedene Meisterschaft vermutlich auf ein ebenso geringes Zuschauerinteresse stoßen würde, wie ein sicher prognostizierbarer Saisonverlauf! Wenn es nicht mehr möglich ist, sich durch erbrachte Leistungen temporäre Wettbewerbsvorteile zu sichern, verlöre die eigene Anstrengung weitestgehend ihren Sinn. Für Spieler und Vereinsfunktionäre liegt jedenfalls ein großer Reiz darin, sich für eine längerfristige Perspektive zu engagieren, was auch vom Fußballfan honoriert wird. In dieser Hinsicht wäre es falsch, die Nivellierung der Vereinsfinanzen zu weit zu treiben.

Aus sportökonomischer Perspektive muss auch noch ein in der Diskussion über die optimale Vermarktungsform weitgehend übersehener Vorzug der wettbewerblichen Vermarktungslösung betont werden: Langfristig würden sich diejenigen sportlichen Wettbewerbe durchsetzen und etablieren, welche vom Fußballfan gewünscht werden. Unter dem Regime der Zentralvermarktung muss dies dagegen nicht der Fall sein, da sich die Vereine auf die finanziell profitabelsten Wettbewerbe konzentrieren. Was profitabel ist, entscheidet bei zentraler Vermarktung aber nicht in erster Linie der Konsument, sondern vorrangig der Verband mit seiner Entscheidung über die Art der Fernsehpräsentation.

Ein Blick auf die beiden anderen Teilbereiche zeigt, dass die ökonomischen Wirkungen der Zentralvermarktung allokationsineffizient sind. Der Wettbewerb auf dem stark konzentrierten Medienmarkt könnte intensiviert werden, wenn die Vermarktung dezentral organisiert wäre. Auch kleine Fernsehanstalten hätten dann die Möglichkeit, Fußballübertragungsrechte zu erwerben.

Im Rahmen der mikroökonomischen Analyse hat sich gezeigt, dass die Vermarktungspraxis des DFB künstlich verknappte Mengen und überhöhte Preise zur Folge hat. Durch die Mengenverknappung können entlang der Rechteverwertungskette die Preise für die gesendeten Fußballereignisse über das Konkurrenzniveau hinaus angehoben werden. Dies gilt sowohl für die wenigen Live-Ausstrahlungen im Free-TV, als auch für die zusammenfassende Berichterstattung, welche besonders stark konsumiert wird, weil das Angebot an Live-Spielen verknappt wird. Zusammengefasst bewirkt die Vermarktungspolitik des DFB eine Einschränkung der Wahlfreiheit und damit Wohlfahrtsverluste für die Konsumenten.

Da die zentrale Vermarktung keine erkennbaren gesamtwirtschaftlichen Vorteile bietet[507] und die einzelwirtschaftlichen Vorteile unter dem Regime der Einzelvermarktung auch auf andere Weise realisiert werden können, sollte der Ausnahmebereich Sport aus dem Gesetz gegen Wettbewerbsbeschränkungen gestrichen werden. Die Konsumenten würden ihre Nutzenposition verbessern, da sich die Fernsehpräsentation stärker an deren Präferenzen orientieren könnte. Gleichzeitig profitiert die werbetreibende Wirtschaft und damit letztlich auch der Konsument von den sinkenden Rechtepreisen.

Abschließend bleibt festzuhalten, dass mehr Wettbewerb auf dem Markt für Fußball-übertragungsrechte den Konsumenten nutzt und den Sport aller Voraussicht nach nicht schädigt. Nach aller theoretischer Erwartung und nach allen bisherigen Erfahrungen ist damit zu rechnen, dass Sepp Herberger Recht behält und der Ball auch bei dezentraler Fernsehvermarktung rund bleibt!

---

[507] Die Profiteure der Zentralvermarktung könnten nach einem Systemwechsel aus den freigesetzten Wohlfahrtspotentialen theoretisch kompensiert werden, so dass nach wohlfahrtsökonomischer Tradition der Systemwechsel eine Pareto-Verbesserung darstellen würde und dieser im Ergebnis zu befürworten wäre.

Anhang

Tabelle A1: Rangstabilität von Bundesligavereinen - Spielzeiten 1970/71 bis 1989/90[508]

Verein	Liga-zugehörigkeit in Jahren	Durchschnittliche Platzierung	Varianz σ^2	Standard-abweichung σ
Bayern München	20	3,05	9,55	3,09
Bor. M'gladbach	20	5,00	14,20	3,77
1. FC Köln	20	5,10	9,89	3,14
Hamburger SV	20	5,35	15,73	3,96
VFB Stuttgart	18	6,55	15,69	3,96
Werder Bremen	19	8,26	24,29	4,93
1. FC K'lautern	20	8,35	11,42	3,38
Eintr.achtFrankfurt	20	8,90	19,59	4,43
Bor. Dortmund	16	9,87	16,73	4,09
FC Schalke 04	16	9,94	24,68	4,97

Quelle: Kicker Spezial (1998), eigene Berechnungen.

Anmerkung: Es wurde der Zeitraum von 1970 bis 1990 gewählt, weil in diesem Zeitraum einerseits keine sportpolitisch bedeutsamen Urteile gefällt wurden andererseits die sprunghaften Erlössteigerungen erst in den Neunziger Jahren einsetzten. Eine „natürliche Rangfolge" hätte sich in dieser Zeit der „gemäßigten" Kommerzialisierung deutlich nachweisen lassen müssen. Nimmt man die These von der „natürlichen Rangfolge" ernst, sollte sie auch für den Zeitraum von 1990 bis heute nachweisbar sein. Da schon mit Hilfe des oben betrachteten Zeitraumes die These der „natürlichen Rangfolge" widerlegt wird, erübrigt sich die Überprüfung für die jüngere Vergangenheit.

[508] Berücksichtigt wurden nur die Traditionsvereine, welche im Betrachtungszeitraum fast durchgehend in der Bundesliga vertreten waren. Bei der Interpretation der Ergebnisse ist zu berücksichtigen, dass einige Mannschaften ein- oder mehrmals in die zweite Liga abgestiegen sind und die Volatilität der Plazierung dementsprechend noch höher ist als oben ausgewiesen.

Tabelle A2: Quoten und (relative) Häufigkeiten (Bundesliga)

Quote	Saison 1997/98	Saison 1998/99	Gesamt
(1,15 / 5,00 / 10,00)	0 (0%)	1 (0,44%)	1 (0,26%)
(1,20 / 4,50 / 8,00)	0 (0%)	2 (0,88%)	2 (0,51%)
(1,25 / 4,00 / 7,50)	1 (0,61%)	1 (0,44%)	2 (0,51%)
(1,30 / 4,00 / 7,00)	2 (1,23%)	1 (0,44%)	3 (0,77%)
(1,30 / 4,50 / 6,50)	0 (0%)	1 (0,44%)	1 (0,26%)
(1,35 / 4,00 / 6,00)	0 (0%)	3 (1,33%)	3 (0,77%)
(1,35 / 3,50 / 6,50)	5 (3,07%)	3 (1,33%)	8 (2,06%)
(1,40 / 3,50 / 6,00)	1 (0,61%)	6 (2,65%)	7 (1,8%)
(1,45 / 3,50 / 5,50)	6 (3,68%)	8 (3,54%)	14 (3,6%)
(1,50 / 3,25 / 5,00)	10 (6,13%)	14 (6,19%)	24 (6,17%)
(1,50 / 3,75 / 4,50)	1 (0,61%)	0 (0%)	1 (0,26%)
(1,55 / 3,25 / 4,50)	6 (3,68%)	14 (6,19%)	20 (5,14%)
(1,60 / 3,10 / 4,30)	10 (6,13%)	8 (3,54%)	18 (4,63%)
(1,60 / 3,40 / 4,00)	1 (0,61%)	3 (1,33%)	4 (1,03%)
(1,65 / 3,00 / 4,00)	7 (4,29%)	5 (2,21%)	12 (3,08%)
(1,70 / 3,00 / 3,75)	10 (6,13%)	12 (5,31%)	22 (5,66%)
(1,70 / 3,25 / 3,50)	1 (0,61%)	5 (2,21%)	6 (1,54%)
(1,75 /3,10 / 3,50)	1 (0,61%)	2 (0,88%)	3 (0,77%)
(1,75 / 3,00 / 3,60)	10 (6,13%)	15 (6,64%)	25 (6,43%)
(1,75 / 3,20 / 3,40)	1 (0,61%)	1 (0,44%)	2 (0,51%)
(1,80 / 2,95 / 3,50)	11 (6,75%)	13 (5,75%)	24 (6,17%)
(1,80 / 3,25 / 3,20)	1 (0,61%)	0 (0%)	1 (0,26%)
(1,85 / 2,95 / 3,20)	6 (3,68%)	5 (2,21%)	11 (2,83%)
(1,90 / 2,90 / 3,10)	6 (3,68%)	17 (7,52%)	23 (5,91%)
(1,90 / 3,10 / 2,90)	1 (0,61%)	2 (0,88%)	3 (0,77%)
(1,90 / 3,20 / 2,80)	0 (0%)	1 (0,44%)	1 (0,26%)
(2,00 / 3,00 / 2,75)	7 (4,29%)	6 (2,65%)	13 (3,34%)
(2,00 / 2,75 / 3,00)	5 (3,07%)	5 (2,21%)	10 (2,57%)
(2,10 / 2,85 / 2,80)	1 (0,61%)	3 (1,33%)	4 (1,03%)
(2,10 / 2,95 / 2,70)	1 (0,61%)	12 (5,31%)	13 (3,34%)
(2,10 / 2,90 / 2,75)	6 (3,68%)	3 (1,33%)	9 (2,31%)
(2,10 / 2,75 / 2,90)	4 (2,45%)	0 (0%)	4 (1,03%)
(2,20 / 2,95 / 2,50)	2 (1,23%)	2 (0,88%)	4 (1,03%)
(2,20 / 2,85 / 2,60)	1 (0,61%)	7 (3,1%)	8 (2,06%)
(2,20 / 2,75 / 2,70)	2 (1,23%)	5 (2,21%)	7 (1,8%)
(2,25 / 2,75 / 2,65)	0 (0%)	1 (0,44%)	1 (0,26%)
(2,25 / 2,90 / 2,50)	1 (0,61%)	1 (0,44%)	2 (0,51%)
(2,30 / 2,85 / 2,50)	7 (4,29%)	8 (3,54%)	15 (3,86%)
(2,30 / 2,75 / 2,60)	4 (2,45%)	7 (3,1%)	11 (2,83%)
(2,30 / 2,95 / 2,40)	1 (0,61%)	3 (1,33%)	4 (1,03%)
(2,30 / 3,15 / 2,20)	0 (0%)	1 (0,44%)	1 (0,26%)
(2,35 / 2,90 / 2,40)	2 (1,23%)	1 (0,44%)	3 (0,77%)
(2,35 / 2,70 / 2,60)	1 (0,61%)	0 (0%)	1 (0,26%)
(2,35 / 2,80 / 2,50)	4 (2,45%)	0 (0%)	4 (1,03%)
(2,40 / 2,65 / 2,60)	2 (1,23%)	1 (0,44%)	3 (0,77%)
(2,40 / 2,75 / 2,50)	9 (5,52%)	8 (3,54%)	17 (4,37%)
(2,40 / 2,70 / 2,55)	1 (0,61%)	0 (0%)	1 (0,26%)
(2,30 / 3,05 / 2,30)	0 (0%)	1 (0,44%)	1 (0.26%)
(2,40 / 2,85 / 2,40)	3 (1,84%)	0 (0%)	3 (0,77%)
(2,50 / 2,60 / 2,50)	1 (0,61%)	8 (3,54%)	9 (2,31%)
Gesamt	**163 (100%)**	**226 (100%)**	**389 (100%)**

Tabelle A3: Siegquoten und -wahrscheinlichkeiten (Bundesliga)

Siegquote	Siegwahrschein-lichkeit (p)	Gegenwahrschein-lichkeit (1-p)	Saison 1997/98	Saison 1998/99	Gesamt
1,15	73,40%	26,60%	0	1	1
1,20	70,35%	29,65%	0	2	2
1,25	67,53%	32,47%	1	1	2
1,30	64,93%	35,07%	2	2	4
1,35	62,53%	37,47%	5	6	11
1,40	60,30%	39,70%	1	6	7
1,45	58,22%	41,78%	6	8	14
1,50	56,28%	43,72%	11	14	25
1,55	54,46%	45,54%	6	14	20
1,60	52,76%	47,24%	11	11	22
1,65	51,16%	48,84%	7	5	12
1,70	49,66%	50,34%	11	17	28
1,75	48,24%	51,76%	12	18	30
1,80	46,90%	53,10%	12	13	25
1,85	45,63%	54,37%	6	5	11
1,90	44,43%	55,57%	7	20	27
2,00	42,21%	57,79%	12	11	23
2,10	40,20%	59,80%	12	18	30
2,20	38,37%	61,63%	5	14	19
2,25	37,52%	62,48%	1	2	3
2,30	36,70%	63,30%	12	19	31
2,35	35,92%	64,08%	7	1	8
2,40[509]	35,17%	64,83%	12	9	15
2,60[510]	32,47%	67,53%	1	8	9
2,85	29,62%	70,38%	3	0	3
3,05	27,68%	72,32%	0	1	1
Gesamt			**163**	**226**	**389**
Durchschnittlicher spielentscheidender Zufallseinfluss ($(1-p_i) \cdot n_i / n$)			**53,8%**	**53,2%**	**53,45%**

[509] Nicht enthalten ist die ausgeglichene Quote (2,40 / 2,85 / 2,40), da die Spiele mit solcher Quote bei den erwarteten Unentschieden berücksichtigt werden.

[510] Bei dieser Quote und den Quoten der nächsten beiden Zeilen handelt es sich um die Quoten des Ereignisses Unentschieden bei Wetten ohne Favoriten. Bei diesen Begegnungen ist der Zufall dann spielentscheidend, wenn das Spiel nicht Unentschieden ausgeht.

Tabelle A4: Quoten und Häufigkeiten (Spanische Liga)

Quote	Saison 1997/98	Saison 1998/99	Gesamt
(1,15 / 5,00 / 10,00)	1	0	1
(1,20 / 4,50 / 8,00)	2	4	6
(1,25 / 4,50 / 7,00)	0	1	1
(1,30 / 4,00 / 7,00)	2	2	4
(1,30 / 4,50 / 6,50)	0	2	2
(1,35 / 3,50 / 6,50)	2	0	2
(1,40 / 3,50 / 6,00)	2	3	5
(1,40 / 4,00 / 5,50)	0	2	2
(1,45 / 3,50 / 5,50)	0	5	5
(1,50 / 3,25 / 5,00)	3	5	8
(1,50 / 3,75 / 4,50)	0	1	1
(1,55 / 3,25 / 4,50)	4	5	9
(1,60 / 2,90 / 4,50)	1	0	1
(1,60 / 3,10 / 4,30)	1	6	7
(1,60 / 3,40 / 4,00)	0	1	1
(1,65 / 3,00 / 4,00)	6	1	7
(1,70 / 3,00 / 3,75)	1	2	3
(1,70 / 3,25 / 3,50)	0	1	1
(1,75 /3,10 / 3,50)	1	0	1
(1,75 / 3,00 / 3,60)	5	2	7
(1,80 / 2,95 / 3,50)	2	4	6
(1,80 / 3,25 / 3,20)	0	1	1
(1,85 / 2,95 / 3,20)	0	2	2
(1,85 / 3,15 / 3,00)	0	2	2
(1,90 / 2,90 / 3,10)	1	2	3
(1,90 / 3,10 / 2,90)	1	0	1
(2,00 / 3,00 / 2,75)	2	2	4
(2,00 / 2,75 / 3,00)	2	0	2
(2,10 / 2,85 / 2,80)	0	2	2
(2,10 / 2,95 / 2,70)	0	2	2
(2,10 / 2,90 / 2,75)	2	0	2
(2,10 / 2,75 / 2,90)	2	0	2
(2,20 / 3,15 / 2,30)	0	2	2
(2,20 / 2,95 / 2,50)	0	5	5
(2,20 / 2,85 / 2,60)	0	4	4
(2,20 / 2,75 / 2,70)	1	2	3
(2,25 / 2,80 / 2,60)	2	2	4
(2,25 / 2,90 / 2,50)	1	0	1
(2,30 / 2,75 / 2,60)	2	2	4
(2,30 / 2,95 / 2,40)	1	4	5
(2,35 / 2,90 / 2,40)	1	0	1
(2,35 / 2,70 / 2,60)	1	0	1
(2,35 / 2,80 / 2,50)	2	0	2
(2,40 / 2,65 / 2,60)	0	1	1
(2,40 / 2,75 / 2,50)	1	0	1
(2,40 / 2,70 / 2,55)	1	0	1
(2,30 / 3,05 / 2,30)	0	1	1
(2,40 / 2,85 / 2,40)	1	0	1
(2,50 / 2,60 / 2,50)	0	3	3
Gesamt	**57**	**86**	**143**

Tabelle A5: Siegquoten und -wahrscheinlichkeiten (Spanische Liga)

Siegquote	Siegwahrschein-lichkeit (p)	Gegenwahrschein-lichkeit (1-p)	Saison 1997/98	Saison 1998/99	Gesamt
1,15	73,40%	26,60%	1	0	1
1,20	70,35%	29,65%	2	4	6
1,25	67,53%	32,47%	0	1	1
1,30	64,93%	35,07%	2	4	6
1,35	62,53%	37,47%	2	0	2
1,40	60,30%	39,70%	2	5	7
1,45	58,22%	41,78%	0	5	5
1,50	56,28%	43,72%	3	6	9
1,55	54,46%	45,54%	4	5	9
1,60	52,76%	47,24%	2	7	9
1,65	51,16%	48,84%	6	1	7
1,70	49,66%	50,34%	1	3	4
1,75	48,24%	51,76%	6	2	8
1,80	46,90%	53,10%	2	5	7
1,85	45,63%	54,37%	0	4	4
1,90	44,43%	55,57%	2	2	4
2,00	42,21%	57,79%	4	2	6
2,10	40,20%	59,80%	4	4	8
2,20	38,37%	61,63%	1	13	14
2,25	37,52%	62,48%	3	2	5
2,30	36,70%	63,30%	3	6	9
2,35	35,92%	64,08%	4	0	4
2,40[511]	35,17%	64,83%	2	1	3
2,60[512]	32,47%	67,53%	0	3	3
2,85	29,62%	70,38%	1	0	1
3,05	27,68%	72,32%	0	1	1
Gesamt			**57**	**86**	**143**
Durchschnittlicher spielentscheidender Zufallseinfluss ((1-p$_i$)•n$_i$ / n)			**51,84**	**51,37**	**51,56**

Quelle Tabellen A2 bis A5: Intertops / Eigene Berechnungen

511 Nicht enthalten ist die ausgeglichene Quote (2,40 / 2,85 / 2,40), da die Spiele mit solcher Quote bei den erwarteten Unentschieden berücksichtigt werden.

512 Bei dieser Quote und den Quoten der nächsten beiden Zeilen handelt es sich um die Quoten des Ereignisses Unentschieden bei Wetten ohne Favoriten. Bei diesen Begegnungen ist der Zufall dann spielentscheidend, wenn das Spiel nicht Unentschieden ausgeht.

Tabelle A6: Spielerwechsel Saison 1995/96

Spieler	Verein	Marktwert ´95	Marktwert ´96	Veränderung
Wolters	Dortmund	1,0	0,8	-0,2
Berger	Dortmund	3,0	4,0	+1,0
Kohler	Dortmund	5,0	6,0	+1,0
Herrlich	Dortmund	7,0	4,0	-3,0
Herzog	B. München	8,0	5,0	-3,0
Sforza	B. München	6,0	6,0	0
Strunz	B. München	5,0	4,0	-1,0
Klinsmann	B. München	15,0	15,0	0
Baiano	Bremen	3,0	2,5	-0,5
Scholz	Bremen	2,0	1,5	-0,5
Cardoso	Bremen	7,0	3,0	-4,0
Rath	Freiburg	1,5	0,8	-0,7
Korell	Freiburg	1,0	0,8	-0,2
Huiberts	Gladbach	1,5	1,5	0
Krznaric	Gladbach	0,25	0,7	+0,45
Sternkopf	Gladbach	2,0	2,5	+0,5
Wolf	Gladbach	1,0	0,8	-0,2
Schulz-Winge	Gladbach	0,5	0,5	0
Dundee	KSC	0,5	5,0	+4,5
Tare	KSC	0,25	0,25	0
Oliseh	Köln	4,0	2,0	-2,0
Munteanu	Köln	3,0	2,5	-0,5
Dollberg	Köln	1,5	0,6	-0,9
Gaißmayer	Köln	0,5	1,0	+0,5
Cichon	Köln	0,25	0,8	+0,55
Kohn	Köln	1,0	0,9	-0,1
Dziwior	Köln	0,8	0,8	0
Thiam	Köln	0,8	1,0	+0,2
Schön	Schalke	0,25	0,25	0
Dooley	Schalke	1,5	1,5	0
Held	Schalke	0,25	0,8	+0,55
Weidemann	Schalke	2,0	1,5	-0,5
Max	Schalke	1,5	3,0	+1,5
Wagner	Schalke	0,5	0,8	+0,3
Balakov	Stuttgart	5,0	5,0	0
Verlaat	Stuttgart	3,0	3,0	0
Haber	Stuttgart	2,0	1,5	-0,5
Herzog	Stuttgart	1,5	1,0	-0,5
Gilewicz	Stuttgart	1,0	1,5	+0,5
Grimm	Stuttgart	0,5	0,8	+0,3
Oelkuch	Stuttgart	0,25	0,8	+0,55
Henchoz	HSV	1,5	3,0	+1,5

Kmetsch	HSV	1,0	1,5	+0,5
Jähnig	HSV	1,0	1,0	0
Borimirov	1860 München	2,0	1,5	-0,5
Heldt	1860 München	1,5	1,5	0
Greilich	1860 München	0,25	0,8	+0,55
Schmidt	1860 München	0,25	0,25	0
Jeremies	1860 München	0,5	3,0	+2,5
Beeck	Rostock	0,25	0,8	+0,55
Markov	Rostock	0,25	0,5	+0,25
Rehbein	Rostock	0,5	0,8	+0,3
Studer	Rostock	0,9	1,0	+0,1
Groth	Rostock	0,6	1,0	+0,4
Benthin	Rostock	0,6	0,8	+0,2
Klee	Rostock	0,25	0,8	+0,55
Bräutigam	Rostock	0,9	1,5	+0,6
Hinz	Rostock	0,25	0,25	0
Pedersen	St. Pauli	1,0	1,5	+0,5
Sobotzik	St. Pauli	0,7	1,5	+0,8
Becker	St. Pauli	0,25	0,25	0
Bach	Düsseldorf	1,0	1,5	+0,5
Mehlhorn	Düsseldorf	0,8	0,7	-0,1
Seeliger	Düsseldorf	0,8	1,5	+0,7

Tabelle A7: Spielerwechsel Saison 1998/99

Spieler	Verein	Marktwert ´95	Marktwert ´96	Veränderung
Salou	Dortmund	9,0	7,0	-2,0
Nerlinger	Dortmund	6,0	5,5	-0,5
Barbarez	Dortmund	5,0	4,0	-1,0
Häßler	Dortmund	6,0	6,0	0
Nijhuis	Dortmund	2,5	2,5	0
Baumann	Dortmund	2,0	1,5	-0,5
Linke	B. München	5,0	6,0	+1,0
Salihamidzic	B. München	5,0	5,0	0
Effenberg	B. München	10,0	11,0	+1,0
Jeremies	B. München	10,0	10,0	0
Daei	B. München	4,0	4,5	+0,5
Ze Roberto	Leverkusen	12,0	9,0	-3,0
Mamic	Leverkusen	3,0	2,0	-1,0
Reeb	Leverkusen	3,0	5,0	+2,0
Hejduk	Leverkusen	2,5	3,0	+0,5
Ramzy	Kaiserslautern	2,3	2,2	-0,1
Gospodarek	Kaiserslautern	1,0	0,85	-0,15
Ibrahim	Kaiserslautern	1,5	1,0	-0,5
Keller	Stuttgart	1,5	2,5	+1,0
Zeyer	Stuttgart	3,0	3,0	0
Thiam	Stuttgart	2,0	2,5	+0,5
Markovic	Stuttgart	2,0	1,2	-0,8
Kmetsch	Schalke	4,0	2,0	-2,0
Reck	Schalke	1,5	1,5	0
v. Kerckhoven	Schalke	4,0	2,5	-1,5
Breitkreuz	Rostock	1,5	3,5	+2,0
Fuchs	Rostock	1,0	1,0	0
Holetscheck	Rostock	1,5	1,0	-0,5
Agali	Rostock	1,5	3,0	+1,5
Roembiak	Bremen	1,0	1,0	0
Borel	Bremen	0,1	0,4	+0,4
Brasas	Bremen	0,8	0,8	0
Dabrowski	Bremen	0,5	1,5	+1,0
Barten	Bremen	0,2	0,5	+0,3
Nouri	Bremen	0,2	0,2	0
Beierle	Duisburg	1,0	4,0	+3,0
Hoersen	Duisburg	1,0	1,5	+0,5
Wedau	Duisburg	1,5	2,0	+0,5
Groth	HSV	1,5	3,5	+2,0
Bade	HSV	0,6	0,5	-0,1
Straube	HSV	1,0	1,5	+0,5
Grammozis	HSV	1,0	1,5	+0,5

Grubac	HSV	1,0	0,5	-0,5
Doll	HSV	2,0	1,5	-0,5
Uysal	HSV	0,5	1,0	+0,5
Wosz	Hertha	8,0	6,5	-1,5
Maas	Hertha	2,0	1,5	-0,5
Tretschok	Hertha	3,0	4,0	+1,0
Kurz	1860 München	1,0	2,5	+1,5
Schroth	1860 München	0,8	2,5	+1,7
Tyce	1860 München	1,0	1,5	+0,5
Dinzey	1869 München	1,5	1,0	-0,5
Reitmaier	Wolfsburg	1,0	2,0	+1,0
Koltermann	Wolfsburg	0,1	0,25	+0,15
Juskowiak	Wolfsburg	2,5	6,0	+3,5
Baumgart	Wolfsburg	1,5	2,5	+1,0
Däbritz	Wolfsburg	0,8	0,8	0
Akkonnor	Wolfsburg	1,0	4,5	+3,5
Nowak	Wolfsburg	1,5	3,5	+2,0
Nagomy	Wolfsburg	0,2	0,25	+0,05
Agu	Frankfurt	0,2	0,25	+0,05
U.Schneider	Frankfurt	0,8	0,5	-0,3
B.Schneider	Frankfurt	0,5	5,0	+4,5
Yang	Frankfurt	0,3	4,5	+4,2
Hampl	Freiburg	0,2	1,0	+1,0
Hermel	Freiburg	0,6	1,2	+0,6
Golz	Freiburg	0,6	3,5	+2,9

Diagramm A1

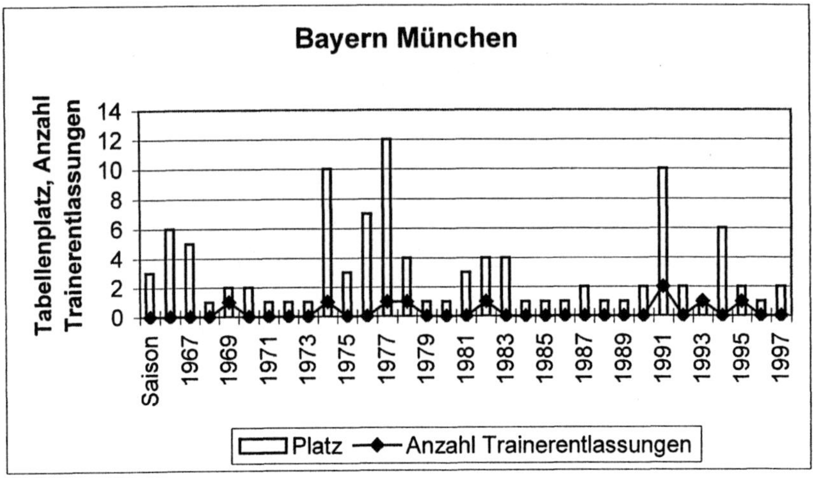

Diagramm A2

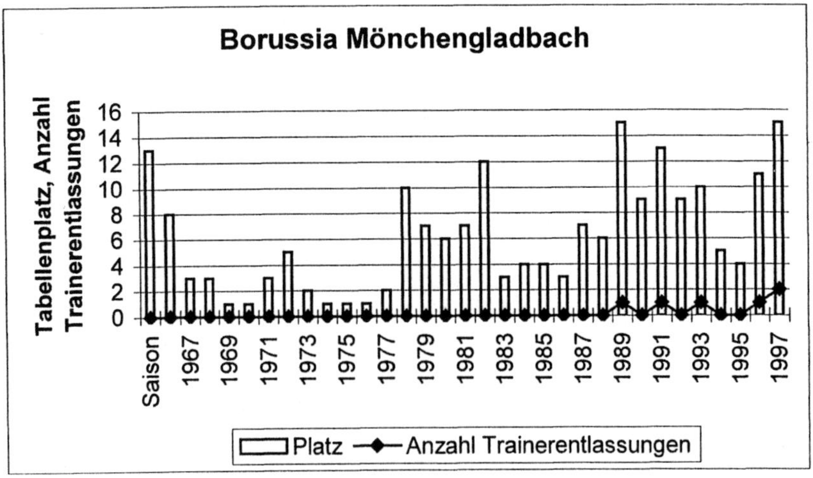

Diagramm A3

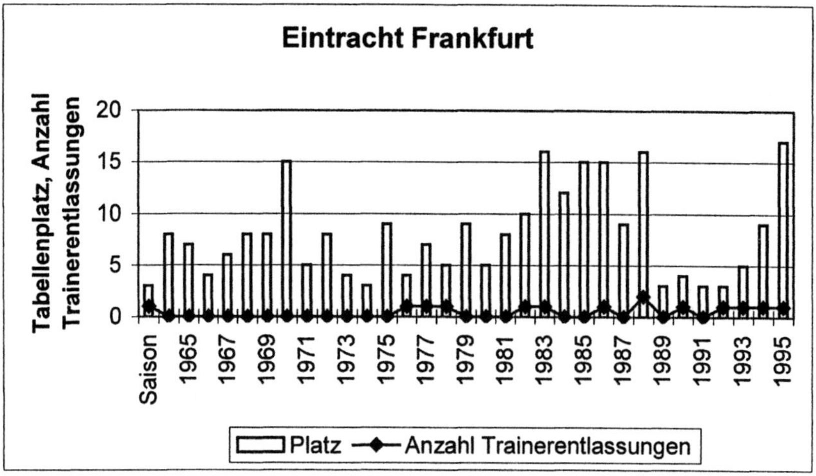

Diagramm A4

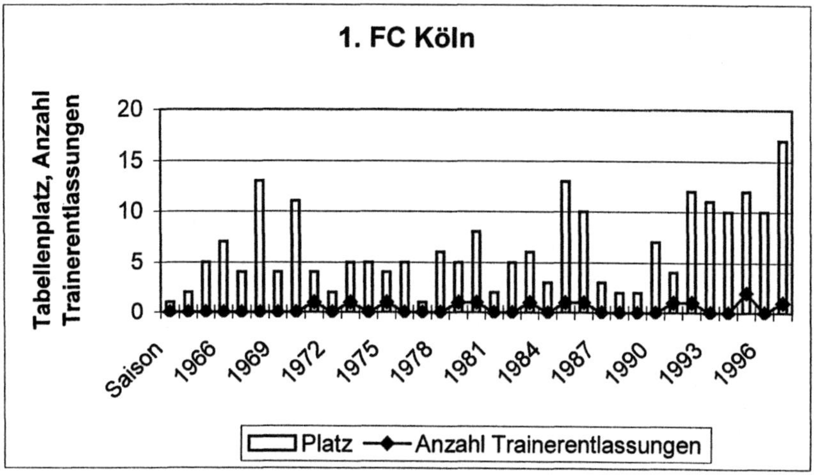

Diagramm A5

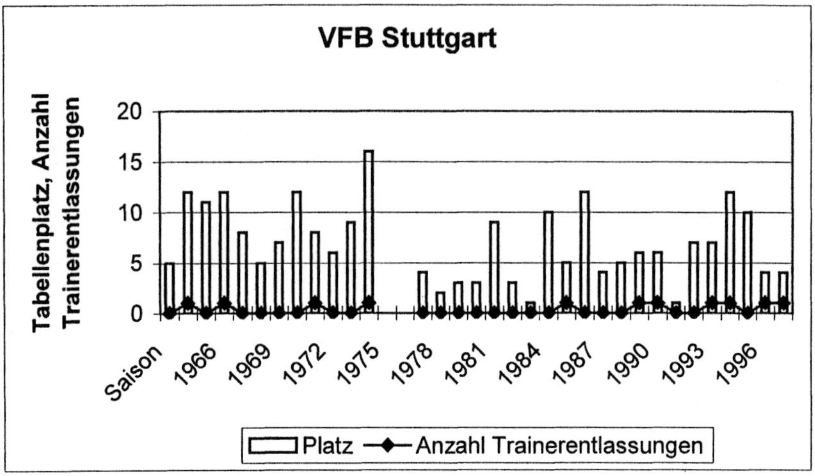

Diagramm A6

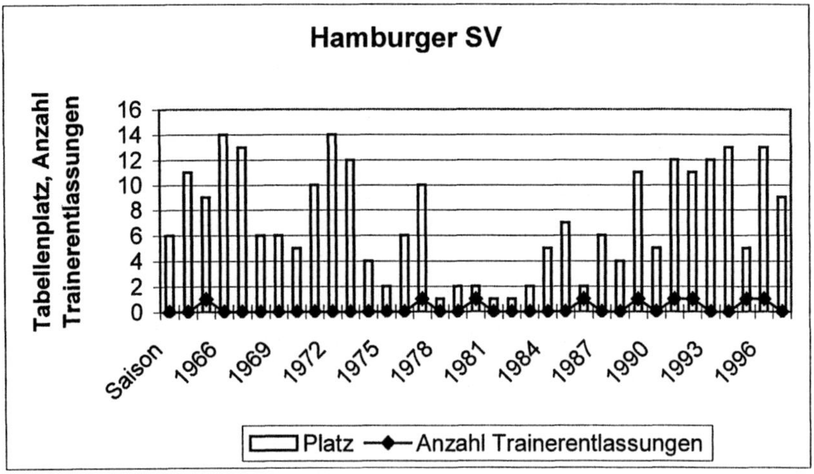

Diagramm A7

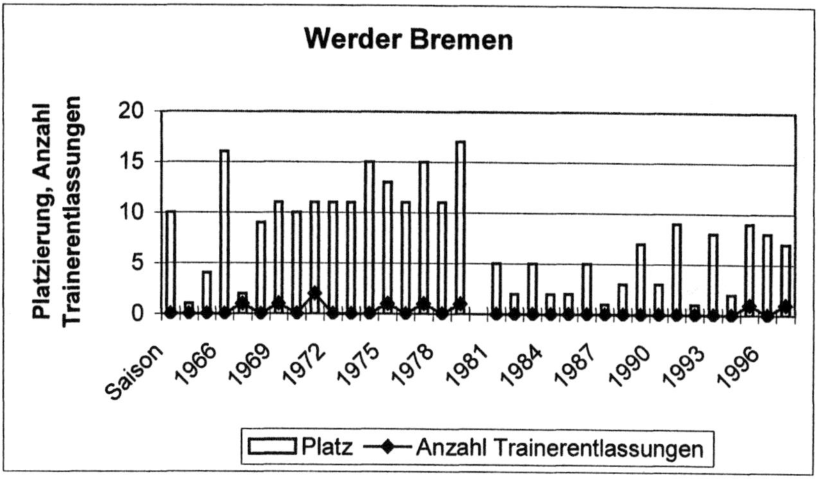

Diagramm A8

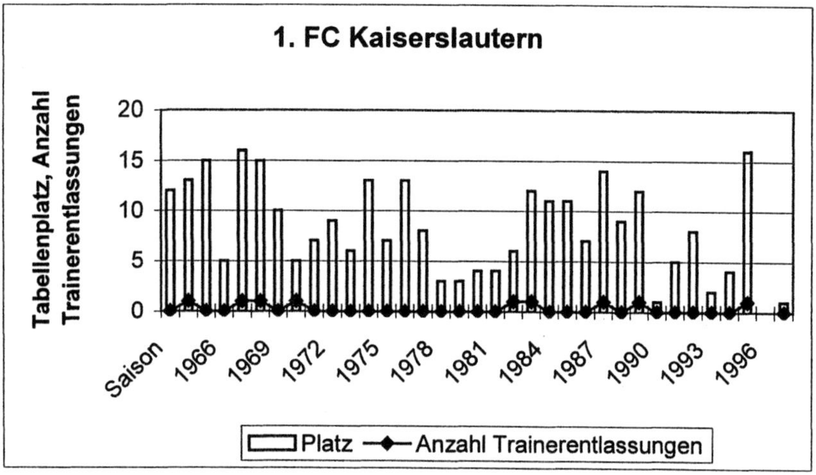

Diagramm A9

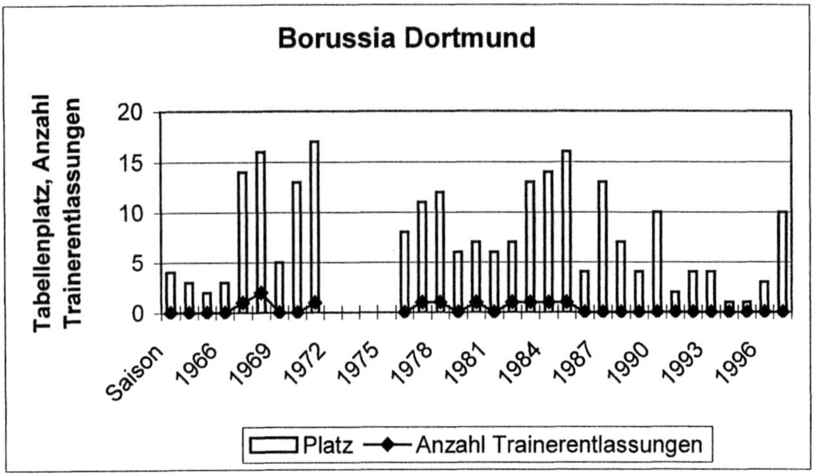

Diagramm A10

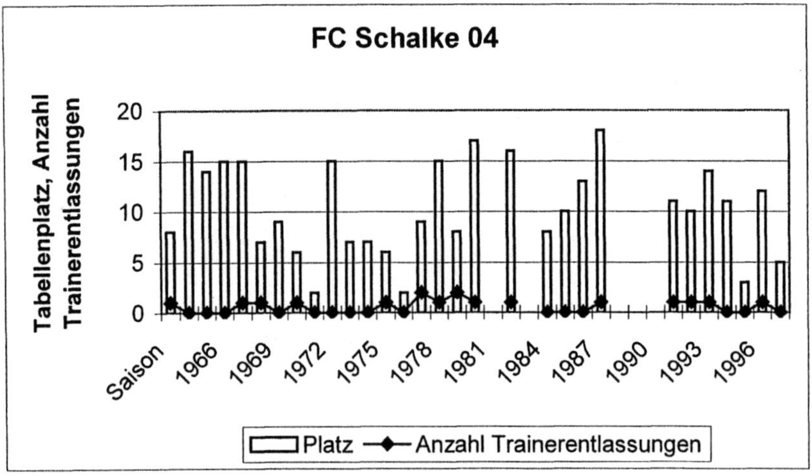

Literatur

Absatzwirtschaft (1999), Welche Benchmarks setzt Bayern München?, Interview mit Uli Hoeneß, 4/99, S.18-23.

Ahlers, Erich (1999), Heilsarmee glaubt nicht ans Rote Kreuz, in: Handelsblatt Nr.155 vom 13./14.08.1999, S.43.

Akerlof, George (1970) The Market For „Lemons“: Quality Uncertainty And The Market Mechanism, in: Quarterly Journal of Economics 84, S.488-500.

Akerlof, George (1976), The Economics Of Caste And Of The Rat Race And Other Woeful Tales, in: Quarterly Journal of Economics, 90, S.599-617.

Alfred Herrhausen Gesellschaft für internationalen Dialog (Hrsg.) (1999), Der Kapitalismus im 21. Jahrhundert.

Ali, A.M. (1979), Some Evidence of the Efficiency of a Speculative Market, in: Econometrica, 47/2, S.387-392.

Atkinson, Scott E.; Stanley, Linda R.; Tschirhart, John (1988), Revenue sharing as an incentive in an agency problem: an example from the National Football League, in: RAND Journal of Economics 19, S.27-43.

Backs, Stefan; Hinko, Raimond; Sonnenberg, Mathias; Wurm, Oliver (1998), Warum bleiben immer nur die Bayern oben?, in: Sport-Bild Nr.40 vom 30.09.1998, S.2-4.

Baimbridge, Mark, Mark; Cameron S.; Dawson P. (1986), Satellite Television and the Demand for Football: A Whole New Ball Game?, in: Scottish Journal of Political Economy, Vol.43, 3, S.317-333.

Baron, Michael (1998), Meinungen zur 6. GWB-Novelle, in: Wirtschaft und Wettbewerb, 7/8, S.651-654.

Beck, Hanno und Prinz, Aloys (1998), Sport im Pay-TV: Ein Fall für die Medienpolitik?, in Wirtschaftsdienst, 4, S.224-231.

Biechele, C. (1999), Profis brauchen keine Millionen, in: Kicker Nr.50 vom 21.06.1999, S.18-19.

Bird, Peter J.W.N. (1982), The demand for league football, in: Applied Economics 14, S.637-649.

Braun, Egidius (1999), Wortbeitrag zur Diskussion auf der Tagung „Der Kapitalismus im 21. Jahrhundert" der Alfred Herrhausen Gesellschaft für internationalen Dialog, in: Der Kapitalismus im 21. Jahrhundert, Alfred Herrhausen Gesellschaft für internationalen Dialog (Hrsg), S.262-287.

Breuer, Christoph; Singer, Roland (1996), Trainerwechsel im Laufe der Spielsaison und ihr Einfluß auf den Mannschaftserfolg, in: Leistungssport 4/96, S.41-46.

Brown, Robert W. (1994), Incentives and Revenue Sharing in College Football: Spreading the Wealth or Giving Away the Game?, in: Managerial and Decision Economics 15, S.471-486.

Brown, W.O.; Sauer, R.D. (1993), Fundamentals or Noise? Evidence from the Professional Basketball Betting Market, in: The Journal of Finance 48, S.1193-1209.

Brüning, Christoph; Hamper, Veith; Kunz, Rolf; Struthoff, Ralph, Elberfeld, Roland; Selbach, Reiner (1999), FC Euro AG - Erfahrungen aus Börsengängen europäischer Fußballunternehmen und Chancen für den deutschen Bundesligafußball, WGZ-Bank Finanzmarktanalyse, Düsseldorf.

Bundesgerichtshof (1998), Originäre Veranstalterrechte, Beschluß vom 11.Dezember 1997, KVR 7/96 - Europapokalheimspiele, in: Wirtschaft und Wettbewerb, 2, S.163-170.

Bundeskartellamt (1995a), Untersagung der zentralen Vergabe der Fernsehübertragungsrechte an Europapokalheimspielen durch den DFB, Beschluß des Bundeskartellamtes vom 2.9.1994, in: Wirtschaft und Wettbewerb 2, S.160-174.

Bundeskartellamt (1995b), Keine Erlaubnis für ein Rationalisierungskartell zur zentralen Vergabe der Fernsehrechte durch den DFB, Beschluß des Bundeskartellamtes vom 2.9.1994, in: Wirtschaft und Wettbewerb 2, S.174-178.

Bundeskartellamt (1998), Hintergrundinformation zur Diskussion um einen Ausnahmebereich „Sport" im Kartellrecht, unveröffentlichtes Informationsblatt.

Cairns, J.; Jennet, N.; Sloane, P.J. (1986), The Economics of Professional Team Sports: A Survey of Theory and Evidence, in: Journal of Economic Studies, 13, S. 3-80.

Camerer, C.F. (1989), Does the Basketball Market Believe in the „Hot Hand"?, in: The American Economic Review 79, S.1257-1261.

Cheffins, Brian R. (1999), Playing the Stock Market: „Going Public" and Professional Team Sports, in: The Journal of Corporation Law, Spring 1999, S.641-680.

Clark, Thomas (2000), Kirch sichert sich vier Jahre Bundesliga für 3 Mrd. Mark, in Financial Times Deutschland vom 02.05.2000, S.3.

Clement, Robert C.; McCormick, Robert E. (1989), Coaching Team Production, in: Economic Inquiry 27, S.287-304.

Czarnitzki, Dirk, Stadtmann, Georg (1999), Uncertainty of Outcome Versus Reputation: Empirical Evidence for the First German Football Division, ZEW Discussion Papers 99-46.

Dabscheck, B. (1975), Sporting Equality: Labour Market versus Product Market Control, in: Journal of Industrial Relations, Vol.17 No. 2, S.174-190.

Daly, George; Moore, William J. (1981), Externalities, Property Rights and the Allocation of Resources in Major League Baseball, in: Economic Inquiry 19, No.1, S.77-95.

Demsetz, Harold (1968), Why Regulate Utilities, in: Journal of Law and Economics 11, S.55-65.

Deutscher Bundestag (1999), Bericht des Bundeskartellamtes über seine Tätigkeit in den Jahren 1997/98 sowie über die Lage und Entwicklung auf seinem Aufgabengebiet, Drucksache 14/1139.

Deutscher Fußball Bund (1998a), Satzung, in: Satzung und Ordnungen des DFB, Stand: 1. September 1998.

Deutscher Fußball Bund (1998b), Lizenzspielerstatut, in: Satzung und Ordnungen des DFB, Stand: 1. September 1998.

Deutscher Fußball Bund (2000), Satzung, in: Satzung und Ordnungen des DFB, Stand: 1. September 2000.

Dietl, Helmut; Franck, Egon (1999), Effizienzprobleme in Sportligen mit gewinnmaximierenden Kapitalgesellschaften, Freiberger Arbeitspapiere 99/6, Technische Universität Bergakademie Freiberg.

Doberenz, Michael (1980), Betriebswirtschaftliche Grundlagen zur Rechtsformgestaltung professioneller Fußballklubs in der Bundesrepublik Deutschland, Frankfurt am Main.

Dornemann, Michael (1999), Wortbeitrag zur Diskussion auf der Tagung „Der Kapitalismus im 21. Jahrhundert" der Alfred Herrhausen Gesellschaft für internationalen Dialog, in: Der Kapitalismus im 21. Jahrhundert, Alfred Herrhausen Gesellschaft für internationalen Dialog (Hrsg), S.262-287.

Ehrhardt, O. (1997), Börseneinführungen von Aktien am deutschen Aktienmarkt, Wiesbaden.

Eisenkopf, Alexander (1998), Mehr Wettbewerb durch 6. GWB-Novelle?, in: Wirtschaftsdienst, 10, S.626-632.

El-Hodiri, Mohamed; Quirk, James (1971), An Economic Model of a Professional Sports League, in: Journal of Political Economy 79, S.1302-1319.

Fama, E.F. (1970), Efficient Capital Markets: A Review of Theory and Empirical Work, in: Journal of Finance 25, S.383-417.

Fama, E.F. (1991), Efficient Capital Markets: II, in: Journal of Finance 46, S.1575-1617.

Fama, E.F. (1998), Market Efficiency, long-term returns, and behavioral finance, in: Journal of Financial Economics 49, S.283-306.

Ferguson, D.G., Stewart, Kenneth G., Jones, J.C.H., Le Drassay, Andre (1991), The Pricing of Sports Events: Do Teams Maximize Profit?, in: The Journal of Industrial Economics 39, S. 297-310.

Figlewski, S. (1979), Subjective Information and Market Efficiency in a Betting Market, in: Journal of Political Economy 87, S.75-88.

Fort, Rodney; Quirk, James (1995), Cross-subsidization, Incentives, and Outcomes in Professional Team Sports Leagues, in: Journal of Economic Literature 38, S.1265-1299.

Franck, Egon (1995), Die ökonomischen Institutionen der Teamsportindustrie, Wiesbaden.

Franck, Egon (1998), Zur Organisation von Sportligen - Übersehene ökonomische Argumente jenseits von Marktmacht und Kollusion, Freiberger Arbeitspapiere 98/4 (überarbeiteter Nachdruck), Technische Universität Bergakademie Freiberg.

Franck, Egon; Müller, Jens Christian (1998), Kapitalgesellschaften im bezahlten Fußball, in: ZfB-Ergänzungsheft 2, S.121-140.

Franck, Egon; Müller, Jens Christian (1999), Problemstruktur, Eskalationsvoraussetzungen und eskalationsfördernde Bedingungen sogenannter Rattenrennen, Freiberger Arbeitspapiere 99/1, Technische Universität Bergakademie Freiberg.

Frank, R.H.; Cook, P.J. (1995), The Winner-Take-All Society, New York.

Frankfurter Allgemeine Zeitung (FAZ) Nr. 257 vom 4.11.1999, S.26.

Franzke, Rainer (1998), Mehr Fernsehen, mehr Geld und noch mehr Ärger, in: Kicker Nr.65 vom 6.8.1998, S.2.

Franzke, Rainer (1999a), Bayern und Bayer zahlen je zwei Millionen Mark, in: Kicker Nr.57 vom 15.07.1999, S.15.

Franzke, Rainer (1999b), DFB und Liga: Die Fronten sind total verhärtet, in: Kicker Nr.42 vom 25.5.1999, S.51.

Franzke, Rainer (1999c), Geheimplan nach US-Vorbild, in: Kicker Nr.61 vom 29.07.1999, S.18.

Franzke, Rainer (1999d), Klage gegen den DFB, in: Kicker Nr.50 vom 21.06.1999, S.26-27.

Franzke, Rainer (1999e), 6000 Mark für Schiedsrichter, in: Kicker Nr.84 vom 18.10.1999, S.41.

Frascatore, Mark R. (1999), The grouping of stars: An application to professional sports, in: Internarional Journal of Industrial Organization, 17, S.1009-1027.

Freitag, Michael (1998), Bundesliga-Vereine als Markenartikler, in: Handelsblatt Nr.140 vom 24./25.07.1998, S.45.

Freitag, Michael (1999a), Die neuen, feinen Herren des Fußballs, in: Handelsblatt Nr. 155 vom 13./14.08.1999, S.12.

Freitag, Michael (1999b), Fußball-Aktien in der Defensive, in: Handelsblatt Nr.153 vom 11.08.1999, S.27.

Frick, Bernd (1997), Kollektivgutproblematik und externe Effekte im professionellen Team-Sport: „Spannungsgrad" und Zuschauerentwicklung im bezahlten Fußball, Universität Greifswald, Diskussionspapier 2/97.

Frick, Bernd; Klaeren, Reiner (1997), Die Anreizwirkungen leistungsabhängiger Entgelte, in: Zeitschrift für Betriebswirtschaft (ZfB), 11, S.1117-1138.

Frick, Bernd; Lehmann, Erik; Weigand, Jürgen (1999), Kooperationserfordernisse und Wettbewerbsintensität im professionellen Team-Sport: Sind exogene Regelungen überflüssig oder unverzichtbar?, in: Johann Engelhard und Elmar J. Sinz (Hrsg.), S.495-523, Kooperation im Wettbewerb. Neue Formen und Gestaltungskonzepte im Zeichen der Globalisierung und Informationstechnologie.

Frick, Bernd (2000), Betriebliche Arbeitsmärkte im professionellen Sport: Institutionenökonomische Überlegungen und empirische Befunde, in: Martin-Peter Büch (Hrsg): Märkte und Organisationen im Sport: Institutionenökonomische Ansätze, S.43-76.

Fuhrmann, Claas (1995), Idealverein oder Kapitalgesellschaft im bezahlten Fußball?, in: Sport und Recht 1-2, S.12-17.

Fuhrmann, W. (1988), Theorie effizienter Finanzmärkte, in: Wirtschaftswissenschaftliches Studium (WiSt) 11, S.546-552.

Gärtner, Manfred; Pommerehne, Werner W. (1978), Der Fußballzuschauer - ein homo oeconomicus?, in: Jahrbücher für Sozialwissenschaft, 29, S.88-107.

Gandar, J.; Zuber, R.; O'Brien, T.; Russo, B. (1988), Testing Rationality in the Point Spread Betting Market, in: Journal of Finance 43, S.995-1008.

Gelder, Harry van (1998), De Ajax Arena, in: De Volkskrant vom 16.12.1998; S.19.

Gesetz zur Änderung des Gesetzes über den Finanzausgleich zwischen Bund und Ländern vom 28.April 1995, Bundesgesetzblatt 1.

Gömmel, R; Cavar, J. (1999), Macht und Ohnmacht der Millionen, in: Kicker Nr.18, S.12-13.

Golec, J.; Tamarkin, M. (1991), The degree of inefficiency in the football betting market, in: Journal of Financial Economics 30, S.311-323.

Gray, P.K.; Gray, S.F. (1997), Testing Market Efficiency: Evidence From The NFL Sports Betting Market, in: The Journal of Finance 52, S.1725-1737.

Grossman, S.; Stiglitz, J.E. (1980), On the Impossibility of Informationally Efficient Markets, in: American Economic Review 70, S.393-408.

Hackmann, Johannes (1978), Zulässige und unzulässige Schlußfolgerungen nach dem Pareto-Kriterium, in: Wirtschaftswissenschaftliches Studium (WiSt) 7, S.557-561.

Hackmann, Johannes (1987), Die normative Basis der paretianischen Wohlfahrtsökonomik, in: J.H.Müller, Wohlfahrtsökonomik und Gemeinwohl, S.9-27, Paderborn.

Hafner, Mathias; Neunzig, Alexander R. (1999), Sportübertragungen im Fernsehen – einige spieltheoretische Überlegungen, in: Betriebswirtschaftliche Forschung und Praxis 2, S.151-165.

Handelsblatt (1998), Nr.110 vom 12./13.06.1998, S.44.

Handelsblatt (1999), Länderfinanzausgleich dient als Vorbild, in: Handelsblatt Nr. 126 vom 05.07.1999, S.47.

Harder, Joseph W. (1992), Play for Pay-Effects of Inequity in a Pay-for-Performance Context, in: Administrative Science Quarterly, 37, S.321-335.

Hausmann, Friedrich Ludwig (1994), Der Deutsche Fußball Bund (DFB) - Ein Kartell für „Fernsehrechte"?, in: Betriebs-Berater 16, S.1089-1095.

Head, John G. (1966), On Merit Goods, in: Finanzarchiv N.F. 25;1, S.1-29.

Heermann, Peter W. (1997), Der Deutsche Fußballbund (DFB) im Spannungsfeld von Kartell- und Konzernrecht, in: Zeitschrift für das gesamte Handelsrecht und Wirtschaftsrecht (ZHR), 161,, S.665-714.

Heermann, Peter W. (1999), Kann der Ligasport die Fesseln des Kartellrechts sprengen?, in: Sport und Recht 1, S.11-15.

Heimann, Karl-Heinz (1998), Was ein Fußball-Trainer heute alles sein muß, in: Kicker Nr.102 vom 14.12.1998, S.43.

Heimann, Karl-Heinz (1999), Vorsicht mit dem Spruch: „Das ist undenkbar!", in: Kicker Nr.32 vom 19.04.1999, S.58.

Heinemann, Klaus (1984a), Probleme einer Ökonomie des Sports, in: ders. (Hrsg.): Texte zur Ökonomie des Sports, Schorndorf, S.17-51.

Heinemann, Klaus (1984b), Texte zur Ökonomie des Sports, Schorndorf 1984.

Heinemann, Klaus (1990), Einführung in die Soziologie des Sports, 3. Auflage, Schorndorf.

Heinemann, Klaus (1995), Einführung in die Ökonomie des Sports, Schorndorf.

Herrmann, Harald (1979), Die Erteilung von Bundesliga-Vereinslizenzen und Diskriminierungsverbot, in: Wirtschaft und Wettbewerb 29, S.149-161.

Hoehn, Thomas; Szymanski, Stefan (1999) The Americanization of European football, in: Economic Policy, S.205-240.

Hoeren, Thomas (1998), Anmerkung zum Beschluß des BGH vom 11.12.1997 - KVR 7/96, in: Juristische Rundschau 8, S.332-335.

Holmström, Bengt (1979), Moral Hazard and Observability, in: Bell Journal of Economics, Vol.10, No.1, S.74-91.

Holmström, Bengt (1982), Moral Hazard in Teams, in: Bell Journal of Economics, Vol.13, S.324-340.

Hopt, Klaus J. (1991), Aktiengesellschaft im Berufsfußball, in: Betriebs-Berater 12, S.778-785.

Horch, Hans-Dieter (1999), Meinungen zum Thema Sportökonomie, in: Betriebswirtschaftliche Forschung und Praxis 2, S.183-199.

Institut der deutschen Wirtschaft (1997), Milliarden-Schallmauer im Visier, in: iwd-Nachrichten, 31, S.7.

Institut der deutschen Wirtschaft (1999), Geschäfte rund um den Ball, in: iwd-Nachrichten, 32, S.8.

Intertops Sportwetten GmbH, Diverse Spielscheine.

IP Deutschland (2000), Pressemitteilung vom 19. Juli 2000.

Jaffe, J.F. (1974), Special information and insider trading, Journal of Business 47, S.410-428.

Jennet, Nicholas (1984), Attendance, Uncertainty Of Outcome And Policy In Scottish League Football, in: Scottish Journal of Political Economy, Vol.31, 2, S.176-198.

Kaufer, Erich (1980), Industrieökonomik, München.

Keitel, Stefan; Rettberg, Udo (1998), Die Unterschiede zwischen Bayern und roten Teufeln, in: Handelsblatt Nr.130 vom 10./11.07.1998.

Kicker, Sonderheft Bundesliga 1992/93.

Kicker, Sonderheft Bundesliga 1993/94.

Kicker, Sonderheft Bundesliga 1994/95.

Kicker, Sonderheft Bundesliga 1995/96.

Kicker, Sonderheft Bundesliga 1996/97.

Kicker, Sonderheft Bundesliga 1997/98.

Kicker, Sonderheft Bundesliga 1998/99.

Kicker, Sonderheft Bundesliga 1999/2000.

Kicker Nr.86 vom 21.10.1996, S.8f.

Kicker Nr.84 vom 13.10.1997, S.8ff.

Kicker Nr.43 vom 22.05.1998, S.5.

Kicker Nr.49 vom 11.06.1998, S.33.

Kicker Nr.66 vom 10.08.1998, S.21.

Kicker Nr.68 vom 17.08.1998, S.10.

Kicker Nr.85 vom 15.10.1998, S.5.

Kicker Nr.88 vom 26.10.1998, S.40f.

Kicker Nr.90 vom 02.11.1998, S.10ff.

Kicker Nr.92 vom 09.11.1998, S.37.

Kicker Nr.83 vom 14.10.1999, S.10 und S.11.

Kicker Nr.89 vom 04.11.1999, S.9.

Kicker Nr.92 vom 15.11.1999, S.6ff.

Kicker Nr.12 vom 02.07.2000, S.74-76.

Kicker Nr.10 vom 29.01.2001, S.12f.

Kicker Spezial (1998), 35 Jahre Bundesliga, Beilage zum Bundesliga-Sonderheft 1998/99.

Kipker, Ingo O.; Parensen, Andreas (1999), Strukturierungsprobleme europäischer Fußballwettbewerbe am Beispiel der Champions League und der European Super League, in: Betriebswirtschaftliche Forschung und Praxis 2, S.136-150.

Klodt, Henning (1998), Bundesliga ohne Wettbewerb?, in: Die Weltwirtschaft, 1, S.108-114.

Klodt, Henning (1999), Rote Karten, in: Wirtschaftswissenschaftliches Studium (WiSt) 9, S.1.

Koning, Ruud H. (1999), Competitive Balance in Dutch Soccer, SOM Research Report 99B04, Faculty of Economics, University of Groningen.

Kopp, H. (1996), Erwerb eigener Aktien - Ökonomische Analyse vor dem Hintergrund von Unternehmensverfassung und Informationseffizienz des Kapitalmarktes, Wiesbaden.

Kräkel, M.; Schauenberg, B. (1994), Rattenrennen und Beförderungen, in: Wirtschaftswissenschaftliches Studium (WiSt), 5, S.224-230.

Kruse, Jörn (1991), Wirtschaftliche Wirkungen einer unentgeltlichen Sport-Kurzberichterstattung im Fernsehen, Baden-Baden.

Kruse, Jörn (1998a), Stellungnahme zur 6. GWB-Novelle vom 30.März 1998, in: Wirtschaftsausschuß 1998, S.251-256.

Kruse, Jörn (1998b), Auch ohne ein Monopol des DFB können kleine Klubs überleben, in: Frankfurter Allgemeine Zeitung Nr. 82 vom 07.04.1998, S.39.

Kruse, Jörn (1999), Wieviel öffentlich-rechtliches Fernsehen brauchen wir noch?, Diskussionsbeiträge zur Wirtschaftspolitik Nr.101, Universität der Bundeswehr Hamburg.

Kruse, Jörn (2000), Sportveranstaltungen als Fernsehware, in: Horst-Manfred Schellhaaß (Hrsg.), Sportveranstaltungen zwischen Liga- und Medieninteressen, Schorndorf, 2000, S.15-39.

Külp, Bernhard (1994), Verteilung - Theorie und Politik, 3. Auflage, Stuttgart/New York.

Ladeur, Karl-Heinz (1998), Pay-TV und Exklusivverträge über Senderechte für Sportveranstaltungen, in: Sport und Recht 2, S.54-61.

Lehmann, Erik; Weigand, Jürgen (1997), Money Makes the Ball Go Round, in: Ifo-Studien 43 (3), S.381-409.

Lehmann, Erik; Weigand, Jürgen (1998), Wieviel Phantasie braucht eine Fußballaktie?, Universität Rostock - Thünen-Reihe Angewandter Volkswirtschaftstheorie, Working Paper No.16, auch erschienen in: ZfB-Ergänzungsheft 2/98, S.101-119.

Lehmann, Erik; Weigand, Jürgen (1999), Determinanten der Entlohnung von Profifußballspielern – Eine empirische Analyse für die deutsche Bundesliga, in: Betriebswirtschaftliche Forschung und Praxis (BfuP), 2, S.124-135.

Liegl, Alexander; Schmitz, Stefan (1998), Aus anderer Sicht: Zentrale Vermarktung von Fernsehrechten im Bereich des Automobilsports, in: Wettbewerb in Recht und Praxis 3, S.244-249.

Littkemann, Jörn, Sunderdiek, Bernd (1998), Besonderheiten in der Rechnungslegung von Vereinen der Fußball-Bundesliga, in: WiSt - Wirtschaftswissenschaftliches Studium, 5, S.253-255.

Luckenbach, Helga (1986), Theoretische Grundlagen der Wirtschaftspolitik, München.

Martin, Clemens (1999), Zentrale Vermarktung nicht illegal, in: Kicker Nr.61 vom 29.07.1999, S.31.

Medoff, Marshall H. (1976), On Monopsonistic Exploitation in Professional Baseball, in: Quarterly Review of Economics and Business, 16, S.113-121.

Melzer, Manfred; Stäglin, Reiner (1965), Zur Ökonomie des Fußballs, in: Konjunkturpolitik, 11, S.114-137.

Möschel, Wernhard (1998), Stellungnahme zur 6. GWB-Novelle vom 30.März 1998, in: Wirtschaftsausschuß 1998, S.115-135.

Monopolkommission (1998a), Stellungnahme zur 6. GWB-Novelle vom 30.März 1998, in: Wirtschaftsausschuß 1998, S.188-204.

Monopolkommission (1998b), 12. Hauptgutachten, Baden-Baden.

Musgrave, Richard A. (1957), A Multiple Theory of Budget Determination, in: Finanzarchiv N.F. 17;3, S.333-343.

Muth, J.F. (1961), Rational Expectations and the Theory of Price Movements, in: Econometrica 29, S.315-335.

Neale, Walter C. (1964), The Peculiar Economics Of Professional Sports, in: The Quarterly Journal Of Economics, 78, S.1-14.

Nell, Martin (1993), Versicherungsinduzierte Verhaltensänderungen von Versicherungsnehmern, Karlsruhe.

Nelson, Phillip (1970), Information and Consumer Behaviour, Journal of Political Economy, 78, S.311-329.

Neumann, M.J.M.; Klein, M. (1982), Probleme der Theorie effizienter Märkte und ihrer empirischen Überprüfung, in: Kredit und Kapital, S.165-187.

Notz, Anton (2001), Auto-Manager drohen Kirch wegen Formel 1, in: Financial Times Deutschland vom 28.02.2001, S.3.

O´Keeffee, M.; Viscusi, W.K.; Zeckhauser, R. (1984), Economic Contests: Comparative Reward Schemes, in: Journal of Labor Economics, 2, S.27-56.

Palomino, Frederic; Rigotti, Luca; Rustichini, Aldo (1999), Skill, Strategy and Passion: an Empirical Analysis of Soccer, Discussion Paper 98129 (überarbeitete Version vom 23.03.1999), Tilburg University.

Parlasca, Susanne (1993), Kartelle im Profisport, Ludwigsburg.

Parlasca, Susanne (1999), Wirkungen von Sportkartellen: Das Beispiel zentraler Vermarktung von TV-Rechten, in: G. Trosien; M. Dinkel: Verkaufen die Medien die Sportwirklichkeit, S.83-118.

Peel, D.A.; Thomas, D.A. (1992), The Demand for Football: Some Evidence on Outcome Uncertainty, in: Empirical Economics, 17, S.323-331.

Persson, Torsten; Tabellini Guido (1996), Federal Fiscal Constitutions. Risk Sharing and Redistribution, in: Journal of Political Economy, Vol.104, S.979-1009.

Pfähler, Wilhelm (1984), Sinkende Durchschnittskosten und Allokationspolitik, in: Das Wirtschaftsstudium (WISU), 10, S.470-475.

Poincaré, H. (1914), Wissenschaft und Methode, Leipzig, Berlin.

Pommerehne, Werner W. (1975), Budgetäre Umverteilung in der Demokratie: Ein empirischer Test alternativer Hypothesen, in: Zeitschrift für Wirtschafts- und Sozialwissenschaften 95, S.327-364.

Pope, P.F.; Peel, D.A. (1989), Information, Prices and Efficiency in a Fixed-Odds Betting Market, in: Economica 56, S.323-341.

Porter, Philip K.; Scully, Gerald W. (1982), Measuring managerial efficiency: the case of baseball, in: Southern Economic Journal 48, S.642-650.

Rasmusen, Eric (1994), Games and Information, 2. Auflage, Cambridge, Massachusets.

Richter, Wolfram F.; Schneider, Kerstin (1999), Competiion for stars and audiences: an analysis of alternative institutional settings, in: European Journal of Political Economy, 15, S.101-121.

Römer, Dieter (1999), Überall am Ball, in: Focus Nr.17 vom 26.04.1999, S.40-42.

Romer, Paul M. (1986), Increasing Returns and Long-run Growth, in: Journal of Political Economy, 94/5, S.1002-1037.

Rosen, Harvey S., Windisch, Rupert (1992), Finanzwissenschaft, München.

Rosen, Sherwin (1981), The Economics of Superstars, in: The American Economic Review, Vol.71, No.5, S.845-858.

Ross, Stephen (1998), Verbot der zentralen Vermarktung bringt nur Vorteile, in: Frankfurter Allgemeine Zeitung Nr.2 vom 03.01.1998, S.19.

Rottenberg, Simon (1956), The Baseball Players´ Labor Market, in: Journal of Political Economy 64, S.242-258.

Sauer, R.D.; Brajer, V.; Ferris, S.P.; Marr, M.W. (1988), Hold Your Bets: Another Look at the Gambling Market for National Football League Games, in: Journal of Political Economy 96, S.206-213.

Schellhaaß, Horst M.; Enderle, Gregor (1998a), Die zentrale Vermarktung von Europapokalspielen aus ökonomischer Sicht, in: Wirtschaftsdienst, 5, S.294-300.

Schellhaaß, Horst M.; Enderle, Gregor (1998b), Sportlicher versus ökonomischer Wettbewerb. Zum Verbot der zentralen Vermarktung von Europapokal-Spielen im Fußball, in: Sportwissenschaft, 3-4, S.297-310.

Schewe, Gerhard; Littkemann, Jörn (1999), Meinungen zum Thema Sportökonomie, in: Betriebswirtschaftliche Forschung und Praxis 2, S.183-199.

Scully, Gerald W. (1974), Pay and Performance in Major League Baseball, in: American Economic Review, 64, S.915-930.

Scully, Gerald W. (1994), Managerial Efficiency and Survivability in Professional Team Sports, in: Managerial and Decisions Economics 15, S.403-411.

Segna, Ulrich (1997), Bundesligavereine und Börse, Arbeitspapiere der Universität Osnabrück.

Seiler, W.K. (1994), Was ist und was soll die Chaostheorie, in: Wirtschaftswissenschaftliches Studium (WiSt) 11, S.563-569.

Singer, R.; Wagner, W. (1979), Trainerwechsel und Mannschaftserfolg. Zum Effekt eines Trainerwechsels im Laufe der Spielsaison auf die Leistung von Fußballmannschaften - Eine Analyse am Beispiel der Bundesliga und Regionalliga Süd, in: Albrecht, D. (Hrsg.), Fußballsport: Ergebnisse sportwissenschaftlicher Forschung, Berlin, S.170-195.

Sloane, Peter J. (1971), The Economics of Professional Football: The Football Club as a Utility Maximiser, in: Scottish Journal of Political Economy 17, S.121-146.

Sloane, Peter J. (1976), Restriction of Competition in Professional Team Sports, in: Bulletin of Economic Research, Vol.28, Nr.1, S.3-22.

Sloane, Peter J. (1984), Die Ziele des Sportvereins, in: Heinemann, Klaus (Hrsg.): Texte zur Ökonomie des Sports, Schorndorf, S.126-137.

Snyder, W.W. (1978), Horse Racing: Testing the Efficient Markets Model, in: The Journal of Finance 33/4, S.1109-1118.

Spremann, Klaus (1989), Agent and Principal, in: Bamberg, Günter; Spremann, Klaus (Hrsg.): Agency Theory, Information, and Incentives, S.3-37.

Spremann, Klaus (1990), Investition und Finanzierung, 3.Auflage.

Springer, Ulrich (1998), Die zentrale Vermarktung von Fernsehrechten im Ligasport nach deutschem und europäischem Kartellrecht unter besonderer Berücksichtigung des amerikanischen Antitrust-Rechts, in: Wettbewerb in Recht und Praxis 5, S.477-486.

Thaler, R.H.; Ziemba, W.T. (1988), Parimutuel Betting Markets: Racetracks and Lotteries, in: Journal of Economic Perspectives 2, S.161-174.

Timmermann, Vincenz (1982), Entwicklungstheorie und Entwicklungspolitik, Göttingen.

Trust, O. (1999), Die Ulmer Spatzen landen erstmals in der Bundesliga, in: Frankfurter Allgemeine Zeitung Nr.139 vom 19.06.1999, S.39.
UFA Sports GmbH (1998), UFA Fußballstudie 98.

UFA Sports GmbH (1999), Fußball-Bandenwerbung - Angebot, Wirkung, Planung, Kosten.

UFA Sports GmbH (2000a), Fußball im Fernsehen – Events und Zielgruppen 99/00.

UFA Sports GmbH (2000b), UFA Fußballstudie 2000.

Vergin, R.C.; Scriabin, M. (1978), Winning Strategies For Wagering On National Football League Games, in: Management Science 24, S.809-818.

Vrooman, John (1995), A General Theory of Professional Sports Leagues, in: Southern Economic Journal 61, S.971-990.

Wagner, Gerhard (1999), Bundesliga Going Public: Traumpaß oder Eigentor, in: Neue Zeitschrift für Gesellschaftsrecht, S.469-478.

Walter, Norbert (1993), Der neue Wohlstand der Nationen, Düsseldorf, Wien, New York, Moskau.

Walther, Dietrich (1998), Interview im Handelsblatt Nr.110 vom 12./13.06.1998, S.44.

Weimann, Joachim (1997a), Kicker im Klassenkampf, in: Rheinischer Merkur Nr.51 vom 19.12.1997, S.14.

Weimann, Joachim (1997b), Quo vadis Bundesliga, in: Wirtschaftsdienst, 10, S.586-592.

Wenig, Peter (1999), Der Millionen Irrtum, in: Welt am Sonntag Nr.45 vom 07.11.1999, S.18.

Wertenbruch, Johannes (1996), Die zentrale Vermarktung von Fußball-Fernsehrechten als Kartell nach § 1 GWB und Art. 85 EGV, in: Zeitschrift für Wirtschaftsrecht (ZIP) 33, S.1417-1425.

Whitney, James D. (1988), Winning Games versus Winning Championships: The Economics of Fan Interest and Team Performance, in: Economic Inquiry, 26, S.703-724.

Whitney, James D. (1993), Bidding Till Bankrupt: Destructive Competition in Professional Team Sports, in: Economic Inquiry, 31, S.100-115.

Wilhelm, Frauke (1997), Produktionsfunktionen im professionellen Mannschaftssport: Das Beispiel Basketball-Bundesliga, Wirtschaftswissenschaftliche Diskussionspapiere Nr.3/97 der Ernst-Moritz-Arndt-Universität Greifswald.

Wipperfürth, F. (1998), Sportwetten: Ich wär´ so gern ein Millionär, in: Sports Nr. 12, S.44-50.

Wirtschaftsausschuß (1998), Wortprotokoll der öffentlichen Anhörung zur 6. GWB-Novelle am 30.März 1998 in Bonn, Protokoll Nr. 79, Bonn.

Wiskow, Heinz (1998), Die meisten Aktien rutschen ins Minus, in: Kicker Nr.54 vom 29.06.1998, S.61.

Wiskow, Heinz (1999), Juve: 570 Millionen Mark in sechs Jahren, in: Kicker Nr.11 vom 04.02.1999, S.17.

Wolf, Dieter (2000), Zentrale Vermarktung oder Einzelvermarktung von Mannschaftssport im Fernsehen? Die Sicht des deutschen und europäischen Kartellrechts, Arbeitspapiere des Instituts für Rundfunkökonomie an der Universität zu Köln, Heft 125.

Woodland, L.M.; Woodland, B.M. (1994), Market Efficiency and the Favorite-Longshot Bias: The Baseball Betting Market, in: The Journal of Finance 49, S.269-279.

Zuber, R.A.; Gandar, J.M.; Bowers, B.D. (1985), Beating the Spread: Testing the Efficiency of the Gambling Market for National Football League Games, in: Journal of Political Economy 93, S.800-806.

SCHRIFTEN ZUR WIRTSCHAFTSTHEORIE UND WIRTSCHAFTSPOLITIK

Herausgegeben von Rolf Hasse, Jörn Kruse, Wolf Schäfer, Thomas Straubhaar, Klaus W. Zimmermann

Band 1 Lars Bünning: Die Konvergenzkriterien des Maastricht-Vertrages unter besonderer Berücksichtigung ihrer Konsistenz. 1997.

Band 2 Andreas Henning: Beveridge-Kurve, Lohnsetzung und Langzeitarbeitslosigkeit. Eine theoretische Untersuchung unter Berücksichtigung des Insider-Outsider-Ansatzes und der Entwertung des Humankapitals. 1997.

Band 3 Iris Henning: Die Reputation einer Zentralbank. Eine theoretische Untersuchung unter besonderer Berücksichtigung der Europäischen Zentralbank. 1997.

Band 4 Rüdiger Hermann: Ein gemeinsamer Markt für Elektrizität in Europa. Optionen einer Wettbewerbsordnung zwischen Anspruch und Wirklichkeit. 1997.

Band 5 Alexander Tiedtke: Japan und der Vorwurf des Trittbrettfahrerverhaltens in der US-amerikanisch-japanischen Allianz. 1997.

Band 6 Wolfgang Grimme: Ordnungspolitisches Konzept der Regionalpolitik. Darstellung der Defizite und des Reformbedarfs der Regionalpolitik am Beispiel Mecklenburg-Vorpommerns. 1997.

Band 7 Christian Ricken: Determinanten der Effektivität der Umweltpolitik. Der nationale Politikstil im Spannungsfeld von Ökonomie, Politik und Kultur. 1997.

Band 8 Christian Schmidt: Real Convergence in the European Union. An Empirical Analysis. 1997.

Band 9 Silvia Marengo: Exchange Rate Policy for MERCOSUR: Lessons from the European Union. 1998.

Band 10 Jens Kleinemeyer: Standardisierung zwischen Kooperation und Wettbewerb. Eine spieltheoretische Betrachtung. 1998.

Band 11 Stefan M. Golder: Migration und Arbeitsmarkt. Eine empirische Analyse der Performance von Ausländern in der Schweiz. 1999.

Band 12 Stefan Kramer: Die Wirkung einer Internationalisierung des Yen auf die japanischen Finanzmärkte, die japanische Geldpolitik und die Usancen der Fakturierung. 1999.

Band 13 Antje Marielle Gerhold: Wirtschaftliche Integration und Kooperation im asiatisch-pazifischen Raum. Die APEC. 1999.

Band 14 Tamim Achim Dawar: Deutsche Direktinvestitionen in Australien. Eine Evaluation der theoretischen Erklärungsansätze und der Standortattraktivität des Produktions- und Investitionsstandortes Australien. 1999.

Band 15 Hans-Markus Johannsen: Die ordnungspolitische Haltung Frankreichs im Prozeß der europäischen Einigung. 1999.

Band 16 Annette Schönherr: Vereinigungsbedingte Dimensionen regionaler Arbeitsmobilität. Wirkungen unter analytisch einfachen Bedingungen und potentielle individuelle Migrationsgewinne in Deutschland nach der Vereinigung. 1999.

Band 17 Henrik Müller: Wechselkurspolitik des Eurolandes. Konfliktstoff für die neue währungspolitische Ära. 1999.

Band 18 Lars H. Wengorz: Die Bedeutung von Unternehmertum und Eigentum für die Existenz von Unternehmen. Eine methodenkritische Analyse der Transformation des Wirtschaftssystems in Russland. 2000.

Band 19 Eckart Bauer: Konzeptionelle Grundfragen eines Kinderleistungsausgleichs im Rahmen einer umlagefinanzierten zwangsweisen Rentenversicherung. 2000.

Band 20 Hubertus Hille: Enlarging the European Union. A Computable General Equilibrium Assessment of Different Integration Scenarios of Central and Eastern Europe. 2001.

Band 21 Tobias Just: Globalisierung und Ideologie. Eine Analyse der Existenz und Persistenz von Partisaneffekten bei zunehmender Internationalisierung der Märkte. 2001.

Band 22 Simone Claber: Großbritannien und die Europäische Integration unter besonderer Berücksichtigung ordnungspolitischer Aspekte. 2002.

Band 23 Silvia Rottenbiller: Essential Facilities als ordnungspolitisches Problem. 2002.

Band 24 Peggy Dreyhaupt von Speicher: Die Regionen Polens, Ungarns und der Tschechischen Republik vor dem EU-Beitritt. Interregionale Disparitäten, Bestimmungsfaktoren und Lösungsansätze. 2002.

Band 25 Gerhard Rösl: Seigniorage in der EWU. Eine Analyse der Notenbankgewinnentstehung und -verwendung des Eurosystems. 2002.

Band 26 Jörn Quitzau: Die Vergabe der Fernsehrechte an der Fußball-Bundesliga. Wohlfahrtsökonomische, wettbewerbspolitische und sportökonomische Aspekte der Zentralvermarktung. 2003.

Nathalie Oberthür

Das Transfersystem im Lizenzfußball

Untersuchung der Zulässigkeit internationaler Transfer- und Entschädigungsregelungen nach arbeits-, verfassungs- und europarechtlichen Aspekten und deren Umsetzbarkeit im deutschen Lizenzfußball

Frankfurt/M., Berlin, Bern, Bruxelles, New York, Oxford, Wien, 2002. XIV, 301 S.
Europäische Hochschulschriften: Reihe 2, Rechtswissenschaft. Bd. 3492
ISBN 3-631-39941-3 · br. € 45.50*

Das Reglement der FIFA betreffend den Transfer eines Lizenzfußballspielers zu einem anderen Verein beruht auf einem Kompromiß mit der EU-Kommission und ist von den Fußballnationalverbänden weltweit umzusetzen. Das von der Idee eines vorzeitigen Vertragsbruchs getragene Entschädigungssystem läßt sich aus deutscher Sicht als Vertragsstrafenregelung begreifen, die allerdings in weiten Bereichen nicht nur mit europa- und verfassungsrechtlichen Grundsätzen kollidiert, sondern auch mit den Anforderungen der arbeitsvertraglichen Inhaltskontrolle.

Aus dem Inhalt: Die vertragsrechtliche Stellung des Lizenzspielers · Tarifliche Regelung der Spielerarbeitsverhältnisse durch die Vereinigung der Vertragsfußballspieler · Zulässigkeit der Befristung von Spielerverträgen · Recht des Lizenzspielers zur Vertragsbeendigung aus sportlich triftigen Gründen · Vereinbarkeit einer Transferentschädigung mit der europäischen Arbeitnehmerfreizügigkeit (Art. 39 EGV), dem europäischen Kartellverbot (Art. 81 EGV) und der Berufsfreiheit (Art. 12 GG) · Arbeitsrechtliche Zulässigkeit der Verbindung von Kündigungsrechten mit einer Vertragsstrafenregelung